張載思想的哲學詮釋

陳 政 揚 著

文 史 哲 學 集 成
文史哲出版社印行

國家圖書館出版品預行編目資料

張載思想的哲學詮釋 / 陳政揚著. -- 初版.--
臺北市：文史哲, 民 96
頁:　公分.（文史哲學集成；522）
參考書目：頁
ISBN 978-957-549-704-0 (平裝)

1.（北宋）張載 － 學術思想 － 哲學

125.14　　96001942

文史哲學集成 522

張載思想的哲學詮釋

著者：陳政揚
出版者：文史哲出版社
http://www.lapen.com.tw
登記證字號：行政院新聞局版臺業字五三三七號
發行人：彭正雄
發行所：文史哲出版社
印刷者：文史哲出版社
臺北市羅斯福路一段七十二巷四號
郵政劃撥帳號：一六一八〇一七五
電話886-2-23511028 · 傳真886-2-23965656

實價新臺幣三五〇元

中華民國九十六年（2007）二月初版

ISBN 978-957-549-704-0

自　序

如果說，「氣論」是張載思想中最廣泛引人探究的部分，那麼值得進一步追問的問題就是：張載氣論與其思想各部分間的關聯爲何？究竟氣論是否僅僅爲張載在處理形上學議題時的巧思？又或者氣論在銜接張載各部分思想間，有著無可取代的地位？如果吾人同意「**本末上下，貫於一道**」乃是貫穿張載全幅思想的核心精神，進而肯認氣論在貫穿張載思想各個部分時的關鍵地位。如此一來，接續的問題即是：張載是如何透過氣論以闡述其思想的各個部分？更重要的是，作爲儒學復興運動的先驅之一，張載是如何在氣論的基礎上，承繼並且闡揚孔孟儒學的義理架構？凡此種種問題，皆是筆者近年來從事張載思想研究時，所縈繞於心者。然而，在嘗試解決上述問題時，筆者卻逐漸發現若要精準且完整的提出解答，勢必得先探究一些隱藏於前述提問之中卻具有關鍵意義的問題。例如，本書第二章對於「太虛與氣在張載思想中之關係」的釐清，就左右著對前述提問的回答。基於此，筆者陸續透過不同主題的探討，以層層逼顯的方式，呈現氣論在張載形上思想、人性論、禮學、教育觀，以及生死觀中的關鍵意義。並且依此形成本書的架構。換言之，如果說筆者對於張載思想的研究主要集中在探討：張載如何以氣論貫穿其思想的各個層面，並依此證成儒家「天人合一」的義理架構？那麼本書的寫作就是爲了完整地回應這項提問之前，所做的預備性工作。筆者也期待在未來的著作中，能接續性地呈現相關研究的成果。此外，由於在寫作的方式上，本書爲了保持張載思想的真實面貌，不僅努力地將論述的依據回歸於張載的文獻資料中，嘗試以古人的文字爲基礎，而提出順通且合理的詮釋，並且透過概念的思維與分析的方式，客觀地探究張載思想的理論架構，由此避免提出偏頗或缺乏證據的推論。基於此，筆者將本書定名爲「張載思想的哲學詮釋」。

本書共分七章，近十六萬言，主要是以論題爲主導的方式而寫作。全書除了首、尾兩章，分別說明與總結本書的研究旨趣和結論之外，其他中間的五章，都有各自不同的主題。現扼要分述如下：

在第二章〈張載「太虛即氣」說辨析〉中，主要是透過重新回顧當代張載哲學的研究成果，嘗試釐清「太虛」與「氣」在張載思想中的關係。由於在張載思想中，太虛與氣是構成其氣論最重要的概念。「太虛即氣」又是張載對虛氣關係最爲明確的論斷。因此，澄清太虛與氣之間的關聯，就成爲吾人理解張載氣論的關鍵。再加上當代學者對於張載「太虛即氣」一語，存在著相異，甚至是相互對立的詮釋。這也顯示出再次省察張載「太虛即氣」說的必要性。基於此，筆者先扼要的歸納當代張載學研究中，關於「太虛即氣」說的幾種具有代表性的詮釋與論據，再試圖在唐君毅先生「虛氣不二說」的詮釋基礎上，進一步指出太虛與氣乃是「一而有分」的關係。透過釐清虛氣關係，也由此確立本書其後各章論及張載形上思想時的基調，避免在界定「氣」概念在張載思想中的意義時，產生不必要的滑移。

若說在本書第二章中所探討的主題，是嘗試釐清太虛與氣在張載思想中的關係。那麼，第三章所關懷的主題，則是聚焦於論述氣概念在張載思想中的意義。在寫作第三章〈張載與莊子氣論比較〉時，筆者主要是依據下述的探問爲引導：如果哲學概念的使用乃是基於解決哲學問題而發；那麼，在張載思想中，透過氣概念所要處理的哲學問題又是什麼呢？換言之，如果在同一個哲學家的思想理論中，哲學概念與哲學問題並非彼此孤立的二者，而是相互依存的關係。那麼，釐清氣概念在張載思想中確切意義的關鍵途徑，可能就不在於大量收集張載文獻中提及「氣」的文句，而僅僅進行字面意義的歸納與整理。相對的，依據張載文獻，而試圖重新梳理出張載總是在哪些哲學問題脈絡中使用氣概念，似乎更能澄清氣概念在張載哲學中的確切意義。又由於在張載提及氣概念的文句中，有多處與莊子論述氣的文句相近，而氣概念在先秦儒學經典中，又較少具有關鍵性意義。因此，筆者嘗試藉由對比莊子與張載氣論的異同，一方面嘗試梳理出當張載使用氣概念時，主要是在回應哪些哲學問題，由此釐清「氣」概念在張載思想中的確實意義。另一方面則指出：儘管在概念語言的使用上，張載的氣論得助於莊子甚多。但是，張載並未背離孔孟儒學的義理脈絡，陷入「以莊解儒」的困境。

在本書二、三章中，論述的焦點偏重於探討張載的形上思維，亦即是透過澄清虛氣關係，以及釐定氣概念的意義，由此呈顯張載的天道觀。然而，基於儒者「天道性命通貫爲一」的義理架構，以及「不以純粹形上思辨爲思想核心」的實踐精神。在討論過張載形上思想中的關鍵議題之後，顯然更應該探究張載是如何將其形上思想貫穿於「爲萬世開太平」的價值實踐活動中。所以，在第四章之後，本書則將關懷的焦點轉向探討張載的人道論。由於若要探討張載的人道觀，則首先應當了解張載對於人性的論述，而在張載自身的著作中，又屢屢可見孟子性善論對張載人性論的影響。基於此，在第四章〈張載對孟子人性論的承繼與開展〉中，本文嘗試透過對比孟子與張載人性論之異同，一方面說明張載對孟子人性論有哪些承繼與開展；另一方面則指出：張載是如何以氣論爲基礎，承繼且開展儒家以人之道德性爲核心的人性論思想。

若將「天人合一」視爲張載所欲證成的核心思想，並且將本書第四章對張載人性論的探討，視爲說明張載是如何在氣論基礎上，闡述人性即是人根源於天地之道德性。那麼在第五章中所要探討的則是：張載如何重新闡述儒者用以規範人間秩序之「禮」，乃是具有貫穿天地的形上基礎？由於張載以禮學聞名於當世，故可說「禮學」是張載思想中最爲關鍵且精采的部分之一。然而可惜的是，當代對張載禮學的研究，多半集中於歸納整理張載文獻中曾論及「禮」之文句，卻較少將張載禮學研究帶入張載哲學的整體架構中思考。基於此，在第五章〈張載哲學中的「理」與「禮」〉中，一方面將論述張載實以「理」爲「禮」之形上根源，並將「禮」作爲「理」之具體展現。另一方面則指出，張載是如何透過「知禮成性」的入道門徑，闡述儒者由禮之實踐以契合天德的修養工夫。

在第六章〈由張載生死觀反思當代生命教育議題〉中，筆者則嘗試透過張載的生死觀，探討近來學界所十分關心的生命教育議題。若將前述各章視爲對張載思想的分析與詮釋，則在本章中，論述的焦點主要集中在探討：張載思想對當今重要的議題，可以提供哪些關鍵的反思？基於此，本章的特色有三：其一，探討張載思想的現代意義。如果張載思想的洞見僅侷限於過往的歷史中，則探討張載思想似乎無助於吾人今日的生活。然而，由本章的討論可知，張載思想非旦不是僅屬於過往的歷史陳蹟，而且其洞見仍能跨越時空的侷限，爲吾人今日所關切的議題提供重要的反思。其二，由生死觀探討生命教育議題。由於近年來討論生命教育者眾，而且遍及諸多領域。因此，如何在龐大的研究成果中，找到深入生命教育議題核心的切入點，則是寫作本章之初，筆者所最關心的地方。基於此，筆者嘗試從生命教育相關資料中，歸納出兩項生命教育研究中的重要議題，即對「死之必然的認識」與對「生命意義的探尋」。所以，決定以張載生死觀作爲反思生命教育的切入點。其三，指出氣論在張載教育觀及生死觀中的關鍵地位。誠如本文一開始所提及，本書的寫作是爲了說明張載如何以氣論貫穿其思想各部分而作的預備。因此，在第六章中，並未僅分割式的交代張載的教育思想與生死觀，而是一步步地說明張載如何以氣論爲基礎，闡述儒家以有限人生圓現無限價值的教育觀與生死觀。

除本書正文七章之外，在全書之末，筆者嘗試針對當代張載學研究之專書，提出扼要的介紹與回顧。因爲儘管在最終的結論上，本書與這些前輩學者的看法未必全然一致。但是，本書的完成卻是受惠於前輩學者們所提供的寶貴研究成果。

本書能順利地完成與付梓，首先必須感謝陳師德和，因爲不論是在探索哲學之進程，或是本次書名的釐定上，陳老師總是給予筆者十分寶貴的教誨與建議。其次，關於本書文稿上的整理，必須感謝南華大學哲學系的李律同學，由於她的鼎力相助，大大加速了本書的完成。最後，必須感謝我的父母，正由於他們一直以來的支持與鼓勵，我才能心無旁騖地探索哲學奧妙的領域。

陳 政 揚 謹序於南華大學哲學系

2007 年 1 月

張載思想的哲學詮釋

目　　錄

第一章　緒　論

壹、張載的生平

張載爲北宋五子之一，[1]是宋代儒學十分重要的復興者與開創者。[2]根據《宋史・張載傳》所言，他的思想是「**以易為宗，以中庸為體，以孔孟為法**」。[3]不過，張載的思想發展，實是幾經轉折而終歸於儒。爲了使讀者更清楚張載學思歷程的發展。本文以下先就張載的生平，提出扼要的說明。

張載，字子厚，生於宋真宗天禧四年（西元 1020 年），卒於宋神宗熙寧十年（西元 1077 年），享年五十八歲。他的祖籍原屬大梁（今河南開封），祖父張復曾於真宗朝中任集賢院學士，父親張迪則於仁宗朝內任職涪州知事（今四川涪陵），而卒於任內。因張載及其弟張戩（字天祺，西元 1030-1076），年紀皆幼，不堪返

---

1 依據朱熹（字元晦，西元 1130-1200 年）在《伊洛淵源錄》中的記載，將張載和周敦頤（字茂淑，西元 1017-1073 年）、邵雍（字堯夫，西元 1011-1077 年）、程顥（字伯淳，西元 1032-1085 年），以及程頤（字正叔，西元 1033-1107 年）等五人，並稱爲「北宋五子」。朱熹，《伊洛淵源錄》（台北：藝文印書館，1968 年）。

2 就張載對於孔、孟思想的承繼，以及對於經學的闡發而言，他是北宋儒學復興運動的先驅之一。若從張載試圖建立新的理論模型，以抗衡佛老思想而言，則他所提出的「天人合一」以及「合內外之道」等義理架構，實爲其後理學的發展，開創出新的研究視角。

3 參見《宋史・張載傳》，收入《張載集・附錄》，頁 386。

鄉路遙，遂遷居陝西鳳祥縣橫渠鎮（今陝西郿縣）。其後，因張載晚年於此講學，所以學者稱他爲「橫渠先生」。又由於張載及其弟子多爲陝西關中人，是以其學派又稱爲「關學」，列於濂洛關閩四學派之一。

依據呂大臨（字與叔，西元 1042-1092 年）所寫的〈橫渠先生行狀〉（其後簡稱〈行狀〉）可知，[4]張載少時，志氣不群，無所不學。由於他與喜好談兵的焦寅爲友，故受其影響，也對兵事產生濃厚興趣。仁宗康定元年（西元 1040 年），西夏入兵侵占洮西之地。當時二十一歲的張載[5]，曾上書向正在西北地區主持軍事任務的范仲淹（時任陝西經略安撫副使），表達欲結合同道，以武裝收復失地的意願。范文正公見張載資質不凡，日後當能成大器，因此責之曰：「儒者自有名教，何事於兵」[6]。他並贈張載《中庸》一書，而勸勉張載學儒家之理。然而，張載雖遵循范仲淹之教，打消以兵事建立功名的志向[7]，轉而勤讀《中庸》，也甚愛《中庸》

---

4 呂大臨，〈橫渠先生行狀〉，收入《張載集．附錄》（台北：漢京，1983 年），頁 381-385。

5 關於張載以書謁范仲淹時的年齡問題，有兩種說法。在〈橫渠先生行狀〉記載中，張載當時爲「年十八，慨然以功名自許，上書謁範文正公」，而《宋史．張載傳》則記爲「年二十一，以書謁范仲淹」。由於張載生於宋真宗天禧四年（西元 1020 年），而西夏入侵洮西之地，爲宋仁宗康定元年（西元 1040 年）。因此，張載當時的年齡當爲二十一歲，而非〈行狀〉所記載的「年十八」。又據武澄在《張子年譜》中的考證，張載二十一歲時，范文正公始爲陝西招討副使。若張載年十八，則范仲淹當時遭貶知饒州、越州，而尚未入陝。由此可知，當以《宋史．張載傳》的記載爲準，張載以書謁范仲淹時的年齡，當爲二十一歲。武澄，《張子年譜》（北京：北京圖書館出版社，2005 年）。

6 呂大臨，〈橫渠先生行狀〉，頁 381。

7 張載雖經范仲淹的勸告，不再將人生的志向放在以兵事建立功名上。但是，他仍對軍事邊防存著很大的興趣。關於這一點，可由《張載集．文集佚存》中，所收錄的張載文章可知。〈慶州大順城記〉一篇，是張載對范仲淹軍事武功的記載與稱頌，而此時爲慶曆三年（西元 1043 年），距范仲淹贈《中庸》

之言，卻仍感不足。根據〈行狀〉所載，張載又「訪諸釋老之書，累年盡究其說，知無所得，反而求之六經」[8]。由此可知，張載其後的學思發展，並非直接全盤接受儒家思想，而是歷經出入佛、老的轉折，而終歸於儒[9]。

仁宗嘉祐年（西元 1056-1063 年）初，張載在京師（開封）坐虎皮講述《易經》，而且「聽從者甚眾」[10]。在這段期間中，張載遭遇學術思想上的另一次重要轉機，也就是他與程顥、程頤這兩位表姪，共同討論《易經》的義理。由於張載認爲二程兄弟對於《易經》的理解，比自己更爲精淳，因此撤坐輟講。此後，藉由與二程論學的機會，張載對於儒學的領會也日益精進。[11]仁宗

給張載已有三年。可見張載並未因爲范仲淹的一席話，就打消對兵事的熱情。朱建民先生即指出，范仲淹之授《中庸》雖是張載折節讀書的轉折關鍵；但是這種影響未必像《宋元學案》所說的，大到使張載「遂翻然志於道」的程度。張載，〈慶州大順城記〉，收入《張載集》，頁 353-354；朱建民，《張載思想研究》（台北：文津出版社，1989 年），頁 15。

8 同上書，頁 381。

9 這樣的學思歷程，在理學家中不乏其人。根據程頤撰〈明道先生行狀〉云：「先生為學，自十五六時聞汝南周茂叔論道，遂厭科舉之業，慨然有求道之志。未知其要，氾濫於諸家，出入於老釋者幾十年。返求諸六經，而後得之」，可知程顥亦曾歷經「出入於老釋而後歸於儒」的學思發展歷程。

10 參見《宋史・張載傳》，頁 386。

11 這裡涉及「張載之學是否源出於二程」的問題。在〈跋橫渠先生及康節先生人貴有精神詩〉中，楊時（字中立，西元 1053-1135 年）表示：「橫渠之學，其源出於程氏」（《楊龜山集》卷五），而游酢（字定夫，西元 1053-1123 年）也在〈書伊川先生行狀〉中指出，當張載與程頤論議之後，乃「盡棄其舊學，以從事於道」。由於楊時與游酢皆是二程的得意弟子，故可知，「張載之學源出於二程」的說法，在當時已經於二程弟子間傳開。關於這段往事，朱熹在《伊洛淵源錄》中，也有相關記載指出，呂與叔作〈橫渠先生行狀〉時，原本記述「（張載）盡棄其學而學焉」，後來伊川先生明確表示：「表叔平生議論，謂與頤兄弟有同處，則可；若謂學於頤兄弟，則無是事」，並且囑咐呂與叔刪去原本的記述，其後〈行狀〉才將原句更改爲「盡棄異學，淳如也」。由朱熹這段記載，以及比較二程兄弟與張載思想的異同可知，程頤的評論是較其弟子爲中肯的。又根據陳俊民先生的考證，張載同二程

嘉祐二年（西元 1057 年），張載三十七歲，登進士第，歷任祁州（今河北安國縣）司法參軍，遷丹州（今陝西省宜川縣）雲嚴縣令，《宋史・張載傳》記載他的施政方針爲：「政事以敦本善俗為先，每月吉，具酒食召鄉人高年會縣庭，親為勸酬，使人知養老事長之義，因問民疾苦，及告所以訓戒子弟之意」[12]。足見張載勤於政務，重視體察民間疾苦。尤其可貴的是，他力行儒家德治的施政理念，實際達到敦本善俗的功效。英宗平治四年（西元 1067 年），張載四十八歲時，又遷調著作佐郎，簽書渭州（今甘肅省平涼縣）軍事判官公事。在渭州時，張載受到環慶經略使蔡挺（字子正，西元 1014-1074 年）的信任與器重。因此，關於軍府之政，不論大小事，蔡挺均時常向張載諮詢。〈與蔡帥邊事畫一〉一文，就是張載於此時所撰寫。[13]期間，張載還曾勸服蔡挺提出數十萬軍資以救濟災民，並且提出「戍兵徒往來，不可為用，不若損數以募土人為便」[14]的建議，發揮儒家經世安民的理想。

神宗熙寧二年（西元 1069 年），張載五十歲時，御史中丞呂公著（字晦叔，西元 1018-1089 年）向宋神宗推薦張載「有古學」。[15]神宗當時欲推行新政，不僅起用王安石爲執政，且求賢若渴，旋即召見張載，並詢問爲政治世之道。張載回答曰：「為政不法三

爭論「道學之要」時，張程思想之間的互相影響、吸收，當是肯定。但若說張載思想源出於二程，這乃是程門弟子，高其學、神其道的門戶之說。更何況，當神宗熙寧二年（西元 1069 年），御史中丞呂公著薦舉張載時，也明確表示：「張載學有本原，四方之學者宗之，可以召對訪問」。故可知，張載之學並非出於二程。陳俊民，《張載哲學與關學學派》（台北：台灣學生書局，1990 年），頁 7-9。

12 參見《宋史・張載傳》，頁 386。

13 〈與蔡帥邊事畫一〉，收入《張載集》，頁 359-361。

14 呂大臨，〈橫渠先生行狀〉，頁 382。

15 參見《宋史・張載傳》，頁 386。

代者，終苟道也」[16]。神宗聞之大悅，欲委任張載軍政要職。不過，張載表示自己剛從外地調回京師，尙不清楚朝廷所推行的新政，故請神宗暫待一段時日再作安排，才能確實的爲朝廷貢獻己力。神宗亦同意張載的看法，因此先任命張載爲崇文院校書。當時，王安石試圖以古禮爲基礎推行新政，而張載也重視古禮。所以，王安石曾徵求張載對於新政的意見。張載對曰：「**朝廷將大有為，天下之士願與下風。若與人為善，則孰敢不盡！如教玉人追琢，則人亦故有不能**」[17]，他一方面認同朝廷改革的決心，另一方面也含蓄地表示，他並不認同王安石強迫其他有能力爲經世濟民獻力者，均須順從新政的做法。也因此，張載與王安石的分歧日多，而得不到發揮所長的機會。不久，王安石便以處理明州（今浙江慶元）的獄案，把張載外調浙東去審理苗振的貪污案件。雖然，呂公著與程顥都認爲張載以道德進，不能使之治獄，而反對這項任命。不過，此事仍按王安石的安排進行。次年，待任務完成後，張載雖返回朝廷，但因爲其弟張戩多次上書批評王安石的新政，而遭貶。這使得張載更感不安。所以，在熙寧三年（西元 1070 年）時，張載便辭官返回故居橫渠鎮。

此後數年，張載依靠數百畝田地的歲收，在故鄉過著耕讀的生活。經濟上雖不富裕，但他卻能安然自得。關於這一點，可以從他的詩作中得見。〈土床〉曰：「**土床煙足紬衾暖，瓦釜泉干豆粥新。萬事不思溫飽外，漫然清世一閒人。**」[18]不難看出，張載詩中洋溢出儒者安貧樂道的生命情調。實則，這段期間也是張載學思發展最爲精進，並完成大量著述的時期。〈行狀〉對張載此時

16 同上書，頁 386。
17 呂大臨，〈橫渠先生行狀〉，頁 382。
18 〈土床〉，收入《張載集．文集佚存．雜詩》，頁 369。

生活的描述爲「終日危坐一室，左右簡編，俯而讀，仰而思，有得則識之，或中夜起坐，取燭以書，其志道精思，未始須臾息，亦未嘗須臾忘也」[19]。張載哲學思想上的代表著作：《正蒙》，就是在這段時期內得以完成。[20]除了讀書、著述之外，張載也勤於講學，他以「知禮成性，變化氣質」之道，作爲教學的指導方針，並以「致學成聖」作爲期勉學子向學的目標。此外，他一方面積極推行古禮，以收移風易俗之效，另一方面則「論定井田、宅裡、發斂、學校之法，皆欲條理成書，使可舉而措諸事業」[21]。由此可知，張載並非象牙塔裡的學者，而是極力將自身所篤信的儒家思想，落實於民生日用之中。因此，他才會通過禮教與井田制的推行，[22]嘗試證明儒家理想是真能達到經世濟民的實效。

熙寧十年（西元 1077 年）春，秦鳳（今甘肅天水）路帥呂大

---

19 呂大臨，〈橫渠先生行狀〉，頁 383。

20 對於這部傑出著作的產生，在〈行狀〉中，呂大臨有一段精采的描述：「熙寧九年秋，先生感異夢，忽以書屬門人，乃集所立言，謂之正蒙，出示門人曰：『此書予歷年致思之所得，其言殆於前聖合與！大要發端示人而已，其觸類廣之，則吾將有待於學者。正如老木之株，枝別固多，所少者潤澤華葉爾。』」，由此可見，《正蒙》正是張載反思自身哲學的定調之作。此外，熙寧九年（西元 1076 年），也是張載生命中多事的一年。在這一年中，張載不僅寫成《正蒙》這部日後由弟子蘇昞所編輯訂定的代表作，而且其弟張戩也在三月突然患暴病卒。同年，王安石再度被免相。不久後，張載得到呂大防舉薦，再次奉詔回朝。

21 參見《宋史．張載傳》，頁 386。

22 張載曾表示：「仁政必自經界始。貧富不均，教養無法，雖欲言治，皆苟而已。」（〈橫渠先生行狀〉），因此，張載十分希望透過井田制的推行，能爲國家奠定均富的基礎。根據龔杰先生的研究也指出，「井田制」是張載用心最多的改革實踐活動。他不僅將井田的主張上奏皇帝，而且與學生共購田地，依照《周禮》的模式，劃分公田與私田數井，分給無地或少地的農民，企圖「驗之一鄉」，以證明井田制的可行性與有效性。但張載未及試行，就過世了。至今故居一帶，仍流傳著「橫渠八水驗井田」的故事，而清代還將這件事稱爲「郿伯井田」，列爲「郿縣八景」之一，記入《郿縣縣志》中。龔杰，《張載評傳》（南京：南京大學出版社，1996 年），頁 4。

防（字微仲，西元 1027-1097 年）舉薦張載，表示：「**張載之學，善法聖人之遺意，其術略可措之以復古，乞召還舊職，訪以治體**」，張載時年五十八歲。神宗再度下詔召張載至京師，並授以同知太常禮院。此時，張載的肺病已經相當嚴重，但他表示：「**吾是行也，不敢以疾辭，庶幾有遇焉**」[23]，仍遠赴京師，期望爲天下貢獻一己之力。然而，當張載回到朝廷時，儘管是「**公卿聞風慕之**」[24]，但卻未有能深入理解與認同張載的理想者。加上張載雖在禮院任職，卻與禮官議禮不合，[25]而此時身體的病況更加嚴重。所以，不久便辭官返鄉。在歸途中，張載曾路過洛陽與二程兄弟重逢。但是，行經臨潼，他的病情加劇，終未及返回陝西，便病逝於臨潼館舍。時爲熙寧十年十二月，享年五十八歲。

張載過世時，身邊只有一外甥陪伴，且囊中索然，無以爲斂。直到次日，張載在長安的弟子聞訊趕來，才能順利安排喪事。其後，門人奉柩歸殯，皆用古禮治喪，以終張載之志。[26]南宋嘉定三年（西元 1220 年），宋寧宗賜諡「明公」，其後追封「郿伯」，從祀孔廟。

---

23 呂大臨，〈橫渠先生行狀〉，頁 384。

24 同上書，頁 384。

25 根據〈橫渠先生行狀〉記載可知，當時在朝廷中原有實行婚冠喪祭之禮的建議，並且詔下禮官執行。但是，禮官卻安習故常，認爲古今習俗不同，無法執行古禮。僅有張載認爲可行，而且表示：「**稱不可，非儒生博士所宜**」。再加上張載發現郊廟之禮不夠嚴謹，而提出糾正。因此，張載與禮官多有不合，而更感孤立。

26 張載過世後，其門人欲諡爲「明誠夫子」，並曾就這件事請教程顥，而程顥則轉向司馬光（字君實，西元 1019-1086 年）請教此事是否合宜。根據〈司馬光論謚書〉的陳述，司馬光在深思之後，表示：「**君子愛人以禮，今關中諸君欲謚子厚而不合於古禮，非子厚之志**」，因此對這件事表達反對的意見。司馬光，〈司馬光論謚書〉，收入《張載集・附錄》，頁 369。

貳、張載的著作

關於張載的著作，現存可見者，分別爲：《正蒙》、《西銘》、《橫渠易說》、《經學理窟》、《張子語錄》、《橫渠先生文集》，以及《張子全書》等，共計七種。此外，張載著作中已佚或不詳者，則包含：《詩說》、《橫渠張氏祭禮》、《禮記說》、《橫渠春秋說》、《信聞記》、《橫渠孟子解》、《張橫渠注尉繚子》、《張橫渠崇文集》、《雜述》與《張載集》[27]等，共計十種。[28]現就張載著作中，今存可見的文獻資料，扼要介紹如下：

《正蒙》（或作《正蒙書》）一書，雖是張載思想的代表作，但卻是由其門人蘇昞（字季明，生卒年不詳）所編輯完成。在《正蒙・蘇昞序》中，有以下的說明：

> 先生著正蒙書數萬言。一日，從容請曰：「敢以區別成誦何如？」先生曰：「吾之作是書也，譬之枯株，根本枝葉，莫不悉備，充榮之者，其在人功而已。又如晬盤示兒，百物具在，顧取者如何爾。」於是輒就其編，會歸義例，略效論語孟子，篇次章句，以類相從，為十七篇。

由引文可知，《正蒙》雖是由張載親手寫作而成，但卻是經由

27 關於張載著作書目中的《雜述》（一卷）與《張載集》（十卷），僅《宋史・藝文志》有著錄，其書未見，內容不詳。參見（元）脫脫等撰；楊家駱主編，《新校本宋史》，頁 5173，5366。

28 關於張載著作的流傳與亡佚，胡元玲先生在〈張載著作及版本考〉一文中，有詳盡的考證。本文在此部份，獲益甚多。詳見胡元玲，〈張載著作及版本考〉，收入《張載易學與道學：以《橫渠易說》及《正蒙》爲主之探討・附錄一》（台北：台灣學生書局，2004 年），頁 225-244。

蘇昞分爲十七篇，並訂定次序。蘇昞對於其師的這部思想結晶十分推崇，因此試圖仿效《論語》、《孟子》的編纂方式，而編訂《正蒙》。至於這樣的編輯方式，是否能合於張載的意願？從前引可知，蘇昞曾經在張載生前請示過其意見，不過張載對於蘇昞的編輯計劃，卻並未明確表示贊同與否。或許也因此，直至張載過世後十三年，蘇昞才將分爲十七篇的《正蒙》印行於世。[29]《正蒙》一書的名稱，是張載依據《易說》對「蒙」卦的闡述，進一步發揮而有。[30]所謂「正蒙」，正是《易經．蒙卦》所謂：「**蒙以養正，聖功也**」，亦是張載在《正蒙．中正》所言：「**使蒙者不失其正，教人者之功也。盡其道，其惟聖人乎**」[31]。關於《正蒙》的重要注解本，最著名的當屬清儒王夫之（字而農，西元 1619-1692 年）的《張子正蒙注》。此外，明代尙有劉璣撰寫的《正蒙會稿》四卷，高攀龍集註、徐必達發明的《正蒙釋》四卷，呂柟所作的《張子鈔釋》六卷（此爲呂柟《宋四子鈔釋》二十一卷中的一部份），以及韓邦奇撰寫的《正蒙拾遺》一卷。清代則有李光地《正蒙注》二卷，張伯行所作《張子》一卷（此爲張伯行《濂洛關閩書》中

29 雖然張載未必傾向贊同將《正蒙》分定篇章；但是，其弟子范育卻指出這樣編輯的益處，他表示：「**友人蘇子季明離其書為十七篇以示予。昔者夫子之書蓋未嘗離也，故有『枯株晬盤』之說，然斯言也，豈待好之者充且擇歟？特夫子之所居也。今也離而為書，以推明夫子之道，質萬世之傳，予無加損焉爾**」，由引文可知，原本未曾分篇章的《正蒙》，使讀者並不容易掌握閱讀重點，甚至遭致「**枯株晬盤**」的批評。經過蘇昞（*將《正蒙》離爲十七篇後，則使得書中各部分所欲討論的內容更加明確，有助於傳承、推廣張載的思想。范育，《正蒙．范育序》，收入《張載集》，頁 4-6。

30 參見《橫渠易說．上經》，收入《張載集》，頁 85。

31 參見《正蒙．中正》，收入《張載集》，頁 31。對於《正蒙》的書名，朱熹便曾有以下註解：「**蒙者，蒙昧未明之謂；正者，訂正之也**」，而在《張子正蒙注．序論》中，王夫之也指出：「**謂之正蒙者，養蒙以聖功之正也**」。張載，《張子全書》（台北：台灣中華書局，1988 年），卷二；王夫之，《張子正蒙注》（上海：上海古籍出版社，2000 年），頁 79。

之一部分），以及王植所寫的《正蒙初義》十七卷等。[32]明代所編的《張子全書》，與西元 1978 年北京中華書局出版的《張載集》點校本中，均有收錄此書。

《西銘》（或作《張子西銘》）原是《正蒙‧乾稱》的首段，朱熹在《張子全書》的注解中記載：「（橫渠）嘗於學堂雙牖，左書砭愚。右書訂頑。伊川先生曰：是啟爭端。改曰東銘、西銘」，由引文可知，張載本將《正蒙‧乾稱》的首段與末段，分別書於學堂左右，一方面表明自身學問旨趣，另一方面，也作爲期勉學人之用。後因程頤考慮「訂頑」與「砭愚」這兩個名稱，恐引起不必要的爭端。所以將「訂頑」改爲《西銘》，而將「砭愚」改爲《東銘》。不過，《東銘》與《西銘》雖皆爲張載同時期的作品。程頤卻認爲這兩篇作品有明顯的高下之別，而僅大力推崇《西銘》。[33]例如，程顥曾讚許張載所作的《西銘》，曰：「《西銘》，某得此意，只是須得子厚如此筆力，他人無緣做得。孟子以後未有人及此。得此文字，省多少言語。要之，仁孝之理備乎此」[34]，而程頤也表示《西銘》是：「擴前聖所未發，與孟子性善養氣之論同功，自孟子後蓋未之見」[35]。二程雖並不滿意《正蒙》，[36]但卻

---

32 關於《正蒙》一書的注本源流問題，在〈《正蒙》注本考〉中，胡元玲先生有詳盡的考證，可資參考。詳見 胡元玲，〈《正蒙》注本考〉，收入《張載易學與道學：以《橫渠易說》及《正蒙》爲主之探討‧附錄二》，頁 245-252。

33 對此，朱熹曾表示：「二銘雖同出於一時之作，然其詞義所指，氣象所及，淺深廣狹，判然不同。是以程門專以西銘開示學者，而於東銘。則未嘗言」（《張子全書》卷一），也是基於這樣的見解，所以朱子後來將《西銘》從《正蒙》中獨立出來，並作了詳細的註解。此外，《張子全書》的作者，在編輯張載的著作時，也採取先解《西銘》，後解《正蒙》的詮釋進路，而將《西銘》置於《正蒙》之前。

34 參見《張子語錄‧後錄上‧遺事》，收入《張載集》，頁 336。

35 參見同上書，頁 387。

36 例如，伊川有言曰：「橫渠之言誠有過者，乃在《正蒙》」，引文見《朱子全書‧朱子語類‧張子之書二》（上海：上海古籍出版社，2002 年），頁 3329。

認爲《西銘》最能彰顯儒家「**仁孝之理**」，且其精純是「**秦漢以來學者所未到**」[37]。所以，二程將《西銘》視爲張載最能彰顯儒家義理的代表作。在明朝所編的《張子全書》中，有收入此書。

《橫渠易說》（或作《易說》、《橫渠先生易說》），是張載早年研究易學的成果，也是其後《正蒙》一書的基礎。張載試圖以氣論闡述儒家義理的企圖，在本書中，已經可以窺見一二。或也因此，張載並不是以一個經典注解者的身分，忠實的比對各類注本，以推敲、注解《周易》中的每一個字。他反而像是以一個經典詮釋者的身分，極力探尋《周易》中的一貫之道，並將此奉行爲儒家天人合一思想的義理根基。所以在《易說》中，張載是有選擇性的對《周易》經傳中的辭句，加以注解詮釋。[38]例如，在〈繫辭〉、〈說卦〉、〈序卦〉，以及〈雜卦〉等篇中，他並沒有全載經文，僅載有注解的經文。在注解篇幅上，他特別以詳盡的注解顯示對〈繫辭〉的重視，[39]而對於〈序卦〉，或〈雜卦〉的注解，則相對簡略許多。在《郡齋讀書志》、《宋史・藝文志》以及《文獻通考》中，均有著錄此書。明代所編的《張子全書》，與西元 1978 年北京中華書局出版的《張載集》點校本中，均有收錄此書。西元 2004 年，丁原明先生則在《張載集・橫渠易說》的基礎上，作有《《橫

37 參見《張子語錄・後錄上・遺事》，收入《張載集》，頁 336。

38 在《四庫全書總目・易類二》中，編者即指出張載對《周易》經傳的注解是：「**往往經文數十句中一無所說，末卷更不復全載經文，載其有說者而已**」。紀昀等纂，《四庫全書總目》（北京：中華書局，1995 年），頁 5。

39 張載指出：「**繫辭反覆惟在明易所以為易，撮聚眾意以為解，欲曉後人也**」，又說：「**欲觀易先當玩辭，蓋所以說易象也。不先盡系辭，則其觀於易也，或遠或近，或太艱難。不知系辭而求易，正猶不知禮而考春秋也**」可知張載是將〈繫辭〉視爲探討《周易》一貫之理的作品，因此主張明瞭〈繫辭〉是通達《周易》的不二法門。因此，在《橫渠易說》中，他特別重視對〈繫辭〉的注解。《橫渠易說・繫辭上》，收入《張載集》，頁 176。

渠易說》導讀》一書。[40]

《經學理窟》(或作《橫渠先生經學理窟》),其內容包含:〈周禮〉、〈詩書〉、〈宗法〉、〈禮樂〉、〈氣質〉、〈義理〉、〈學大原〉、〈自道〉、〈祭祀〉、〈月令統〉、〈喪紀〉等篇。在此書中,張載不僅廣泛探討儒家的重要經典,也提出「**心解則求義自明,不必字字相校**」[41]的經典詮釋態度。雖然《近思錄》並未提及張載曾作此書,但在《郡齋讀書志》,以及《郡齊讀書志附志》中,均有著錄此書。[42]

《張子語錄》(或作《橫渠先生語錄》、《橫渠語錄》),當是張載歷年講學的內容,由其門人或後學整理、紀錄而成。根據張元濟在〈張子語錄跋〉中的陳述可知,《宋史・藝文志》、《馬氏經籍考》,以及《陳氏書錄解題》均不載此書,僅在《郡齊讀書志附志》中,著錄有《橫渠先生語錄》三卷。明代所編的《張子全書》所收入的是明人呂柟的《語錄抄》,而非宋本《張子語錄》。相較於《張子語錄》,《語錄抄》的內容並不完整,而且其末有六節,是《張子語錄》及宋刻《諸儒鳴道集》所無,張元濟懷疑是明朝人

40 丁原明,《《橫渠易說》導讀》(濟南:齊魯書社,2004年)。

41 參見《經學理窟・義理》,收入《張載集》,頁276。

42 由於在晁公武《郡齊讀書志》中,曾提及「**《理窟》二卷,右題曰金華先生,未詳何人,為程張之學者**」,趙希弁《郡齊讀書志附志》中,也著錄有橫渠先生《經學理窟》一卷。但是,在《近思錄》的〈引用書目〉中,朱熹與呂祖謙(字伯恭,西元1137-1181年)卻並未提及張載的著作有《經學理窟》一書。張岱年先生即質疑:朱熹編輯《近思錄》時尚未見到《理窟》,或者雖見到而以為不足依據而不取。他並且斷言:「**今存的《理窟》,內容和趙希弁所述目次相同,但其中有些是程頤的《語錄》,而從大部分的題材語氣來看,又確像張載的話。疑宋代《理窟》有兩個本子,一題金華先生,一題橫渠先生。金華先生可能是編者。這本書當是張載程頤語錄的類編,後人因其中張載的話較多,所以算作張載的書了。書中只是門人的記錄,不是張氏手著的,不完全可信**」。張岱年,〈關於張載的思想和著作〉,收入《張載集》,頁15。

所增益。[43]

《張横渠先生文集》（或作《横渠先生文集》），此書收入張載的書信文章等。明代所編的《張子全書》所收入的是《文集抄》。現存最早可見者，爲清代的刻本。清人張伯行所編的《正誼堂全書》，有收入《張横渠先生文集》十二卷。

《張子全書》是張載著作的通行本。但是，此書最早是由何人所編的問題，過去較少人留意。《四庫全書總目提要》也表示：「**此本不知何人所編**」[44]。在〈張載的思想和著作〉中，張岱年先生曾詳加探討這個問題。他表示：《張子全書》是由明萬曆年間沈自彰所編纂。明末徐必達刻《張子全書》，是在沈自彰之後。[45]不過，胡元玲先生則認爲，通過版本目驗及考證，張岱年先生之說並不正確，《張子全書》最早的版本，應該是明萬曆三十四年（西元 1606 年）的徐必達刻本。[46]關於《張子全書》所收錄的內容，則包含：《西銘》一卷，《正蒙》二卷，《經學理窟》五卷，《易說》三卷，《語錄抄》一卷，《文集抄》一卷，又《拾遺》一卷，又採宋、元諸儒所論及《行狀》等作爲附錄一卷，共十五卷。《四庫全

---

43 關於此，張元濟有如下的陳述：「**右張子語錄三卷，後錄二卷，無纂輯人姓氏，宋史藝文志、馬氏經籍考、陳氏書錄解題均不載，獨晁氏讀書志附志有横渠先生語錄，卷數同，無後錄。是本捲上首葉缺前九行，舊藏汲古閣毛氏。藝芸書捨汪氏迄鐵琴銅劍樓瞿氏均未補得。余聞滂喜齊潘氏有宋刻諸儒鳴道集，因往假閱，則是書所缺九行儼然具存，遂得影寫補足。鳴道集所收亦三卷，且序次悉合，間有異同，可互相是正。時刻張子全書第十二卷有語錄抄，取以對勘，乃僅得六十七節，減於是本者約三之二。然卷末有六節，為是本及鳴道集所無，意者其明人增輯耶？**」張元濟，〈張子語錄跋〉，收入《張載集》，頁 346。

44 紀昀等纂，《四庫全書總目．儒家類二》（台北：藝文印書館，1974 年），頁 776。

45 張岱年，〈張載的思想和著作〉，收入《張載集》，頁 16-17。

46 胡元玲，〈張載著作及版本考〉，收入《張載易學與道學：以《横渠易說》及《正蒙》爲主之探討．附錄一》，頁 225-244。

書總目提要》批評此書是：「名以『全書』，殊為乖舛」。其理由是《張子全書》所收錄的張載著作，除《易說》與《西銘》以外，與史志卷數皆不相符。並且在此書中所收錄的《語錄抄》與《文集抄》，皆是「抄」而非全本之故。

至今爲止，1978 年北京中華書局所點校出版的《張載集》，是今日研究張載思想最完整可靠的文獻資料。此書是以《張子全書》爲基礎，進行補充與校勘。在篇卷安排上，《張載集》與《張子全書》略爲不同。在《張載集》中，將《西銘》歸於《正蒙》，並刪去朱熹注，而將《易說》列於《正蒙》之後，且更名爲宋代目錄所稱的《橫渠易說》。其後爲《經學理窟》，再次則爲《語錄》。又由於《張子全書》所收錄的《語錄抄》，在內容上並不完整。因此，《張載集》不採用《語錄抄》，而採錄了宋本《語錄》，補足《張子全書》不足之處。在《文集》部分，則是參考了《宋文鑑》，且改稱《文集佚存》。在本書中的引文，均依據《張載集》，凡衍誤的字句以圓括號「（ ）」標示，而補脫與改正之字句，則以方括號「〔 〕」標示。

參、本文研究的旨趣與方法

張載思想歷來以難解著稱，[47]這一方面是出於他獨特的行文風格；[48]更重要的則是，張載雖志在承繼孔孟聖賢之學，卻試圖

---

47 例如，對於《正蒙》，這一本張載思想最重要的代表著作，《正蒙會稿・何景明序》就曾經直接的表示：「《正蒙》書多難解，學者讀之，或不卒業而廢」。（明）劉璣，《正蒙會稿》（台北：藝文印書館，1966 年）。

48 這可以從兩方面窺見：其一，在概念的使用上，由於張載常使用非儒家式的概念語言，闡述儒家義理。因此，常使讀者在閱讀他的作品時，形成理

另闢蹊徑，在孔、孟罕言的氣論基礎上，[49]證成儒家「天道性命通貫為一」的義理架構。如此一來，往往使得其後的思想家，在詮釋張載思想時，形成理解上的滑轉與割裂。最顯著的例子即在於，儘管多數學者都同意「氣論」是張載哲學中最為突出的部分，也認為「禮學」是張載儒學思想中，不可被切割的一環。但是，對於「氣論」與「禮學」在張載思想中的關聯，卻歷來缺乏專題性的說明。[50]同樣的情況，也見於「氣論」與「人性論」、「教育

解上的偏移。例如，對於〈西銘〉所闡述的「民胞物與」思想，以及《正蒙．誠明》所說的「**愛必兼愛**」，楊時就認為這是偏向墨子之言。對此，伊川先生還特別澄清：「**西銘明理一而分殊，墨氏則二本而無分，子比而同之，過矣**」(《二程集》)。此外，在本書第三章〈莊子與張載「氣」概念比較〉中，也指出張載常使用莊子式的概念語言，闡述其氣論思想。因此，為避免理解上的誤會，在論述張載氣論時，實有釐清莊子與張載所言「氣」概念之異同的必要。其二，張載行文往往過於精簡生澀，使得讀者難以順利掌握他文中要旨。例如，在《濂洛關閩書》中，張伯行便直指：「**《正蒙》詞義艱深**」，而張載的門人范育也曾含蓄的表示，《正蒙》一書確實是經過同門蘇昞釐定篇章後，才更能為讀者所閱讀。張伯行，《濂洛關閩書》(台北：台灣商務，1968 年)；見《二程集》(台北：漢京文化事業股份有限公司，1983 年)，頁 609。

49 儘管在《論語．季氏》中，孔子曾提及「血氣」，而在《孟子》中，更有「浩然之氣」(〈公孫丑上〉)，以及「夜氣」(〈告子上〉) 概念。但是，在孔子與孟子的思想中，「氣」尚未發展成為用以解釋天地萬有之存在根源的核心理論。

50 張載以「知禮」聞名於當世，他不僅屢屢以「知禮成性」、「以禮持性」作為思想實踐的原則，二程亦相當稱許橫渠先生推行禮教的努力，伊川即認為「**子厚以禮教學者，最善，使學者先有所據守**」(《宋元學案》卷十八)，而司馬光更指出：「**竊惟子厚平生用心，欲率今世之人，復三代之禮者也**」(《張載集．附錄．司馬光論謚書》)，由此可見「禮學」實是張載思想中十分關鍵的一部份。至於張載之氣論，不僅是其思想中最具開創性與影響性的部分，更是當代宋明儒學研究者最常討論的議題之一。關於這一點，可由目前學界的研究成果得知。自 1950 年代至今，研究張載思想的漢語著作約有百篇，其中探討張載氣論者已然超過四十篇。然而令人訝異的是，截至目前，張載禮學與氣論間之關聯，卻仍然缺乏學術性的探討與研究。如此一來，張載思想中最為重要的兩個部分（禮學與氣論），竟然截斷為二。這樣一種思想詮釋上的「斷裂」，往往使張載思想面貌若非偏向「氣學的張載」，則是偏向「禮學的張載」。

觀」，以及「生死觀」等議題的探討上。基於此，本文的研究要旨有二：其一，針對當代學者有關張載氣論研究的一些爭議性課題，試圖予以澄清與重釋。其二，嘗試說明張載氣論與其思想各部分間（例如，人性論、教育觀，與生死觀等）的關聯。

由於近代西方哲學對於方法論的重視以及運用上的進展，當代從事中國哲學研究的學者，也已逐漸開始使用不同的研究方法來處理各類題材。[51]然而，誠如前輩學者所指出，任何研究方法本身都有其侷限性，尤其在援引西方哲學的研究方法時，則更加必須注意中西文化思想的差異，以避免墮入了方法論的陷阱之中。[52]依此，吾人當留意，方法論的使用本在清晰、明確的陳述論題，以及為論述找到可信的立基，而非成為理論內容的侷限、枷鎖。所以，在研究方法上，本文嘗試透過思想史的省察與文獻

51 例如，勞思光先生即以「基源問題研究法」寫成四冊的《中國哲學史》，而在當代張載哲學研究中，丁為祥先生嘗試由「整體重構法」企圖重現張載的思維世界，胡元玲先生是強調文獻學研究與義理分析的結合，而杜保瑞先生則以基本哲學問題詮釋進路的方式，建構張載的哲學體系等。皆是嘗試從研究方法的釐定與執行上，確保文章論述的嚴整性與精確性。關於「基源問題研究法」的說明，可參見勞思光，《新編中國哲學史》第一卷（台北：三民書局，1984 年），頁 4-17；丁為祥，《虛氣相即：張載哲學體系及其定位》（北京：北京人民出版社，2000 年），頁 4；胡元玲，《張載易學與道學：以《橫渠易說》及《正蒙》為主之探討》，頁 26；杜保瑞，〈張載體系完整的儒學建構〉，《北宋儒學》（台北：台灣商務印書館，2005 年），頁 44。

52 例如，勞思光先生即指出，在哲學中，所謂「方法」的原始意義，乃在於指建立知識的程序及所涉的規則。但若論及「中國哲學的方法論」時，所指者又可包含研究中國哲學所用的方法問題及其解答，以及對中國以往哲學家所建立理論時所用之方法的了解與評估。不論是採上述哪一種觀點討論中國哲學方法，都不是取「方法」的原始意義，亦即不是試圖建立一種知識的程序，而是取方法的引申義，將方法視為達到某種研究成果的過程或步驟。也因此，論文方法不在於界定推論過程的真假值，而在於涉及討論效力的問題。勞思光，〈哲學方法與哲學功能：序馮著《中國哲學的方法論問題》〉，收入馮耀明著，《中國哲學的方法論問題》（台北：允晨，1989 年），頁 1。

分析等程序，要求所有的論述都能還原到文獻脈絡中來說明，由此避免斷章取義式的推論。並且也要求將張載思想的整體理解，置於他所承繼的儒學傳統以及時代課題中，加以掌握。基於此，本文期許所獲得的研究成果，能一方面突顯張載思想內在邏輯的整體性，另一方面也決不忽視思想史研究所建立的相關結論。

依據研究方法的規範，本文的主體架構，基本上是按照下述的構想來訂定：在第二章〈張載「太虛即氣」說辨析〉[53]中，主要透過探討當代學界對張載「太虛即氣」說的爭議，以釐清「太虛」與「氣」概念，在張載氣論中的意義與關聯。由於「太虛」與「氣」是張載思想中最核心的概念，若是不能明確的澄清二者間的關係，將不僅使得吾人難以精準掌握張載氣論的全貌，也可能連帶的使吾人對張載人性論、禮學、教育觀，以及生死觀的討論，陷入曖昧模糊的窘境。如此一來，將很難對張載哲學有整全的理解。依此，本文不僅重新回顧當代張載研究對「太虛即氣」說的不同詮釋（本文主要集中於「唯物說」、「體用圓融說」，以及「虛氣不二說」），也試圖在唐君毅先生「虛氣不二說」的詮釋基礎上，進一步澄清太虛與氣乃是「一而有分」的關係。

在第三章〈張載與莊子氣論比較〉[54]中，透過對比莊子與張載氣論的異同，一方面勾勒出張載是如何在氣論的基礎上，闡述儒家的形上學、修養論，以及生死觀。另一方面則指出：儘管在概念語言的使用上，張載的氣論得助於莊子甚多。但是，張載並未背離孔孟儒學的義理脈絡，陷入「以莊解儒」的困境。基於此，本文從三面釐清莊子與張載氣論思想的異同：其一，就氣化論而

---

53 本章原發表於《東吳哲學學報》第 14 期，2006 年 8 月，頁 25-60。

54 本章原題爲〈論莊子與張載的「氣」概念〉，發表於《東吳哲學學報》第 12 期，2005 年 8 月，頁 127-166。

言，二者雖均將「氣」視爲萬有之本然，且以氣之聚散流轉說明萬物之死生存亡。但是，莊子乃是透過氣論試圖解消人在價值觀上的封閉與侷限，重歸天地人我的自然和諧。至於張載，則是採用氣論駁斥佛老天人二判之說，證成儒家天人合一之理。其二，就修養論而言，雖然二者皆認爲「氣」可呈顯德性生命，而非純生理之氣。但是，在實踐工夫上，莊子氣論著力於掃除心知障蔽，由此恢復心之明覺與性之素樸。至於張載，則是透過「變化氣質」的工夫，挺立人的道德良知，證成儒家天人合德的價值理境。其三，就生死觀而言，二者雖然都以氣化流行說明人之死生存亡，並且均認爲悅生惡死的行爲，是達道者或有德者所不取。但是，莊子通過氣論旨在教人超越世俗悅生惡死的執迷，以回歸自然和諧的美好。至於張載，則是由道德義理的承擔而言生命的不朽。由以上三點可知，張載與莊子在概念語言的使用上，有相通之處。但是，在學說內涵上，卻有不同的關懷與走向。

如果說，本文的二、三章主要在嘗試釐定張載氣論的實際內容。從第四章開始，則是將論述的重心，依序放在張載是如何在氣論的基礎上，闡述其人性論、禮學、生死觀，以及教育觀。換言之，本文旨在探討：張載是如何以氣論統攝其儒學思想的各個部分。

在第四章〈張載對孟子人性論的承繼與開展〉[55]中，本文一方面旨在說明：張載是如何以氣論爲基礎，承繼且開展儒家以人之道德性爲核心的人性論思想。另一方面，則是透過比較孟子與張載人性論之異同，指出張載對孟子人性論有哪些承繼與開展。基於此，本文不僅從「氣化生物」的造化歷程論述至張載何以將

55 本章即將刊載於《揭諦》第 12 期，2007 年 4 月。

人性區分爲「天地之性」與「氣質之性」，而且從以下三方面指出張載對孟子人性論的承繼與開展：首先，就性善論而言，張載承襲了孟子以「人性即爲人之道德性」的思想。至於張載在論述上有進於孟子者，則在於他不僅從氣論上提出「**性者萬物之一源**」的主張，指出人與萬有皆具備根源於天的內在道德性，也透過稟氣厚薄，說明爲何僅有人能超越氣質之限制，自覺的實踐自身內在之道德性。其次，就「人何以爲不善」的議題上，張載不僅承繼孟子的觀點，否認「惡」在人性中有獨立自存的地位，並且主張人之良心的陷溺，使內在道德性未能彰顯，是人何以爲不善的關鍵原因。至於張載透過個體之稟氣厚薄清濁，說明人在道德實踐活動中的差異性（例如，有些人較容易爲習氣所限，而流於惡），則是他對孟子人性論的開展。最後，就「人如何復顯其善」的議題上，張載承繼了孟子「寡欲」以及「存養擴充」的主張。但是，他更進一步將其統攝於「變化氣質」的實踐工夫中。由此可知，張載並非一成不變的傳承儒家人性論，而是在氣論的基礎上，證成「天道性命通貫爲一」的儒學義理架構。

在第五章〈張載哲學中的「理」與「禮」〉[56]中，旨在探討張載禮學的形上基礎。本章是作者針對張載禮學所作的第一篇研究成果。[57]有鑒於當代張載禮學研究，多半集中於歸納整理張載文獻中曾論及「禮」之文句，卻忽略將張載禮學研究帶入張載哲學的整體架構中思考的問題。本章嘗試探討的哲學課題是：設若張載已然肯認天地間存在著規範萬有的價值理序，而又將「禮」視

56 本章原發表於《高雄師大學報》第 18 期，2005 年 6 月，頁 163-178。

57 在作者 2006 年所執行的國科會計劃中，將以「張載禮學的氣論基礎」爲主軸，依序探討張載對於「禮之起源」,「禮之概念」，以及「禮之儀文」的相關論述，以及他對於《周禮》等儒家禮學經典的承襲與開創。

爲人間規範的準則。那麼，在張載思想中，關於存在價值理序（理）與人間規範準則（禮）間，若非彼此獨立互不相涉，則理當存在著系統性的關聯。[58]然而，若將「理」與「禮」視爲兩套各自獨立的價值理論，則顯然背離張載哲學所強調的「**本末上下，貫於一道**」（《張子全書·范育正蒙序》）之思想風格。因此，在張載思想中，「理」與「禮」之間，理當存在著系統性的關聯。現在的問題是，他如何將規範人間價值之「禮」收攝於形上之「理」中論述，並由此證成「天人合一」的主張。此爲本章所主要討論者。

在第六章〈由張載生死觀反思當代生命教育議題〉[59]中，旨在透過張載的生死觀探討近來學界所十分關心的生命教育議題。由於儒家哲學向來展現出關懷時代脈動的實踐精神。因此，本書除了前述幾章著重於對張載思想的分析討論外，在本章中，也試圖透過張載思想回應「生命教育」相關議題，由此彰顯張載思想的現代意義。必須說明的是，由於目前學者間對於「生命教育」的實際內容，還欠缺整合一致的共識，而且在張載相關文獻資料中，並未直接提及「生命教育」。若是不顧各家論述在生命教育議題上的根本差異，而輕率的採用有利於本章論述的觀點，則可能

---

58 「禮學」是張載用以作爲個人道德實踐與安立社會秩序的綱領。因此，禮學可以說是主導張載思想是否真能落實於實際人生的關鍵。如果說張載所言之「禮」，其根源是得自於社會建構者（如「約定俗成」），則「禮」與「理」在張載思想中可以是獨立的兩者，而未必有需要探討兩者間之關聯。然而，這樣的一種詮釋方式在以下兩方面將難以自圓其說：其一，儒家自孔、孟以來，皆以「禮」不應只是某種規範行爲的形式儀文，而應當是天道價值的展現。張載既然自陳承襲孔孟之學，即不當將禮之本歸屬於社會建構。其二，張載倡言「天人一本」，故人間之秩序（禮）與天秩天序（天理）本當通一無二，若將禮歸本於社會建構，則背離張載之禮學思想。由此可知，張載所言之「禮」必有一形上之根源。

59 本章原題爲〈生命教育的儒學關懷：以張載生死觀爲中心〉，發表於《揭諦》第 10 期，2006 年 3 月，頁 1-37。

遭到斷章取義的質疑。至於任意擷取張載的文句以附和本文的論點，更恐陷入扭曲張載思想的困境。所以，在論述的程序上，本文採取下述的步驟：首先，嘗試從生命教育相關資料中，歸納出兩項生命教育研究中的重要議題，即對「死之必然的認識」與對「生命意義的探尋」。其次，回歸張載文獻資料中，整理出張載對這兩項議題的思想觀點與相關論述。基於此，本文依序探討張載是如何從氣論的角度，說明生死現象的必然，而由此將目光焦點轉向強調道德生命的不朽。並且以「變化氣質」的修養工夫，作爲將張載思想落實於生命教育的參考。

由前述各章簡介可知，本文嘗試說明：設若張載思想是有其整體性與內在的一致性，那麼張載實是在氣論的基礎上，統攝其人性論、教育觀、生死觀，以及禮學。並依此承繼與開展儒家「天道性命通貫爲一」的義理架構。爲了建立客觀的論述基礎，在研究方法上，本文採取較爲保守的做法，盡可能讓張載思想中的核心概念透過還原於文獻及歷史脈絡中，使其自己呈現明確的意涵。如此，一方面可避免斷章取義式的扭曲張載思想，另一方面也有助於澄清當代學者在研究張載思想時所引發的爭議。至於後文實際成果的展示，有無疏忽或背離原初構想之處，則敬祈方家碩學不吝賜教之。

第二章　張載「太虛即氣」說辨析

張載所提的「太虛即氣」究竟意指爲何？是當代張載思想研究的重要課題之一。有學者認爲，若要釐清這個問題，則首先需要辨析「太虛即氣」之「即」應當理解成「就是」，或者當理解爲「相即不離之即」。若將「即」理解爲「相即」之義，則太虛是天道創化之本體（體），而氣是創化之行跡（用），太虛與氣是體用圓融之異質關係。若將「即」理解成「就是」，則又可繼續追問：太虛與氣是同質同層的均爲形下之物質？又或者當跳脫「唯心/唯物」之框架，將太虛與氣皆視爲「流行的存在」或「存在的流行」？由此可知，對於「太虛即氣」的理解，根本的影響了吾人對張載思想的詮釋。基於此，本文以下分成三部分探討「太虛即氣」的涵義：首先，本文將扼要陳述「唯物說」、「體用圓融說」以及「虛氣不二說」等三種當代研究虛氣關係的重要詮釋。其次，本文將重新檢視「唯物說」與「體用圓融說」的論據，並指出唐君毅先生所提之「虛氣不二說」更能說明張載思想中的虛氣關係。最後，本文將在「虛氣不二說」的基礎上，說明太虛與氣乃是「一而有分」的關係。

第一節　「太虛即氣」詮釋異說

在當代張載思想研究中，對於「太虛即氣」之實義，存在著多種不同的解讀。[1]以下本文將針對三種最具代表性與影響性的詮釋，扼要的陳述其詮釋觀點及其論據。

一、由唯物說論「太虛即氣」

持此說的學者認為，「太虛即氣」之「即」應當理解成「就是」，而將〈太和〉所言：「**太虛無形，氣之本體**」之「本體」理解成「本然狀態」，所謂「太虛」乃是指「氣之本然狀態」。所以此說主張，太虛與氣是同質的關係，均為形下的物質，二者的差別僅在於存在狀態上的不同。持這種觀點者以大陸地區學者居多，主要代表人物有馮友蘭、張岱年，以及陳俊民先生等人。

馮友蘭先生認為，張載借用莊生「野馬」、「塵埃」之說，主要是用以說明「氣」是一種極細微的物質。[2]這種物質有聚有散，當其散殊而難以為人之感官知覺所察視時，彷彿清虛無物一般，這就可稱之為「太虛」。因此，所謂太虛是指氣尚未凝聚為物時的細微狀態。馮先生更進一步指出，太虛是宇宙的物質結構，故宇宙的終極實在是物質性的存在，而氣之聚散的過程就稱為「道」，亦即是道學家所說的「流行」。氣之相感、相蕩、勝負、屈伸，就是宇宙這個無始無終之過程的全部內容。[3]相較於馮友蘭先生尚將

1 根據柳秀英先生的整理，歷來對於「太虛即氣」的解讀，可歸納為五種說法：（1）理氣相雜說；（2）氣化唯物說；（3）體用圓融說；（4）體用二分說；及（5）儒佛道混一說。柳秀英，〈張載「太虛即氣」詮釋異說研究〉，《美和技術學院學報》第 21 期，2002 年，頁 78-93。

2 早年在《中國哲學史》一書中，馮先生尚未從唯物主義論說張載所言之「氣」就是微小的物質，而是借用亞里斯多德的學說指出，氣聚生物所依據的規律（即道學家所言之「理」）與氣之關係，乃是形式（Form）與質料（Matter）的關係，而所謂「太虛」乃是指氣處於散而未聚的狀態中而已。馮友蘭，《中國哲學史》下冊（增訂版）（台北：台灣商務印書館，1999 年），頁 852-860。

3 馮友蘭，《中國哲學史新編》第五冊（台北：藍燈文化事業股份有限公司，1991 年），頁 136-140。

「太和」視爲宇宙的精神面貌，試圖替張載思想保留一些形上學的空間，張岱年先生則明言：將張載哲學視爲客觀形上論其實是一種誤解。[4]

張先生認爲，張載的自然觀是氣一元論，而氣一元論則是中國古代形下論的重要形式。張載哲學中的「氣」、「太虛」和「道」都是物質性的存在，氣是一種包含運動變化與深度廣度的實體，而氣之運動變化又是基於氣本身所包含的內在對立，[5]由此張載透過氣一元論說明：世界的統一性乃在於物質性的原理，並且論證了物質與運動的內在關係。[6]順此理解，張岱年先生認爲，〈太和〉所言：「**太虛無形，氣之本體**」之「本體」並不是西方哲學中所謂的「本體」，而只是「本來狀況」的意義。若將太虛視爲「本體」，氣視爲「現象」，則其實是一種誤解。因此，「太虛即氣」所主要表達的意思是：太虛是無形無象的氣，是氣的本來狀況，亦即是氣之本性的根源所在。[7]

---

4 馮友蘭與張岱年先生對「太虛」的理解也有所差異：馮先生認爲，太虛是氣處於散殊而不可見的狀態，並指出張載是以極細微的「有」（氣）去否證絕對空無的存在，他並未將太虛與氣的關係理解爲空間包含物質的關係。但是，張岱年先生儘管亦將「太虛」視爲氣，但當他使用「空虛無物的太虛」一詞時，似將太虛視爲空間義的「虛空」或「空無」。此爲兩位先生之不同。張岱年，〈關於張載的思想和著作〉，《張載集・序》（北京：中華書局，1977年），頁 2。

5 張岱年，〈關於張載的思想和著作〉，《張載集・序》（北京：中華書局，1977年），頁 6。

6 張岱年先生將張載定位爲「北宋時代的唯物主義哲學家」，並指出張載的氣一元論是基於以下兩個命題：1.世界的一切，從空虛無物的太虛到有形有狀的萬物，都是一氣的變化，都統一於氣；2.氣之中涵有運動變化的本性，而氣之所以運動變化，都是由於氣本身包含著對立的兩方面，這兩方面相互作用是一切運動變化的源泉。張岱年，〈關於張載的思想和著作〉，《張載集・序》（北京：中華書局，1977 年），頁 2。

7 張岱年，〈關於張載的思想和著作〉，《張載集・序》（北京：中華書局，1977年），頁 3-4。

此外，陳俊民先生則是將張載思想置於哲學史的脈絡中討論，指出張載「天人一氣」的宇宙本體論將世界的統一性歸諸它的物質性，正標誌著北宋諸子在克服儒學「究天人之際」之理論危機上的努力。[8]陳先生認爲，張載一方面肯定天人萬物都是客觀存在，爲「天人合一」的世界統一性提供了前提；另一方面則以「太虛之氣」爲宇宙唯一本體，從根本上避免了外因論。因此，他又將張載哲學定位爲「氣本論」[9]。並基於此而表示：「太虛」與「氣」之間，僅僅只有存在形態上的不同，二者並沒有本質上的區別。[10]

上述學者均以唯物主義檢視張載哲學，不論他們是將張載思想稱爲氣本論、唯氣論或氣一元論，他們一致的立場是將張載所言之「氣」視爲構成宇宙的基本物質，並將太虛視爲物質性的氣之本來面貌（存在狀態）。至於有某些學者基於唯物主義的立場，試圖牽合張載氣論與科學理論，表示張載思想已經包含物質不滅觀念的萌芽，或是與現代物理學中的量子場論有一致之處，[11]則顯然已經超出張載哲學的理論效力之外了。

二、由體用圓融義論「太虛即氣」

持此說的主要代表者是牟宗三先生。牟先生認爲，太虛不同

---

8 陳俊民，《張載哲學與關學學派》（台北：台灣學生書局，1990 年），頁 98-99。

9 對於何以能將張載的哲學稱爲「氣本論」，葛榮晉先生另有如下的說明：儘管張載哲學既講「氣」也講「理」，但是他將道、理、虛、神、天和物都統一於氣，氣是他思想體系的最高範疇，理只是從屬於氣的範疇，因此可以把張載的哲學稱爲「氣本論」。葛榮晉，《中國哲學範疇導論》（台北：萬卷樓圖書有限公司，1993 年），頁 115-116。

10 陳俊民，《張載哲學與關學學派》（台北：台灣學生書局，1990 年），頁 141。

11 例如，陳來先生就表示，從科學史的角度看來，張載「虛空即氣」的學說在一定程度上猜測到了量子場論所言之「場」的存在。陳來，《宋明理學》（台北：洪葉文化事業有限公司，1994 年），頁 40。

於氣，「太虛」[12]是清通無跡之神，是道德創造潤身踐形所以可能之超越根據，[13]而「氣」是能體現、終成（具體化）天道之創生的「材質」[14]。由於太虛是氣之本體，[15]故可知太虛與氣有形上與形下之別。[16]牟先生的推論主要分爲以下三方面：

首先，釐清太和、氣與神的關係。牟先生指出，張載以「太和」規定道，乃是以太和而能創生宇宙之秩序即爲「道」。但是，張載以氣之絪縕形容「太和」、「道」（〈太和〉曰：「**不如野馬絪縕，不足謂之太和**」），則著于氣之意味太重（故自然主義之意味也太重），而容易被人誤解爲唯氣論。[17]實則，張載身爲儒家思想之正宗，乃是以「天道性命相貫通」爲其思參造化之重點，由野馬絪縕說太和，其旨乃在於彰顯道體之創生義。由此，牟先生得出三點推論：其一，「太和」是總持地說「道」，亦即是現象學地

---

12 牟先生將張載所言之「虛」分爲兩類：一是「太虛」之「虛」，指宇宙創化之根源，是氣化之所以可能的依據，故屬形而上者；另一則是「虛實」之「虛」，指氣之質性，屬形而下者。牟宗三，《心體與性體》第一冊（台北：正中書局，1990 年），頁 502。

13 牟宗三，《心體與性體》第一冊，頁 445。

14 藉由〈繫辭上傳〉：「**乾知大始，坤作成物**」與〈乾．彖傳〉：「**大哉乾元，萬物資始**」，牟先生認爲，由於張載思想以《易經》爲基礎，則其所言的太和之道之創造過程，亦可剖解爲乾知與坤能之終始過程。牟先生指出，在天道之創生過程中，乾元主管宇宙之始，爲萬物之本源，故爲天道生物之創生原則；而有始當有終，坤源即是乾元之終成原則、凝聚原則。既然凝聚原則亦即是坤元之「簡能」，此「能」當爲「材質」觀念，即是具有此材質而能具體化乾元之創始者。基於此，牟先生認爲吾人可本《易傳》，于乾知之易處說「神」，于坤能之簡處說「氣」。牟宗三，《心體與性體》第一冊，頁 440-442。

15 基於此，牟先生又常將「太虛」稱爲「太虛神體」或「太虛常體」。牟宗三，《心體與性體》第一冊，頁 446、455。

16 牟先生在詮解張載「神化」一詞時，指出：神爲體，爲形而上，化爲用、就氣言，乃爲形而下。由此可知，在牟先生的詮釋理路中，太虛神體與氣之間，乃有形而上與形而下之別。牟宗三，《心體與性體》第一冊，頁 454。

17 牟宗三，《心體與性體》第一冊，頁 437。

描述道，[18]此並非說太和即是一實體、道體，而是指道生化萬物之活動必是一有秩序的至和歷程。其二，張載是以氣化彰顯道之創生義，而非指氣化即是道；因此，必須由「太虛之神」[19]作爲保障氣化之所以可能的超越根據，如此方能使張載不致流於唯氣論者。其三，「神」與「氣」這兩概念，張載是以「**散殊而可象為氣，清通而不可象為神**」（《正蒙・太和》）界定之，可見神雖不離氣，但畢竟神是神而不是氣，氣是氣而並非神，神與氣可分別建立。[20]也由此可知，在牟先生的詮釋理論中，神與氣是不離而有分。

其次，指出太虛乃是氣之本體。牟先生認爲，所謂「**太虛無形，氣之本體**」（〈太和〉）並不是指「太虛乃氣之本來狀態」，亦即不應當將「本體」理解爲「本來狀態」，而應當將「本體」理解爲宇宙生化之根源，亦即將「太虛」視爲使氣之絪縕變化所以可能之常體、真體。所以，牟先生說：「**氣以太虛－清通之神－為體，則氣始活**」[21]。牟先生並且表示，太虛不僅是宇宙之本源，也是吾人道德實踐之根據。〈太和〉曰：「**至靜無感，性之淵源**」，正指出此太虛之體在吾人生命處，亦即是性體自身。換言之，所謂「**性**

---

18 牟先生指出，所謂現象學地描述道，中含三義：1.能創生義，2.帶氣化之行程義，3.至動而不亂之秩序義。此三義俱備，才能顯「道」一詞的完整義。但張載有時喜歡就氣化之行程義說道，而易遭人誤解是唯氣論。張載並非以實然平鋪之氣化即是道，尙須提起來通至其創生義始可，此亦即由氣化之實然追問使氣化之所以可能之超越根據，而彰顯出宇宙生化之根源乃一形上道體。牟宗三，《心體與性體》第一冊，頁 440。

19 牟先生將張載所言之「神」分爲兩類：一是「清通不可象之神」，亦即本處所言作爲太虛神體之神，屬形而上者；另一則爲「鬼神」之「神」，張載稱鬼神爲「二氣之良能」，以氣化活動之復歸爲鬼，而以氣化活動之伸展爲神，故牟先生以鬼神之神屬氣化之事，是形而下者。牟宗三，《心體與性體》第一冊，頁 481-482。

20 牟宗三，《心體與性體》第一冊，頁 442。

21 牟宗三，《心體與性體》第一冊，頁 443。

之淵源」，並非說性體之外還另有一個道德實踐的根源，而是說此即是性體自身之最深奧處。[22]但是，太虛神體落入個體生命而為性，[23]卻往往受限於形軀生命之限制，在感官私欲的影響下，使人不必能暢通無礙的實踐道德。因此，人往往需要通過心性修養工夫，自覺地由道德實踐朗潤實現其性體，進而在盡性之工夫中，證成天道性命通貫為一之理，此亦即是張載所謂：「**惟盡性者一也**」[24]。至此，牟先生尚須梳理〈乾稱〉所言：「**氣之性本虛而神**」，他表示張載此句並非意味著「虛」與「神」是氣之質性。因為氣之質性僅是氣之凝聚之性，是現象的性，而非本體之性。若是將「虛」與「神」視為氣之質性，則張載所言之道將失去其根源義、宗主義，而其氣化論也將墮入唯氣論。實則，此處所言「氣之性」乃是指氣之超越的體性，亦即是「遍運乎氣而為之體」者，[25]是氣之形而上之性、本體之性。由此可知，牟先生透過將太虛上提為氣化活動之本體，進而判定張載實符合宋明儒學之大宗旨：屬於本體宇宙論的實體之道德地創生的直貫之系統（縱貫系統）。[26]

最後，說明張載「太虛即氣」之實義乃是指太虛與氣體用圓融地不即不離。由於牟先生雖已辨明太虛乃氣之本體，但是張載明確實有言：「太虛即氣」；因此，實有必要論述「太虛即氣」並非指「太虛就是氣」。牟先生認為此中的關鍵在於「太虛即氣」之「即」並非表示「等同」，而是體用圓融義之「即」。他由此指出

---

22 牟宗三，《心體與性體》第一冊，頁 444。

23 牟先生認為，宋明儒學承繼《中庸》、《易傳》之圓滿發展，而斷定：天命實體之下貫于個體而具于個體（流注于個體）即是性。此想法，伊川朱子亦不能外乎此，唯積極把握此義者是橫渠、明道、五峰與蕺山。牟宗三，《心體與性體》第一冊，頁 31。

24 牟宗三，《心體與性體》第一冊，頁 445。

25 牟宗三，《心體與性體》第一冊，頁 442。

26 牟宗三，《心體與性體》第一冊，頁 59。

「即」有二義：其一，「不即」，此乃不等義，亦表示非謂詞之質性義；其二，「即」，表示圓融義、不離義、通一無二義。[27]因此，「太虛即氣」乃是指太虛雖不同於氣（不即義）但也並不離於氣（圓融不離義）。如此一來，則張載所有討論氣化之辭語就不單僅是宇宙論地描述氣之聚散，而是能提起來視氣化過程爲天道創生之過程。所以，「太虛即氣」是本體宇宙論[28]的圓融辭語，[29]而不是自然主義唯氣論之實然的陳述。[30]

通過上述的層層釐清，牟先生不僅試圖突顯出張載氣論中的本體論思想，也在「天道性命相通貫」之義理架構中，彰顯道體、性體與心體的通一無二，使張載作爲北宋理學先驅的地位更加明確。牟先生將太虛與氣之關係視爲體用圓融之不即不離之關係的看法，影響其後的學者如蔡仁厚先生以及朱建民先生等人。蔡先生明言，「太虛即氣」乃明示虛不離氣、即氣見神。[31]至於所謂太極太虛之不離氣，乃是由太極兩儀之統而爲一以即體見用，由氣

---

27 牟宗三，《心體與性體》第一冊，頁 459。

28 所謂「本體宇宙論」，依牟宗三先生之意，乃是主張：天命流行之體（一切存有的形上根源），是即存有即活動之本體。吾人可由「氣化之變」中，隨事著見「於穆不已」之天命實體，而不可將「氣化之變」視爲本體。換言之，雖然作爲萬有造化根源，此天理流行之體本身實無所謂變化流行，但是若從「事」見「體」，則「體」具體而真實，絕非虛妄空掛。牟宗三，《心體與性體》第二冊（台北：正中書局，1968 年），頁 126-128。

29 牟先生指出，儒者之言太虛神體，之言天道性命，目的乃在明：宇宙之生化即是道德之創造。故言虛言神，不能離氣化。如此言虛與氣之體用不二，方能顯「天道性命」有其本體、宇宙論之創生上的充實圓融飽滿，而不致於使道德實踐流於主觀的偏枯境界。牟宗三，《心體與性體》第一冊，頁 472-473。

30 牟先生認爲，如果張載所言之氣化僅是對自然現象的描述，則氣化活動並不彰顯價值；如此一來，則不合乎張載將「天道性命通貫爲一」以彰顯人間價值基礎的意圖。因此，張載的氣化論絕非自然主義之實然的陳述。牟宗三，《心體與性體》第一冊，頁 458。

31 蔡仁厚，《宋明理學．北宋篇》（台北：台灣學生書局，1977 年），頁 123。

之通貫以見天德神體之參合不偏，而並非說太極太虛就是氣。[32]朱建民先生更從「體用關係」、「即的關係」和「聚散關係」三方面，論說太虛與氣關係之實義乃是神化相即、體用不二之圓融義。[33]

三、由虛氣不二論「太虛即氣」

持此說的主要代表者是唐君毅先生。[34]唐先生對橫渠思想的討論，主要集中在《中國哲學原論・原教篇》、《中國哲學原論・原性篇》兩書，以及《哲學論集》中的〈張橫渠之心性論及其形上學之根據〉、〈張橫渠學術述要〉兩篇文章中。他認為，在張載思想中，太虛不能無氣，氣乃實有，虛氣不可二。所謂氣之體即虛，不是說虛能生氣，而是從氣上說虛。因此可知，虛氣不可分說，虛即氣之虛，虛氣不二為常道。[35]若說牟先生是著力於強調太虛之本體地位，用以突顯太虛與氣不離而有別的關係；那麼，唐先生則是側重於橫渠的「兩一」思想，[36]認為橫渠融貫《中庸》、

---

32 蔡仁厚，《宋明理學・北宋篇》，頁 119。

33 朱建民，《張載思想研究》（台北：文津出版社，1989 年），頁 139-158。

34 勞思光先生也表示，橫渠以「太虛」與「氣」二詞為最高實有之兩義，而非在「氣」之外另立一「太虛」。他並且指出，「氣」即「本體」，乃是萬物之根源，故又為有形上意味之實有。由此可知，勞先生雖未曾直接宣稱太虛與氣之關係是「虛氣不二」，但從他對橫渠思想之詮釋而論，亦可廣義的說：勞先生是從「虛氣不二」理解張載哲學中的虛氣關係。勞思光，《新編中國哲學史》第三冊上（台北：三民書局，1997 年），頁 174-176。

35 唐君毅，《哲學論集》（台北：台灣學生書局，1990 年），頁 363。

36 〈太和〉曰：「兩不立，則一不可見；一不可見，則兩之用息」，橫渠將天地萬物之真實性統歸於「氣」。但是，氣之本性乃清通不可象，是以若無氣之屈伸沉浮（二氣絪縕）之作用，則人無法通過仰觀俯察而得見萬物之真實當歸諸本虛而神之氣，此即是：「兩不立，則一不可見」。同樣的，若是說本虛而神之氣始終保持清通不可象而不對人呈現，則表示氣始終保持伸而不屈的狀態，不在通過「由清轉濁，由濁而礙，由礙而形」的氣化作用以生化萬物。因此，二氣絪縕化生物的作用也隨之止息，此所以說：「一不可見，則兩之用息」。

《易傳》而更立新義，多是合兩義相對者以見一義，且凡此兩義相對者乃可統于一義，進而由此主張「虛氣不二」[37]。唐先生的論述主要包含以下四點：

首先，唐先生從兩方面討論張載哲學中的「氣」概念。遮撥的說，唐先生認爲，張載所言之氣當只是一流行的存在或存在的流行，而「**不更問其是吾人所謂物質或精神**」[38]。由此可知，唐先生先試圖跳出「唯心/唯物」、「精神/物質」的詮釋框架，再重新探討氣概念在張載思想中的意義。[39]所以，在表示不論是將氣歸爲精神或物質都無法精確的呈現氣概念的意義後，唐先生正面的指出：「**氣之義，原可只是一真實存在之義**」[40]。唐先生此言又可分別由兩方面理解：其一，氣作爲一真實存在，並非指氣爲「實體」，而是將氣視爲「涵形之變異歷程於其中之存在」（existential process）。[41]其二，物乃第二義以下之存在概念，唯氣之流行爲第

---

37 唐君毅，《中國哲學原論．原教篇》（台北：台灣學生書局，2004 年），頁 79-80。

38 唐君毅，《中國哲學原論．原教篇》，頁 93。

39 唐先生認爲，氣概念是中國哲學思想中的一個特殊概念。中國先哲在使用「氣」概念時，可以指精神之氣，如志氣；也可以指物質之氣，如地氣；亦可以指生命之氣，如生氣，而此三種氣又常是貫通爲一以說。因此，當以氣指物質之氣時，亦常同時指生命之氣、精神之氣。其次，將氣視爲物質之所以不恰當，在於物質（matter）總是與物體之形式相對，物質是實現形式之材料，但中國思想中之氣，都是先於形質概念而有，正所謂「氣變而有形，形變而有質」。由此，唐先生指出，當代學者（如馮友蘭先生）以氣相當于亞里斯多德所說的「材料」，並不恰當。因爲亞里斯多德所說的「原始材料」（Primary matter）是一絕無形式的潛能而非現實的存在，而中國思想中之氣，乃是能無形，亦能表現爲有形，是不需要依賴「形式」而自存者，故爲一超越形或包含形之無形。最後，不論是西哲所言之物質或材料，皆爲不能自動必待力而後動者，但中國之氣卻是能動能靜之實存者。唐先生由此反對透過「唯心/唯物」、「精神/物質」的詮釋框架探討氣概念之實義。唐君毅，《哲學論集》，頁 217-218。

40 唐君毅，《中國哲學原論．原教篇》，頁 99。

41 唐先生指出，氣作爲一實有的存在者，其存在之性質在於「如是次第表現

一義之存在概念。唐先生指出，世人常將具體個物視為「定實而存在者」，但是張載卻洞悉世間一切事物皆處在變化終始的歷程中。[42]因此，世人以物之形體是物作為定實者之基礎，卻不知物之形體總是處於變化之狀態，故物之定實非真所謂定實者。真實存在者只是流行，而不當名之為物，而當名之「氣之兼具虛實之義者」。唐先生認為，這就是橫渠之所以由虛氣言物之所以為物。[43]

其次，指出張載所言之「虛空」或「太虛」並非一橫陳有形萬物之空間。唐先生認為，張載依「清通之神」而言「虛」，且「虛」在此有兩項重要意義：其一，虛是具體個物能超越自身之形體侷限而與它物相感之根源（物依清通之神以相感）；其二，虛是感知它物之虛明照鑑，其在人、物者則為施受之性、心知之明，[44]其在天者則為天之性、天之心。[45]唐先生也由此區分「物之虛」與

一定形，而又次第超越之歷程」。由其表現為一「定形」，則氣聚合為特殊之物；而當此「定形」融解，則氣又消散無形。由此，吾人當綜合「有形」、「超形」與「力」而言氣之「無形」；綜合「存在」與「歷程」之概念，以言氣之實有。所以，唐先生將「氣」界定為「涵形之變異於其中一的存在歷程」，或「涵形之變異歷程於其中之存在」。唐君毅，《哲學論集》，頁 219。

42 唐先生指出，橫渠嘗言：「**物無孤立之理，非同異、屈伸、終始以發明之，則雖物非物也；事有始卒乃成，非同異、有無相感，則不見其成，不見其成則雖物非物**」(〈動物〉)，由此可知，凡物皆是在氣化流行之歷程中與他物由同異、相感以成事。因此，不僅具體個物不是一孤立定實之存在者，由物與物相感而成的事件也並非孤立定實之存在者。唐君毅，《中國哲學原論・原教篇》，頁 89。

43 唐君毅，《中國哲學原論・原教篇》，頁 89-90。

44 唐先生指出，橫渠言性，乃純就氣依清通之神而相感處說。由於具體個物皆由氣化生成，亦各依其氣之清通之神而與萬物相感，此即萬物一源的「施受之性」。此中之「施」及氣之伸，「受」為氣之屈；伸為神，屈為鬼。故〈動物〉曰：「**凡物能交感者，鬼神施受之性也**」。唐君毅，《中國哲學原論・原性篇》(台北：台灣學生書局，1991 年)，頁 344-346。

45 天依其清通之神而感物、生物以成其德，此即是「天德」；又天之生物無窮，故天之德之「神」，即天之性；又由天之虛明照鑑而與物相感，以成變化之「化」，即天之心。唐君毅，《中國哲學原論・原教篇》，頁 96。

「天之虛」。相較於「物之虛」是具體有限之物依其虛而與他物相感，「天之虛」乃是天之無限之太虛，以其無限清通之神而有一無限虛明照鑑之神用，由此與萬物相感相知。天之與萬物相感而成之變化之道，即是天道。[46]由此可知，太虛非指一包含萬物的無限空間，而是由天之虛明以照鑑萬物之神而言「太虛」。

再者，由氣之流行乃綜合虛與實之概念說明橫渠之「虛氣不二」論。唐先生表示，由於一切有形質之物，均是一方面不斷融解其形質，而化為他物，故萬物皆在一「不斷顯出亦不斷隱伏之歷程中」[47]。又由於一切形質既然皆是由生而滅，由有而無，則宇宙真有者便只是此由有形而無形，無形而有形之存在歷程。此存在歷程即是氣之流行。張載之進於秦漢儒者對氣之說明者，乃在於他特重「氣之虛靈性」，而加以提出「虛空即氣」之命題。[48]所謂「氣之虛靈性」，乃是指氣之原非固實，而是有虛為其體性。氣以其虛，故能消融已然凝聚所成之形，而再次化生為另有形質之它物。依乎此，一方面可以說萬物之生滅並非由有至無，而是由「明」轉「幽」之歷程，由幽明取代有無之說；另一方面，氣以其實保障萬物存在的真實無妄，又以其虛故能生化萬物，因此表示作為存在歷程之氣化流行實是綜合有無、虛實兩概念。由此可知，〈太和〉曰：「**太虛無形，氣之本體**」，此「氣之本體」乃指體性之體而非本體之體，氣實以虛為其體性。[49]此是由氣化生物這縱的一面證成「虛氣不二」。

最後，由有形個物與其他有形個物之相感通而言「虛氣不

---

46 唐君毅，《中國哲學原論・原教篇》，頁 98。
47 唐君毅，《哲學論集》，頁 220。
48 唐君毅，《哲學論集》，頁 219。
49 唐君毅，《哲學論集》，頁 221。

二」。唐先生認爲，張載爲了避免陷入佛家學說中之「物與虛不相資」的困境，所以從物與物間的相互感通而言物與物間的相互涵攝。張載此思想乃是源於《易傳》。《易傳》認爲，一切有形之物的生化皆是出於原先之物的相感通上而言。由此天地萬物之相感而生新物，如同父母相感而生子。然而，一物之所以能與另一物相感，乃在於物自身非固實不可變者。[50]所以，一物之所能涵攝它物，即見一物所自生之氣的內部有「虛」以涵它物之實。當物與它物相感通時，即是憑藉此「虛」而能超越本身之形質，以伸展自身，達自身以外之形質，而此「虛」正是「氣之虛」，亦即是「氣之功能」（能自虛以涵其他之實的功能）。[51]若物與物不存在著此依其氣之虛而相感的可能，則物與物間不可能產生任何關聯，也就不能由物之相感而產生「事件」。所以，針對《正蒙・動物》所言：「**事有始卒乃成，非同異、有無相感，則不見其成。不見其成，則雖物非物**」，唐先生表示：「非同異有無相感」，則物無事可成，物不能有事，則「物非物也」。由此亦可知，「事物」是在虛氣不二之宇宙太和歷程中安立。此是由物與物相感這橫的一面證成「虛氣不二」。

---

50 物非固實不可變者，可從兩方面證明：1.若物爲固實不可變者，則物將無所謂生成變化，但經驗事實證明，物有生滅變化，故物非固實不可變者；2. 若物乃固實不可變者，則物與物之間將永遠爲其固實之形質所阻絕，而不可能相互感通。但經驗證明，人與人、人與物、物與物之間，皆存在著感通之事證，由此可知物非固實不可變者。

51 唐先生認爲，這種物依氣之虛而相伸展之活動，在張載思想中即名之曰：「神」，神之義即是「伸」之義。由神而萬物之互相感通，以變化更易其固有之形質而生新物，此在張載思想中即名之曰：「化」。由「神」而見二物或分散之氣之相交統一，由「化」而見二物或分散之氣之銷解而成新物。宇宙即是以此神化歷程而生物無窮。唐君毅，《哲學論集》，頁 222。

第二節 對「唯物說」與「體用圓融說」之再探討

關於張載「太虛即氣」之主張，本文認爲，並不能以「物質性的存在」精確掌握「氣」或「太虛」之實義，而「太虛」與「氣」之關係也非截爲異質之二者所能窮盡。換言之，本文以爲，若張載將「氣」概念視爲闡明天理與天地萬有之真實性的根據，則「太虛即氣」當意指太虛並非在本質上與氣相異的另一終極實有。相對的，張載正是透過「太虛即氣」此一論斷，將天地萬有之真實性收攝於「氣」概念中，而以「氣」之本然即是清通無礙的「太虛」。太虛與氣雖可區分，卻非異質之二者，而是「一而有分[52]」的關係。爲了佐證本文之觀點，實有必要重新思辨「唯物說」及「體用圓融說」之論據。下述即依此分爲兩方面展開討論。

一、對唯物說之再探討

由 1950 年至 2005 年間，有關張載研究的專書共計約有 12 本，其中就有五本專書是基於唯物說的架構而闡述張載的氣論。[53]顯見在當代張載研究中，此類觀點具有一定程度的影響性。然而

52 此處是指太虛與氣雖是一，卻可以區分；而非指太虛與氣可以分隔爲異質的二。

53 例如，張岱年、陳俊民、程宜山及姜國柱先生等幾位作者，雖對張載哲學的詮釋有所不同，卻均以唯物說爲基礎，詮解張載思想。張岱年，《張載：十一世紀中國唯物主義哲學家》（湖北：湖北人民出版社，1956 年）；陳俊民，《張載哲學與關學學派》；程宜山先生所著《張載哲學的系統分析》（上海：學林出版社，1989 年）；以及姜國柱先生的兩本著作：《張載的哲學思想》（遼寧：遼寧人民出版社，1982 年）與《張載關學》（陝西：陝西人民出版社，2001 年）。

本文以為，將張載所言之氣視為「物質實體（material substance）」[54]，或從唯物說掌握太虛與氣之關係，仍有值得商榷之處。其主要理由有三：

1.若將氣視為物質，則無法呈現張載所言之氣的創生義。在張載思想中，雖然以氣化流行說明具體個物是如何生成。但是，若說「氣」就是「物質」，則必須在被動的、潛存的物質之外，另立一動力因，說明生生不已的世界是如何可能。[55]如此一來，則背離張載以「氣」本具備生物不息的創生義。在《正蒙・神化》中，張載曰：「**神，天德，化，天道。德，其體，道，其用，一於氣而已**」，一方面以天生萬物之德呈顯天之所以為造化之本體（根源）；另一方面則取「道」之「流行」義呈顯天之化育萬物即是天理流行之發用。並且認為天道與天德之體用關係，並非截斷為二，而是氣化流行之一體呈現（所謂「**一於氣而已**」）。[56]由此可知，

54 例如，方立天先生即表示「張載認為氣是物質的原始狀態，實際上也就指的是物質實體，所以，氣相當物理學和哲學的物質概念」。方立天，《中國古代哲學問題發展史（上）》（北京：中華書局，1990 年），頁 87-88。

55 李增先生即表示，張載雖以氣說明宇宙萬物之構成，但是並不是說氣即等同於宇宙之物質因素。因為張載還將宇宙變化之動力因與道理之因，都收歸於氣。李增，〈張載「氣」之研究〉，《輔仁大學哲學論集》16 期，1983 年 1 月，頁 45。

56 當然，這裡還隱含著另一種詮釋的可能，即是將天道、天德歸屬於形而上的理（或太虛），並將氣化視為形而下的活動歷程。所謂「**一於氣而已**」，僅是指理在氣中呈現。太虛與氣仍是形上與形下的二分關係。然而，若我們緊扣著〈神化〉文脈，即可見張載接著在文中表示：「**氣有陰陽，推行有漸為化，合一不測為神**」。由引文可知，所謂「神」，並非在氣之上另立一個超然絕對的形上實體，也不是指某種規範氣化活動的形上理體。張載是以氣化活動之「**合一不測**」為「神」。「合一」乃是指氣化生物之活動實兼含陰陽，關於這一點，可以由〈太和〉曰：「**兩不立則一不可見，一不可見則兩之用息。兩體者，虛實也，動靜也，聚散也，清濁也，其究一而已**」得知。張載說：「**氣有陰陽**」，並非說存在著兩種性質相異的氣（陰陽二氣），

張載所言之氣是具有創生義，而非被動的物質。

2.若將氣視爲物質，則無法呈顯張載所言之氣的整體義。由於在唯物說的架構下，氣是某種不可化約的初始物質，以作爲物質世界的最終基礎。這種物質不僅由於不具備價值、目的或創生義，而與張載所言之氣有別。並且由於將氣視爲物質實體，即意味著以氣爲實有基礎的自然，乃是一靜止而可分割爲無數互不相干之微粒者。這顯然背離張載以氣說明天地萬有乃相互涵攝(感通)之整體的本義。〈太和〉曰：「**游氣紛擾，合而成質者，生人物之萬殊**」，一方面指出天地萬有（人與萬物）皆是氣合（氣聚）所生；另一方面，則透過「**游氣紛擾**」說明具體個物何以千差萬別。然而張載以爲，儘管現象世界中的個體存在著差異，但是個體之間卻並非互不相攝的孤立關係。〈乾稱〉曰：「**以萬物本一，故一能合異；以其能合異，故謂之感；若非有異則無合**」，透過「**萬物本一**」，張載表示，具體個物皆是一氣之所化生，故萬物本歸屬於一整全之大有，個體間的差異僅是暫時性的現象（客感客形）而已。透過「**感**」這個概念，張載表示，個體這種暫時性的差異性並不會形成個體之間的分隔孤立。相對的，正由於萬物具有這種暫時性

而是將氣視爲動態之實有，一氣中即兼含陰陽、動靜、聚散之活動，而此活動又可由虛實、清濁描述之。所以說：「**其究一而已**」。「**合一不測**」之「不測」，乃是張載承襲《易傳》「天道生物不測」之義理，並由氣化流行闡述之。在張載思想中，由於氣之本然乃清通無礙之無限存有，並在活動歷程中，經由自我轉化（「由清轉濁，由濁而礙，由礙而形」）而產生有限的具體個物。由於此化育萬物之活動生生不已，而神妙不可限量。故張載視合氣之陰陽以化生萬物的創生活動爲不測之神。至於「**推行有漸為化**」，亦是由氣化活動之真實不妄方能化生萬物，而言「化」。由此可知，所謂「神」與「化」皆是緊扣氣化流行而言，並非在一氣之外，另立一終極實有。

的差異，故能經由感通以合異，並由「合異」而明「天人合一」之旨。由此可知，以物質義詮釋氣，無法呈顯張載所言之氣的整體義。

3.若將氣視爲物質，則無法呈現張載所言之氣的價值義。由於在唯物說的架構中，作爲物質實體的氣僅是構成複合物的簡單單位，由此氣所構成的自然宇宙乃是中性而不具有價值義。這樣的觀點，顯然與張載試圖透過氣概念以開顯天道性命通而爲一的價值世界之旨趣不合。[57]在《正蒙・天道》中，對於孔子所言：「**天何言哉**」（《論語・陽貨》）一語，張載詮釋曰：「**天道四時行，百物生，無非至教；聖人之動，無非至德**」，即是明確的指出：孔門聖傳正是以生物不息爲天地之大德，而聖人之德乃在於體現天地生物之教，以成就安立天下之志業。又〈神化〉有言曰：「**氣有陰陽，推行有漸為化，合一不測為神。其在人也，（知）〔智〕義（用）利〔用〕，則神化之事備矣**」，可知張載是以氣化說明天地生物之德，又以聖人之德在於法天道以明人事。最後，在〈太和〉中，張載以「氣」爲萬有之本然面貌，並由此說明天人本爲一體，故人與天能感通無礙，也替人何以能體證天德，提出存有論的說明。故張載實是透過氣論之建立以說明儒者「天道下貫性命」之教。所以，當張載以氣化流行說明萬有之生生時，並不是對萬有之生滅現象作一個與價值無關的觀察描述，而是指其活動本身即是

57 黃秀璣先生即曾指出，按照唯物論的含意，宇宙並沒有任何價值或倫理道德之義，並且人類社會只是以經濟物質因素去解說，但張載認爲宇宙充滿著倫理道德的價值，由此可見，張載的氣論學說與西方的唯物主義或自然主義，大不相同。黃秀璣，《張載》（台北：東大，1987 年），頁 67-68。

天理流行。在此意義下，當萬物基於氣之濁、礙、凝、聚而產生個別差異時，也同時具體呈顯出氣化流行之秩序性。此一秩序性也就不僅是從實然上表現生物之順序，或地形地貌的高下差別，而是呈現出一種安立天地人鬼的「價值理序」[58]。由此可知，張載所言之氣並非一種物質義的存有。

由以上三點可知，將張載所言之氣視爲物質義的存在，尙未完整表達張載氣概念的全部義涵。至於透過唯物說是否能完整的詮釋太虛與氣之關係，本文也以爲尙有值得商榷的餘地。也因此，早有學者發現，當試圖將張載視爲一個唯物主義者時，往往出現難以一致地表達其思想的困境。[59]儘管仍有學者將問題的根源歸咎於張載。[60]但也由此可知，不論是以「唯心」或「唯物」的區

58 「價值理序」一詞是由袁保新先生所提出，其義是指天地之間存在著一種安立萬有的整體秩序，一切人與物皆在此秩序中具有各自的本然地位與價值意義，當人物順從這種價值理序時，則物正其位、人據其德；反之，則人失其德、物失其位。本文使用此概念是基於孟子曰：「**天生蒸民，有物有則**」(〈告子上〉)，而張載也說：「**義命合一存乎理，仁智合一存乎聖，動靜合一存乎神，陰陽合一存乎道，性與天道合一存乎誠。**」(《正蒙．誠明》)，此皆指出：對於孟子與張載而言，人間的秩序（規範性的法則）是與存在界整體的秩序（普遍之理）彼此相應的，這種秩序不僅作爲普遍之理貫穿於天、地、人、我之間，而且是人理解自身性分的基礎，是以道德生命的實踐即是人類理解自身在存在界中的意義之歷程。袁保新，《老子哲學之詮釋與重建》(台北：文津出版社，1997 年)，頁 102。

59 例如，蒙培元先生即表示，張載是理學中的重要人物，也是一位唯物主義哲學家，他批判了佛教「以心法起滅天地」的空寂說及道家「無中生有」的本無說，提出了「太虛即氣」的氣本體說，但是在他的哲學中也有很多唯心主義的命題。蒙培元，《理學的演變》(台北：文津，1990 年)，頁 21。

60 例如，侯外廬先生即表示，張載在本體論中的唯物主義是很不徹底的，他（張載）雖然以物質狀態的「氣」作爲宇宙本體和世界各種物質形式的最基本狀態，但「氣」所具有的運動變化功能（神），卻明顯的帶有神秘主義色彩，於是淵源於神的天道、天性、天理諸範疇，也就自然地具有物質性與精神性、自然性與社會性的雙重性質。侯外廬，《宋明理學史》(北京：人民，1984 年)，頁 104。

分方式，均無法呈現張載思想的全貌。[61]

二、對體用圓融說之再探討

透過體用圓融說，牟先生將太虛與氣之關係，界定爲體用圓融之不即不離之關係。然而，儘管牟先生指出，太虛與氣之通一無二乃是體用圓融地「一」；但是，太虛與氣在此「相即不離」的關係中，二者畢竟是「異」而非「一」。這與張載所試圖展現天人雖「有分」卻實爲「一」的進路，並不全然相同。誠如孫振青先生所言，「區分」和「分開」是不同的。[62]前者意謂太虛與氣指的是道體的不同面向，但二者皆爲道體自身；後者則區隔太虛與氣爲二，太虛是形而上之道體，氣是形而下之實然。基於此，本文認爲，在張載思想中，太虛與氣的關係不是「異而非一」，而是「一而有分」。本文論據如下：

1.從《正蒙》行文的一致性而言，「太虛即氣」應指「太虛即是氣」。牟先生表示「太虛即氣」之「即」並非表示「等同」，而是體用圓融義之「即」。然而，在《正蒙》中，「即」字共出現 5 次，除「虛空即氣」與「太虛即氣」之「即」可解釋爲「圓融不離義之即」外，其餘三者皆無此義。相對的，在《經學理窟》以及《橫渠易說》中，張載卻多次的

---

61 近年來，大陸地區部分學者在從事張載思想研究時，也試圖跳脫唯物主義的框架，重新討論太虛與氣的關係。例如，湯勤福先生雖仍主張「氣」在張載思想中是物質性的存在，但卻不認同將太虛也歸爲物質。他也進而反對將張載視爲「氣一元論的唯物主義者」。丁爲祥先生則以爲，對於張載虛氣關係的研究，應該擺脫「唯心」或「唯物」這種「兩軍對戰」的簡單化模式，而應該從理學自身的歷史文化與邏輯出發，以掌握張載的理學思想。湯勤福，〈張子正蒙導讀〉，《張子正蒙》（上海：上海古籍，2000 年），頁 14；丁爲祥，《虛氣相即－張載哲學體系及其定位》（北京：人民，2000 年），頁 4。

62 孫振青，《宋明道學》（台北：千華出版公司，1986 年），頁 69-70。

使用「即是」一詞，例如，《經學理窟‧禮樂》曰：「**樂則得其所樂即是樂也**」，〈氣質〉曰：「**天德即是虛**」，而《橫渠易說‧上經》曰：「**道，行也，所行即是道**」，《橫渠易說‧說卦》曰：「**不窮理盡性即是戕賊**」，皆是明證。若是我們接受作者在行文習慣上的一致性，而《正蒙》作品又是出自於張載本人之手，則我們有理由相信將「太虛即氣」之「即」解釋爲「圓融不離義之即」，將使得張載此處的行文顯得不一致。因此，本文以爲，雖然牟先生對「太虛即氣」之「即」的詮釋，提供張載哲學十分豐富的思辨空間。但是將「太虛即氣」之「即」理解爲「即是」，應該更加能夠符合張載自身行文時的一致性。如此一來，則無須屢屢將《正蒙》所言之「神」、「虛」、「清」分離爲兩義，[63]並將張載本人所言視爲「滯辭」。[64]

2.從「**知太虛即氣，則無無**」的論述可知，「太虛即氣」應指「太虛即是氣」。在《正蒙》中，「太虛即氣」是張載對虛氣同一關係最爲明確的論斷。同時，也是主張虛氣乃異質之二的學者最爲棘手的文句。然而，透過體用圓融說的詮釋架構，「太虛即氣」乃轉而爲「太虛與氣是相即不離」之關係。這不僅強化了太虛與氣的異質關係，也更進一步釐

63 在《心體與性體》第一冊中，牟先生依據「形上/形下」的架構，先將氣（或氣化）派爲形而下者，並依此認爲張載所言之「神」當有兩義：一爲形上的「太虛神體」之神，一爲氣化作用的鬼神之「神」（頁 477，頁 481-482）。同樣的，「虛」也有兩義：一爲虛實之「虛」，一爲太虛神體之「虛」（頁 502）。至於「清」亦有二義：一爲太虛之「清」，一爲清氣之質性之「清」（頁 476、496）。

64 例如，牟先生在分析「知太虛即氣」一語時，即曾表示：「**橫渠之措詞亦常不能無令人生誤解之滯辭**」。牟宗三，《心體與性體》第一冊（台北：正中，1990 年），頁 470。

析太虛與氣乃是「形上/形下」、「所以然/實然」的兩層結構。不過在前一點中，本文已經由行文的一致性上，指出「太虛即氣」之「即」不當理解爲「相即不離」。接下來本文將指出，「太虛即氣」的論斷在於駁斥「空無」的存在可能。若將「太虛即氣」詮釋爲虛氣是相即不離之關係，並依此表示此段引文乃在於陳述「太虛就在氣化中呈顯」，則將使張載此處的論斷失去辯駁空無說之意義。本文以下分爲三個步驟討論之：首先，儘管張載所言之太虛確有「形而上」之義，但此處張載所側重的並非突顯太虛之形上義，而是太虛之實有義。張載此處之推述乃是先以太虛替代世人所謂的空無，並且進一步指出由於太虛即是氣，故太虛乃是實有而非虛無。因此，張載表示「知太虛即氣，則無無」。所謂「無無」，第一個「無」乃是否定之義，亦即對「空無」之否定。張載由此否定佛家以「世界乾坤爲幻化」之說。若是說「太虛即氣」意指「太虛就在氣化中呈顯」，那麼將推導不出關鍵的「則無無」之結論。亦無法銜接張載接著批判佛家「以山河大地爲見病」之說的立論基礎。其次，從〈太和〉曰：「知虛空即氣，則有無、隱顯、神化、性命通一無二」亦可知，張載所言「太虛即氣」之「太虛」，意同於「虛空」[65]，其目的在於否定「空無」。並透過「知虛空即氣」，進而推論指出世人將之二分的有無、隱顯、神化、性命等，皆在氣論中見其本是一而非二。由此可知，「太

---

65 由於「知虛空即氣」與「知太虛即氣」兩段文字所處理的課題相同，行文方式相通，而所得到的結論一致，故可知兩處所言之「虛空」與「太虛」當可通同。

虛即氣」的論斷突顯的是太虛與氣的相同之處，[66]並依此否定「空無」之說，而非論述虛氣雖「不離」但爲異質之二的關係。正由於張載此處是將「太虛」概念視爲否定「空無」說的「虛空」，而非虛氣關係間的「形上/形下」之別。所以，張載宣稱：若是明瞭世人所謂的「虛空」是清通無礙之氣（太虛），即可由氣爲實有得知虛空並非「空無」。如此一來，即可由「**知太虛即氣**」，得到「**則無無**」的結論。最後，由〈太和〉曰：「**氣之聚散於太虛，猶冰凝釋於水**」可知，張載是以「冰」之凝釋比喻「氣」之聚散，以「水」比喻「太虛」，由此闡述虛氣乃是一連續而整全之實有，進而否定虛氣之間存在著割裂的「空無」。[67]若說此段比喻旨在陳述「氣之聚散皆依照太虛之神而然」，則不僅需要增字

66 若張載所言之「氣」原只是一「真實存在」之義，則「太虛即氣」或「虛空即氣」所突顯的是太虛（虛空）是真實存在（氣），且太虛並不是相異於氣的另一種實有。

67 將此段比喻和「**知虛空即氣**」一段中的論述相互參照，對於釐清虛氣關係具有指標性的意義：其一，由於張載否定虛氣乃是空間包含實有的關係，故太虛與氣之間無間隔，二者乃是一連續之整體。其二，既然張載否認虛氣是空間包含實有的關係，氣之聚散於太虛的活動，就並非氣在虛空中活動，而當是實有自身的轉化活動。其三，張載由「**冰凝釋於水**」比喻「**氣之聚散於太虛**」，正可以呼應他對太虛自我轉化爲具體個物之活動的描述。由〈太和〉曰：「**太虛為清，清則無礙，無礙故神；反清為濁，濁則礙，礙則形**」可知，若以「水」比喻「太虛」，而以「冰」比喻「氣」，則氣聚散於太虛中的活動即是：清通無礙之氣（太虛），通過「由清反濁，由濁而礙，由礙而形」的自我轉化活動（此即張載比喻中所說的「凝釋」活動），由不爲形象所侷限的無限實有轉化出各類有限的散殊現象與具體個物。由於太虛本就是氣（實有），故太虛化生萬物並不同於老氏「無中生有」之論。張載又由氣化流行的「順而不妄」，指出天地間存在著應然如此的價值理序（天序天秩），由此駁斥佛家將世間視爲幻化、以萬有僅是偶然如此之說。基於此可知，張載通過「氣」概念闡述世間爲實有而非幻化空無，透過「氣化流行」彰顯天道乃是實理而非空理。更重要的是，他透過肯定虛氣乃是一連續整體的關係，進而闡明天人之本無二的要旨。

解釋，也難以說明何以透過這段比喻能使人清楚「**知太虛即氣，則無無**」的結論。基於前述三點推論可知，由「**知太虛即氣，則無無**」的論斷而言，「太虛即氣」乃是肯定太虛爲實有（氣），由此反駁「空無」之說，而非替太虛與氣作出形上與形下分別。

4. 將太虛理解爲氣，並不會使得張載所言之道失去其根源義、宗主義。學者反對將太虛理解爲氣的一個重要理由，即是擔心這將會使張載哲學墮入唯氣論的詮釋。或者更明確的說，學者所擔心的是：這種詮釋會讓人誤以爲張載哲學是一種唯物論。然而，值得反省的是，將太虛視爲清通之氣真的會使張載哲學墮入唯物論嗎？實則不然。首先，將「太虛即是氣」進一步推論爲「唯氣論」以至於「唯物論」的關鍵，在於先行的將「氣」理解爲「質料」或「物質」；因此學者認爲，若以太虛即是氣，則將使太虛從自主、自發、能動的形上道體墮入爲被動的物質，也因此使太虛失去作爲造化根源的宗主義與創生義。但是，中國古代思想家並非全將「氣」視爲「質料」或「物質」，有的思想家甚至認爲，作爲造化根源之「太極」即是「氣」，例如，鄭玄在釋「**故易有太極**」時，即表示「太極」乃「**淳和未分之氣也**」[68]。由此可知，若是不先行的將「氣」視爲「質料」或「物質」，而是將「氣」視爲造化流行，則將太虛理解爲清通之氣並不必然會使張載哲學墮入唯物論。其次，張載並不僅是相對於氣有濁雜的一面，而將「太虛」視爲清通之氣。「太虛」之「清通」乃是針對「形」（具體形象）之

---

68 （漢）鄭玄撰，《周易鄭注》（台北：藝文，1967 年）。

超越而言。張載承襲《周易・繫辭傳》對形上與形下的區分，《橫渠易說・繫辭上》曰：「形而上〔者〕是無形體者（也），故形（以）〔而〕上者謂之道也；形而下〔者〕是有形體者，故形（以）〔而〕下者謂之器。無形跡者即道也，如大德敦化是也；有形跡者即器也，見於事實（如）〔即〕禮義是也。」由此可知，張載是以有無形體（形跡）區分形上之道和形下之器。又〈太和〉曰：「太虛為清，清則無礙，無礙故神」，可知當張載援引氣論詮釋〈繫辭〉所說的「形上之道」時，是從太虛本身乃是清通、不受形象所侷限之氣，而言太虛之無限性（清則無礙）；而由太虛在氣化活動中自我轉化爲具體個物（氣化絪緼、凝聚成物），而言太虛之生物不測（無礙故神）。又基於〈乾稱〉曰：「語其推行故曰『道』，語其不測故曰『神』，語其生生故曰『易』，其實一物，指事〔而〕異名爾」，故可知，張載乃是將「氣之清通無礙」與「易之生物不測」視爲道體的不同面向。基於上述可知，實可透過「氣」詮釋張載所言之「太虛」，而且既不會將張載哲學導向唯物論，也不會使張載所言之道體失去根源義、宗主義與創生義。

5.張載已經由「氣」說明天地萬有之真實性，不需要將太虛再視爲有別於氣的另一終極實有。因爲，若太虛與氣爲二，則由太虛所代表的「天」或「道體」或者屬「非實有」，或者是與氣「不相同的實有」。若屬於前者，則太虛無法保障自身的實有性（因其爲非實有），則由太虛所代表的「天」或「道體」不足以作爲貞定世間價值之實理，此與張載原意不合。若屬於後者，則太虛乃與氣化所成的萬有（包含人在內）是分離爲二，這與張載試圖建立天人一體的義理進路不合。再者，若視太虛即是氣，則氣化活動乃是以自身爲動因（而非倚賴自身以外的太虛作爲氣化流行之所以可能的他因），如此則有助於鞏固天人一體之說。並且在詮釋張載文獻時，也可以避免許多曲折的闡釋。因此，不論是就理論概念的經濟性，或是就天人一體說的鞏固而言，將「太虛即氣」理解爲「太虛即是氣」，都較能符合張載理論的預設目標。基於此，本文認爲太虛是氣，太虛與氣的關係是「一而有分」。

由前述四點可知，儘管在張載虛氣關係研究中，體用圓融說是十分重要且深入的詮釋。但是，此說將太虛與氣視爲異質的存在，仍有值得商榷的空間。至於唐君毅先生所提之「虛氣不二」說，一方面能指出氣並非某種靜止、孤立隔絕的實體，而是指一真實的存在之流行；另一方面，則肯定當從氣上說虛，主張虛氣不可分說。本文以爲，唐先生的詮釋更能說明張載思想中的虛氣關係。然而，在探討太虛與氣之關係時，由於唐先生較著力於張載「合兩義相對者以見一義」的精神。因此，在「虛氣不二」說中，突顯出太虛與氣不二的一面，卻較少釐析二者相異之處。本文以爲，可以順著唐先生「虛氣不二」的詮釋進路，更進一步釐清太虛與氣乃是「一而有分」的關係。

第三節　太虛與氣乃是「一而有分」之關係

在張載思想中，氣是天地萬有之所以真實無妄的保障，[69]太

---

69 由〈乾稱〉曰：「凡可狀，皆有也；凡有，皆象也；凡象，皆氣也」可知，

虛是氣之本然；在此意義下，太虛與氣是一。然而，張載所言之氣並非靜止不動的實體，而是存在之流行。因此，在氣化歷程中，清虛無限之氣（太虛）會自我轉化爲有限的具體個物或現象，此時的物象雖仍是氣（因物象爲氣之「客形」），但已非氣之本然；在此意義下，太虛與氣是一而有分。至於上述詮釋是否成立，本文通過此一詮釋在張載文獻中的一致性而檢證之。現分述如下：

一、由「太虛無形，氣之本體」而言：太虛是氣之本然，太虛與氣是一。

在〈太和〉中，張載宣稱「太虛無形，氣之本體」。然而，「本體」一詞實含二義：一者表示在體用關係中「太虛爲氣之本體」，一者表示「太虛乃氣之本然」。關於前者，可由張載駁斥老氏「有生於無」之說中得知。[70]張載指出，若太虛與氣的關係是「無中

張載不僅將一切具有固定形貌的具體個物視爲一氣之所化生；且進一步指出，一切現象亦屬於氣之化生。因此，在〈神化〉中，張載表示：「所謂氣也者，非待其蒸郁凝聚，接於目而後知之；苟健、順、動、止、浩然、湛然之得言，皆可名之象爾」，由引文可知，張載認爲：有固定形體者（可爲視覺所察視之物）與不具固定形體的各類現象（健、順、動、止等），皆屬於氣。張載以氣爲實有，並依此證成由氣所化生的物、象亦屬於實有，藉此駁斥佛家「以山河大地爲見病」及老氏「有生於無」之說。張載通過氣論以肯定世界的實有性，其目的並非出於純粹思辨上的興趣，而是基於儒者「明天理，立人義」的使命感。張載認爲，佛家將世間歸於幻化之說與老氏有生於無之見，僅能證成一空理，而無法證成貞定宇宙人生價值的實理（實理）。因此，〈乾稱〉曰：「釋氏語實際，乃知道者所謂誠也，天德也。其語到實際，則以人生為幻妄，〔以〕有為為疣贅，以世界為蔭濁，遂厭而不有，遺而弗存。就使得之，乃誠而惡明者也。儒者則因明致誠，因誠致明，故天人合一，致學而可以成聖」，張載並據此指出佛家雖對宇宙人生之「實際」有所探討，但卻並不能洞見實際之真，所以張載歸結曰：「所謂實際，彼徒能語之而已，未始心解也」。這樣的觀點，與張載在〈太和〉中批判佛家是「明有不盡，則誣世界乾坤為幻化」的立論基礎相同。

70 在〈太和〉中，張載曾兩次透過否定的語句，說明太虛與氣「不是」什麼樣的關係。其一，張載否定太虛與氣的關係，是「太虛生氣」，並由此駁斥老氏「有生於無」之說，他指出：「若謂虛能生氣，則虛無窮，氣有限，體

生有」的關係，則會得到「體用殊絕」、「天人異用」的結論，這是不明瞭天人合一之道者所言。由此可知，在體用關係中，張載有意將太虛視爲「體」，而將「氣」視爲「用」。然而，這是否意味著太虛與氣乃是異質的二者呢？本文以爲不然。從下述引文中可知，張載亦將太虛視爲氣之本然，而言太虛與氣是一。〈乾稱〉曰：

氣之性本虛而神，則神與性[71]乃氣所固有，此鬼神所以體物而不可遺也。

在這段引文中，張載從兩方面指出「氣」之本然（氣之性）：其一爲「虛」，其二爲「神」，而虛與神也並非任意選取來討論氣之本然的兩個面向。本文以爲，張載以虛與神爲氣之本然，其意義有三：

首先，張載是由「氣之清虛無礙」而言「太虛之神妙不測」[72]。

用殊絕，入老氏『有生於無』自然之論」。由引文可知，張載是從否定「無中生有」進一步推導出「有即是有」，沒有所謂產生「有」的起始點。這是從時間上否認了虛無產生實有的可能性。再者，既然氣並不是由太虛所生，太虛與氣皆是始終存在著的實有，則太虛與氣或者爲一，或者爲異。然而，若太虛與氣爲異，則又會墮入「體用殊絕」的困境。故由此亦可說太虛與氣是一而非異。其二，張載反對將虛氣關係理解爲空間包含實有的關係，他指出：「**若謂萬象為太虛中所見之物，則物與虛不相資，形自形，性自性，形性、天人不相待而有，陷於浮屠以山河大地為見病之說**」。張載認爲，若說太虛是包容氣化所成之萬物的空間，則太虛與萬物之間乃是一斷裂的關係，而非連續的整體。由於張載以太虛爲「天」（「由太虛，有天之名」），而以「人」爲萬物之一。如此一來，則會陷入「天人不相待而有」的困境。這是從空間上否定太虛與氣是空間包含實有的關係，並且進一步推導出太虛與氣乃是一連續的整體。由此亦可說，太虛與氣是一而非異。

71 據《張載集》編者指出，此處之「性」字疑當作「虛」，承上「本虛而神」言。本文亦採此觀點。

72 在《正蒙》中，張載曾多次明確地以「不測」而言「神」。例如，〈天道〉曰：「**天之不測謂神，神而有常謂天**」；〈神化〉曰：「**神為不測**」；至於〈乾稱〉曰：「**語其推行故曰『道』，語其不測故曰『神』，語其生生故曰『易』，其實一物，指事〔而〕異名爾**」，則更明確地指出，在張載思想中，「神」、

〈太和〉曰：「**太虛為清，清則無礙，無礙故神；反清為濁，濁則礙，礙則形。**」，又說：「**凡氣清則通，昏則壅，清極則神**」由引文可知，張載由「太虛之清」而言「神」，又以「氣之清」而言「神」，基於前後文論述的一致性，我們有理由相信，張載是以「氣之清通無礙」爲「太虛」。值得注意的是，張載不僅宣稱太虛之神妙不測，更從氣論的基礎上，說明太虛何以神妙不測。由《正蒙》的論述可知，張載以氣爲實有，並以太虛駁斥佛老所言之「空」、「無」，表示絕對的空無並不存在。故太虛乃是這樣的一種實有，亦即太虛足以說明所謂的空無，但太虛乃是實存而非不存在的空虛，且太虛並非現象世界中的任何現象或具體個物。[73]由前文可知，基於天人一物的思想，張載不當在氣之外另立一種實有，故太虛與氣是一，而太虛是氣之本然。張載基於太虛之純然無雜，而以「清」描述之。由「**清則無礙**」及「**礙則形**」可知，太虛之清意味著太虛乃超越任何形象（形）所能限制（礙）者。故太虛非形而下之器，而是形而上之道。由〈乾稱〉所述可知，張載將「神」、「道」和「易」視爲同一。所以，張載依此表示太虛乃不爲任何形象所侷限的無限實有，故太虛爲玄妙不測之神。

其次，張載以太虛兼含氣化之虛實動靜，而言太虛之神妙不測。〈乾稱〉曰：「**至虛之實，實而不固；至靜之動，動而不窮。實而不固，則一而散；動而不窮，則往且來**」，這裡所謂「至虛」

「道」和「易」三個概念所指相同，僅是從不同面向對相同者之描述而已。

73 由〈太和〉曰：「**神者，太虛妙應之目。凡天地法象，皆神化之糟粕爾**」及〈乾稱〉曰：「**凡有，皆象也**」可知，張載認爲，世間一切爲形象所侷限（掌握）之有，皆僅是「**神化之糟粕**」，而非神妙不測之太虛。又由於張載是說：「**凡有，皆象**」，而非「凡象，皆有」，故張載所言之「象」不僅包含具體個物，也包含可見與不可見之現象。基於此可知，太虛並非現象世界中的具體個物或現象。

當指「太虛」。由於太虛雖爲實有，卻並非由任何形象所能侷限的定有，故言「**實而不固**」。又由於太虛並非死寂的理體，而是兼含體用動靜的本體，故以太虛爲氣之本然的氣化活動能「**動而不窮**」，成爲周行往來的大循環。所以，張載基於太虛兼含虛實動靜，卻又並非現象世界中的虛實動靜現象，而言太虛之神妙不測。

最後，張載以太虛爲氣化之本然，而言太虛之神妙不測。雖然張載以氣化聚散說明萬物何以生滅。但是，張載既非在兩漢氣化宇宙論的傳統下，將其理論導向人副天數、陰陽災異的詮釋進路；也不是將世界理解爲機械的、不帶價值意義的自然現象（亦即「實然平鋪的氣化」）。張載實是透過氣化闡述天道生生之義理。關於這一點，可由《正蒙》中的多處討論得證。在〈太和〉中，張載以氣之「**升降飛揚**」詮釋《易》所謂「絪縕」，並由氣之感通聚散說明風雨、雪霜，以至於萬物之生滅。然而值得注意的是，張載將此氣化詮釋歸結爲「**萬品之流形，山川之融結，糟粕煨燼，無非教也**」。換言之，在張載思想中，氣化所成之種種物象，亦即是天道生生之理的具體呈現。[74]然而，此處是否可以說：道乃是使氣化所以可能的形上道體，而氣僅是呈顯道用的形下氣化活動呢？本文以爲不然，其理由有二：其一，「道氣不離而有異」誠然是理學家處理道、氣關係時的一種重要詮釋架構。但是，張載並非在此詮釋架構中理解道氣關係。這是由於張載透過氣論所要處理的哲學課題是探究「天人合一如何可能？」[75]，將道氣釐析爲

---

74 由〈天道〉曰：「**天道四時行，百物生，無非至教**」可知，張載將天道生物所呈現之理序亦視爲安立人間價值之最好範本。

75 關於這一點，可以從張載多次明確將推述的結論歸結爲「**天人之本無二**」（〈誠明〉）、「**天人一物**」（〈乾稱〉）及「**天人合一**」（〈乾稱〉）中得知。張載並且表示，正由於儒學能明天人合一之理，而佛老卻造成「天人異用」、「天人異知」的割裂，所以他努力以儒學反駁老之言，以重新顯發安立人

異質的二，不僅無助於說明天人何以合一，也容易混淆原先所要處理的哲學課題。其二，〈神化〉曰：「**神，天德；化，天道。德，其體；道，其用，一於氣而已**」，張載曾明確表示「道」爲形而上之本體，但此處卻說：「**德，其體；道，其用**」。由此可見，張載並非將道視爲體，氣視爲用，嚴分道氣爲二。相對的，由於張載是以「神」而言天之生物不測（故爲「天德」），而以「道」而言天之生生不息；又基於張載以氣之清通無礙爲「神」，而以氣化推行爲「道」，故可知張載是將神化、體用、道氣，同視爲一（「**一於氣而已**」）。既然張載將氣化推行即視爲生物不息之「道」，在張載思想中，「氣化」就不僅是對實然作現象的描述說明。毋寧說，張載是以氣化之活動義詮釋天道之生生不息的創生義，而由氣化活動之順而不妄彰顯天生萬物之有理有序。又由於太虛乃氣之本然，而張載又以氣之推行有漸詮釋天之化育萬物，故可知張載亦以太虛爲化生萬物之本然而言其神妙不測。

由上述三點可知，張載並非分太虛與氣爲異質的二者，將氣化視爲實然的聚散活動，而將太虛視爲使氣化之所以然者。[76]張載確實是深受《易經》的影響，試圖透過氣論而明「**推本所從來**」之「大本」爲何。但是，張載並非在氣之上另立一個太虛（或所謂「神」），作爲使氣化之所以然的外因。相對的，張載正是以氣

間價值之理序。

76　〈太和〉曰：「**太虛無形，氣之本體，其聚其散，變化之客形爾**」，或以爲此段引文的前半部指的是太虛爲使氣化之所以可能之形上本體，而後半部則表示聚散變化乃純屬氣之事，並由此證明太虛與氣乃屬於異質之二者。然而，陳立驤先生藉助語法學的研究方法指出，在此段引文中，「**其聚其散**」的「其」字，應當指的是作爲主詞的「太虛」，而非作爲謂詞的「氣」。若是如此，則太虛當是與聚散變化之氣同質的一種存在樣式，太虛即是「氣的本來或原初狀態」。陳立驤，〈張載天道論性格之衡定〉，《鵝湖月刊》311期，頁48。

化爲造化，由氣自身作爲此生生不息之世間的自因。關於這一點，可以將張載所言之「氣」視爲整全的「實有」，而非質料，則容易理解。也正是在此一理解上，我們方可以順通張載此處討論的前後文[77]。基於此，本文以爲，張載是以「氣」概念肯定世間皆爲實有（或反駁空無之存在可能性），並以氣化之順而不妄（太和所謂「道」）肯定萬有乃是依據價值義的實理而存在活動（或否定世間僅是依照偶然的空理而存有）。清通無礙之氣乃是氣之本然，亦即是「太虛」，屬不爲形象所侷限（故爲形而上之神）的無限存有自身。氣化活動是無限之氣（此時「虛氣是一」）自我轉化爲有限之氣（此時具體個物或殊別現象僅能名之曰「氣」，而不能稱爲「太虛」，故虛氣有別），又由有限之氣復歸爲無限之氣的無盡活動歷程。故太虛與氣是一而有分，而非異質的二者。

二、由「散殊而可象爲氣，清通而不可象爲神」而言：太虛與氣是一而有分。

在〈太和〉中，張載曰：「散殊而可象為氣，清通而不可象為神」，有學者以爲，這表示太虛爲形而上之本體，氣爲形而下之器，

---

77 〈太和〉曰：「知虛空即氣，則有無、隱顯、神化、性命通一無二，顧聚散、出入、形不形，能推本所從來，則深於易者也」，從行文方式上可推知，張載在「知虛空即氣」及「知太虛即氣，則無無」的論斷中，所處理的哲學課題均非區分太虛與氣是異質的二者。張載所欲處理的問題是如何駁斥「空無」的主張。因此，張載透過「知虛空即氣」的論斷表示：虛空並非空無，而是吾人難以透過感官所覺察之實有。並且由氣化之聚散出入、形與不形，說明有無、顯隱、神化等等皆是清虛之氣（無限實有）自我轉化爲濁礙之氣（有限具體個物及各種現象）的活動歷程。所謂「推本所從來」之「本」，乃是知虛空乃實有而非空無。張載又以此實有並非僅存有而不活動之死寂靜止之有，故由氣之活動義彰顯《易》的生生之理（這可由〈乾稱〉曰：「語其生生故曰『易』」得知，張載特以「易」掌握造化生生之活動）。正是在此基礎上，張載於本段引文之後，透過否定太虛與氣乃是「虛能生氣」及「空間包含實有」之關係，反駁老氏「有生於無」之論及佛家「以山河大地爲見病」之說。

二者乃形上與形下之異質關係。這樣的區分主要是依據由於太虛是指清通不可象之「神」，而氣屬於散殊可象者，故僅能歸屬於形而下者。但是，此處引文並未明確表示「太虛」不是「氣」。[78]實則，這裡還蘊含著另一種詮釋的可能：亦即張載將「氣」視爲唯一之實有，當論及氣之本然時，因其清通無礙而名之「太虛」，又因其爲超越任何形象所能侷限的無限存有自身，故以其「不測」而謂之「神」。至於具體個物，雖均由氣所凝聚而成形，但也由於在氣化成物的歷程中，清虛無限之氣自我轉化爲凝聚濁礙的殊別個體或現象，此時的個體或現象已爲氣之「客形」（暫時形貌）而非氣之本然，故不能名之以「太虛」，而是以「氣」之名總攝一切散殊可象者。正由於氣在生化萬物之歷程中，既是超越「形」之限制的無限存有（形上本體），又是具體個物之真實（形下之器）。這種將「氣」視爲是貫穿著形而上與形而下的實有歷程（存在之流行）的觀點，本文以爲，即是〈參兩〉所說：「**一物兩體，氣也**」。一氣實兼含清濁兩體，而此兩體又非指氣有兩種本質相異的屬性，而是一氣在氣化活動中，透過聚散、攻取、屈伸、勝負，由清轉濁，由濁而礙，由礙而形的自我轉化歷程，所展現出的不同活動面貌。誠如朱建民先生所言，在張載思想中，「氣」可經由某種活動方式爲形而上，亦可經由某種活動方式爲形而下，故氣可通有形與無形、形而上與形而下。[79]本文以爲，這種使氣能貫通

---

78 關於這一點，可由以下三步驟說明：（1）由引文可知，凡是散殊可象者皆出於氣。（2）清通不可象者不同於散殊不可象者，張載稱之爲「神」。然而，此處之不同，乃是指「清通不可象者」與「散殊不可象者」間之不同，並非意味著「氣」與「神」在本質上的不同。（3）因此，當張載說：「**散殊而可象為氣，清通而不可象為神**」時，乃是在於釐清「可象之有」與「不可象之有」間的差別，而並未排除太虛與神通同於氣之可能性。

79 朱建民，《張載思想研究》，頁 24-29。

形而上與形而下的活動，即是氣之自我轉化的活動。換言之，張載所謂「太虛」，乃是將氣之清通無礙視爲不爲任何「形」（窒礙、限制）所侷限的終極實有，亦即是氣之本然；而太虛（清虛之氣）作爲一切存在價值之源，其生物又是「不得已而然」，故太虛透過自我轉化之活動（氣化之聚散、沉浮），使原本清通無礙的氣（太虛）轉化爲具有固定形態的具體個物（凝聚而可象之氣）。由於氣雖有清濁之別，但太虛與散殊可象之氣皆是氣。基於此，本文認爲，太虛與氣乃是「一而有分」的關係。

結　論

在張載思想中，太虛與氣是構成其氣論最重要的概念。「太虛即氣」又是張載對虛氣關係最爲明確的論斷。然而，隨著當代張載研究的深化，學者間對於「太虛即氣」的義涵，卻提出相異、甚至相反的詮釋。所以，本文試圖在當代張載詮釋的研究成果上，重新探究「太虛即氣」的意義。基於此，本文一方面回顧當代張載詮釋的論據，一方面重新追問太虛與氣概念在張載思想中所要處理的哲學問題爲何。由此交互探問的歷程中，揭露出最能貼近張載所欲處理之哲學課題的詮釋進路。依此研究方法，本文首先指出，以「唯物說」詮釋張載虛氣關係的進路，由於無法完整呈現張載所言之氣的創生義、整體義及價值義，因此亦無法完整的詮釋太虛與氣之關係。其次，儘管「體用圓融說」清楚的梳理出張載思想中的儒家性格（一種天道性相貫通的義理架構）。但是，由於此一詮釋進路必須大幅拆解張載思想中的關鍵概念（例如，「神」、「虛」及「清」等）以符合其詮釋理路，並將不符合體用圓融說之詮釋的張載原文視爲「滯辭」。因此，本文以爲此說對張載虛氣關係的詮釋，仍有值得商榷的空間。最後，由於「虛氣不二說」一方面能指出氣並非某種靜止、孤立隔絕的實體，而是指一真實的存在之流行；另一方面，又肯定當從氣上說虛，主張虛氣不可分說。本文以為，相較於前兩種詮釋進路，唐君毅先生的詮釋更能說明張載思想中的虛氣關係。但是，由於唐先生較著力於張載「合兩義相對者以見一義」的精神，較少釐析虛氣相異之處。本文則在「虛氣不二」的詮釋基礎上，更進一步指出：由「氣」表示「**真實存在之義**」，則太虛是氣之本然，太虛與氣是一；而由氣化生物的活動而言，太虛（清通無礙之氣）是無限的造化自身，有限的具體個物與散殊現象雖皆是氣，但因其有限性僅能名之氣，而不能稱為太虛。此為太虛與氣之別。由此可知，太虛與氣乃是「一而有分」的關係。

第三章　張載與莊子氣論比較

在宋代理學家中，張載的思想特色表現在他由氣論闡述先秦儒學的進路上。然而，張載的氣論也正是其他儒者所質疑之處。例如，明道先生即認爲，〈西銘〉雖充分彰顯孟子之學，但是《正蒙》書中的氣論以清、虛、一、大爲天道，則是張載哲學不足之處。[1]遭致這類批評，顯然不是因爲張載無法掌握孔孟儒學之義理脈絡，而是出自於他在處理儒家形上學課題時，使用了一套有別於傳統儒者所共許的語言概念。在這裡產生兩個問題：一是張載何以要如此做？二則是張載是由何處援引這套概念語言？關於第一個問題，本文認爲這是由於張載不像明道先生從主體之冥契直接體證天人本不二之論，而是試圖客觀地思參造化以明天人一本之理。[2]換言之，由於張載留意到必須先能說明人與形上天之間並

1 《二程全書・二先生語上》記載：「〈西銘〉則是原道之宗祖也。原道卻只說到道，元未到得〈西銘〉意思。據子厚之文，醇然無出此文也，自孟子後蓋未見書」；又《二程全書・明道先生語一》記載：「若如或者以清、虛、一、大為天道，則乃以器言，而非道也」，由此可見，儘管〈西銘〉實出自《正蒙・乾稱》，但是明道先生雖推崇張載〈西銘〉中的「仁孝之理」對孟學義理的承襲闡發，卻不認同《正蒙》以氣論闡述儒家形上道體之言。（宋）程顥、程頤，《二程全書》（台北：台灣中華書局，1978 年《四部備要》據江寧刻本校刊），卷 2，頁 19 上。

2 牟宗三先生即指出，凡只是繫於主體之義理皆易運轉自如，但客觀地思參造化，往往由於語言文字本身的侷限，而在分解說明之際，顧此失彼，也因此張載氣論難免陷於伊川所批評的「苦心極力之象」。牟宗三，《心體與性體》第一冊（台北：正中書局，1999 年），頁 425-457。

不存在著絕對的「空」、「無」，才能由此闡述天人實乃為一；因此就有必要提出一種概念能用以說明世間是「實有」而非「虛空」。但是在先秦儒學的經典中，並未提供充分的概念語言能說明「人－天」之間的「虛空」究竟為何？所以，張載勢必得從儒學經典之外，尋求一套足以說明此一課題的概念語言。基於此項理論上的要求，張載在六經之外另覓了一個概念：「氣」[3]，用以駁斥「有生於無」之論和「以天地乾坤為幻化」之說。

從概念語言的使用上，我們有理由相信張載氣論曾受到莊子哲學的啓發與影響。關於這一點，可以由張載對待莊子的態度，以及《正蒙》對於莊書概念語言的引用中發現。首先，就張載對待莊子哲學的態度而論：自北宋儒學復興運動以來，理學家多以建世教、闢異端為明道之要務。張載身為北宋理學之先驅，尤以闢佛排老、顯揚儒教為己任。然而，橫渠排老甚力，卻責莊甚微。其直接駁斥莊子之言者，僅見於《正蒙・神化》以「神人」之說為謬見。更重要的是：張載氣論中最為關鍵的幾個概念語言，都曾出現在《莊子》書中，例如：「太虛」見於《莊子・知北遊》，「太和」見於〈天運〉，而《正蒙・太和》說：「**知虛空即氣，則有無、隱顯、神化、性命通一無二**」，則與《莊子・知北遊》「通天下一氣」之說十分相似。此外，張載以「野馬」情狀遊氣之升降飛揚、未嘗止息，張載更直陳是出於莊子之言（《正蒙・太和》）。由此可見，張載氣論在概念語言的使用上，和莊子哲學確有相似之處。[4]

---

3 六經並非未曾出現「氣」概念，例如《周易・咸卦》曾言「二氣感應」，《周禮》也有「地氣」之說。六經之外，孔子曾提及「血氣」，而孟子也曾主張人要善養「浩然之氣」。但是，六經、《論語》和《孟子》都未曾以氣化論詮釋天地萬有。

4 例如，張永儁先生即已經注意到，莊子與張載在宇宙論上實有相近之處。張永儁，〈淺述宋代理學宇宙論中之莊子成分〉，《二程學管見》（台北：東大圖書股份有限公司，1988 年），頁 305-337，以及〈莊子泛神論的自然觀對張橫渠氣論哲學的影響〉，《哲學與文化》第 33 卷第 8 期，2006 年 8 月，頁 83-99。

現在的問題是：既然張載哲學是以氣論爲基礎論述結構，而張載與莊子的氣論在概念用語上又十分相似；那麼，當張載以氣論詮釋先秦儒學時，是否會出現「以莊解儒」的困境呢？基於這項懷疑，本文認爲有必要討論「氣」概念在莊子與張載哲學中的異同。

在以下的討論中，本文將指出：由於莊子與張載提及「氣」概念之處，主要是處理「生死觀」、「修養工夫」以及「萬有之本然與價值之歸趨爲何？」等問題。因此，本文將分別由氣化觀、修養論與生死觀等三方面，討論莊子與張載的氣概念，並論及二者異同。

第一節　莊子的「氣」概念

在《莊子》一書中，「氣」共出現 46 次，有時指自然方面的「雲氣」、「六氣」（〈逍遙遊〉）、「天氣」、「地氣」（〈在宥〉）或「春氣」（〈庚桑楚〉）；有時則是與人有關的「血氣」（〈在宥〉）、「志氣」（〈盜跖〉）或「神氣」（〈田子方〉）。由此可見，「氣」概念在莊子哲學中呈現的意義是多樣性的。不過，如果我們認同哲學概念與哲學問題之間當有一緊密相連的關係，則我們就有理由相信，若要探究「莊子哲學中的氣是什麼？」，實有必要將問題轉爲：「在莊子思想中，是想通過氣概念解決哪些哲學問題？」。這麼一來，將可以發現莊子思想中的氣概念主要和以下三個課題相關：（1）天地萬有之本然爲何？（2）論何謂虛而待物的修養工夫？以及（3）如何超越對生命的依戀與對死亡的恐懼？基於此，本文以下將分別由「氣化觀」、「修養論」與「生死觀」等三個部分，討論莊子思想中的氣概念[5]。

一、氣化觀

莊子的氣化觀可分爲三個部分討論：首先，由氣化流行說明萬有之本然，指出具體個物皆是由氣所化生；其次，由陰陽二氣之升降激盪說明運動變化如何可能，並且以陰陽二氣的「交通成和」，說明天地的秩序；最後，莊書外雜篇以氣化闡述物化之理，由「通天下一氣」打破世人對生死、美惡的虛妄執著。以下分點說明之：

（一）通天下一氣

莊子主張天地萬有皆是一氣之所化，具體個物的生滅流轉不過是氣的聚合與消散。〈大宗師〉曰：「遊乎天地之一氣」，已經蘊含將天地造化之所生都視爲一氣之轉化。然而，明確的將「氣」視爲萬有之本然，並且以氣之聚散說明人與萬物之生死轉化，則應是出自於〈知北遊〉中，黃帝與知的這段對話，曰：

> 人之生，氣之聚也；聚則為生，散則為死。若死生為徒，吾又何患！故萬物一也，是其所美者為神奇，其所惡者為臭腐；臭腐復化為神奇，神奇復化為臭腐。故曰：「通天下一氣耳。」聖人故貴一。

由引文可得知以下幾點：首先，由「氣之聚合」說明人之所以受生成形，而將人之身死形朽視爲「氣之消散」。其次，氣之聚散不僅可以用以說明人之生死，也適用於萬有之生滅。再者，若

---

5 莊書內篇與外雜篇的「氣」概念並不全然相同。唐君毅先生即指出，莊子之氣，在內篇仍多指人生中之精神性、生命性之氣。在外篇則多有以氣指一客觀宇宙中流行之氣，而有宇宙論之意義。唐君毅，《中國哲學原論・原性篇》（台北：台灣學生書局，1991 年），頁 134。

是人之生死只是一氣之轉化，而人之死亡只是重歸自然大化，那麼生死之事本不應當成爲生命的負擔，而慕生厭死不過是未達於道的行爲。最後，由於人與萬物皆是一氣之流轉，因此人與萬物亦能在一氣之化中，消融隔閡、冥合爲一。

相較於〈知北遊〉以氣之聚散說明萬物之死生流轉，〈秋水〉和〈田子方〉則更明確的指出，萬物之生化是陰陽二氣交通激盪的成果。〈秋水〉曰：「**比形於天地而受氣於陰陽**」，認爲寓於天地之間的具體個物，均是稟陰陽二氣而得其形體。〈田子方〉則指出，萬物化生不僅是陰陽二氣之交通激盪，氣若要凝聚形成具體個物，還需要陰陽二氣交通成「和」。易言之，萬物之生是陰陽二氣相互激盪而終成均勻調和的結果。値得注意的是，莊子以氣之聚散說明人與萬物之生死存亡並不是基於物理科學上的興趣，而是爲了回應生命價値歸趨的問題。因此，莊子並未著力於確立陰陽二氣的屬性，或建立任何運動定律，[6]而是轉向了「貴一」的主張。「聖人貴一」，所貴者乃在於人能洞見天地萬有皆是一氣之化，勘破由心知所起的是非對立、虛妄執著，使人能消融人我之間的人爲隔閡，重回未使有封的物我和諧。在此意義下，與其說莊子哲學中的氣概念是不可再分割的最小物質單位；毋寧說，莊子是以氣肯定天地萬物爲實有，而將萬有之死生流轉，皆收攝在氣化流行的宇宙觀中安立，用以破除世人對生命的依戀與死亡的恐懼。

---

6 葉海煙先生即指出，莊子哲學是一種獨特的生命哲學，對生命本體的詮定、對生命真實的認識及對生命問題的解決，乃莊子哲學的主要意義。陳德和先生也表示，莊子哲學的慧見即在於教人擺脫習氣官能的驅使與俗知鄙見的障蔽，讓生命在逍遙無待中，以絕對的寬容去接納天地萬物。葉海煙，《莊子的生命哲學》（台北：東大圖書股份有限公司，1999 年），頁 1；陳德和，《從老莊思想詮詁莊書外雜篇的生命哲學》（台北：文史哲出版社，1993 年），頁 16。

（二）氣與動靜

莊子常以「陰陽」表示兩種相反的性質或關係。例如，〈人間世〉曰：「始乎陽，常卒乎陰」，是以陰陽描述競爭中的明爭（陽）和暗鬥（陰）；〈在宥〉曰：「人大喜邪？毗於陽；大怒邪？毗於陰」，則是以陰陽指稱人的喜（陽）怒（陰）之情。在莊書的氣化觀中，「陰陽」指的是陰陽二氣，[7]透過二氣的相反相成、互相激盪，用以說明萬有的動靜變化。這種以陰陽二氣之交感而呈顯氣化流行的思想，尤其出現在莊書外雜篇的作品中，曰：

> 至陰肅肅，至陽赫赫；肅肅出乎天，赫赫發乎地；兩者交通成和而物生焉。（〈田子方〉）
>
> 四時迭起，萬物循生；一盛一衰，文武倫經；一清一濁，陰陽調和。（〈天運〉）
>
> 知天樂者，其生也天行，其死也物化。靜而與陰同德，動而與陽同波。（〈天道〉）

由引文分析出以下幾點：首先，儘管莊子未曾明言陰陽二氣是以升降的方式運動，但是由「陰氣出乎天，而陽氣發乎地」可知，陰陽二氣是由陽升陰降的方式活動，才有可能相互激盪而交通成和。其次，天地萬有無時無刻皆是在氣化流行中生滅動靜，而自然之理亦通過陰陽二氣的聚散流行呈顯。再者，由「靜而與陰同德，動而與陽同波」可知，氣化流行是以陰靜陽動的方式呈顯自然之理，因此人的行爲動靜亦應當取法之。最後，陰陽二氣在活動中呈現均勻調和的狀態即呈顯天地之和諧秩序。所以，若是陰陽二氣之活動不和諧，亦表示天地處於失序的狀態。〈漁父〉曰：「陰陽不和，寒暑不時，以傷庶物」，若是陰陽交通成和能暢

---

7 由〈大宗師〉曰：「陰陽之氣有沴」和〈則陽〉曰：「陰陽者，氣之大者也」，可知莊書氣化觀中的「陰陽」，指的是陰陽二氣。

達萬物之生機，則陰陽失和將使四時失序而傷害萬物。〈外物〉曰：「**陰陽錯行，則天地大絯**」，則是將風雨雷電以及地震等等自然災難，都視爲陰陽二氣錯亂所造成。〈外物〉不僅將自然災難歸諸於陰陽錯行所產生的失序混亂，而且也將人內在情緒的焦躁煩悶、抑鬱不寧，都視爲陰陽錯行的結果。因此，莊子非常重視「和」這個概念。〈德充符〉曰：「**德者，成和之脩也**」，〈繕性〉也說：「**夫德，和也**」，即表示「和」不僅是對天地秩序的形容，同時也是一種成德的工夫和境界。不過，莊子關懷的重心並不在於制天、用天，而是在於生命的和諧整全。所以，莊子著力於「**遊心乎德之和**」（〈德充符〉），使人不爲喜怒之情而內傷其身。

（三）氣與物化

在莊書外雜篇中，氣概念是替物化觀提出宇宙論的說明。「物化」出於〈齊物論〉中的最後一則寓言，具有提點全文，彰明主題之效。現下的問題是，不同形貌的萬物怎麼可能化而爲一呢？

在《莊子》中，對於「物化」的解說至少有兩類：一種說法認爲，莊子並不是從宇宙萬物的構成原則上說「物化」，而是從生命境界的超拔飛躍上言「物化」。〈齊物論〉說：

> **古之人，其知有所至矣。惡乎至？有以為未始有物者，至矣，盡矣，不可以加矣！其次以為有物矣，而未始有封也。其次以為有封焉，而未始有是非也。是非之彰也，道之所以虧也。道之所以虧，愛之所以成**

古人的生活純真素樸，與天地萬有渾然和諧，不分彼我。彼此物我的區隔，是知之愈出、德之下衰的結果。尤其當人由虛構的藩籬隔閡區別了物我之後，還起了是非之心，則正是道之所以虧損，生命因而桎梏難解之時。因此，「物化」不是說物類形體的轉化，而是指人超越了我執的封限，重新返回未始有封，與萬物爲一的生命境界。在莊周夢蝶的寓言中，莊子最後曰：「**周與胡蝶，則必有分矣**」，吳怡先生指出，很多注解都只留心形體的分別，而忽略了莊子此處用了「必有分」之「必」字的真意。[8]由於周與蝶必有分，所以莊子的「物化」並不是強調物理形體的轉化，否則萬物只是隨機形轉，此「必」字將全無著落。陳壽昌注曰：「**以本真論，必有分**」(《南華真經正義》)，正指出了莊子此處所要呈顯的乃是道之真，而非藉由氣化論說明物類的生成原則。由此而言，「物化」乃是通過成心邊見的化除，使物我之隔閡得以消除，並在真君、真宰的虛明照鑑中，讓天地萬物皆能如其所如的對吾人一一朗現。這也正回應了〈齊物論〉開篇起首即言：「**吾喪我**」，由我執我見的消融以得見真君、真宰之「吾」，也方能以不齊而齊物。

另一種說法則是採取氣化論立場，認爲各類物種都含藏著可化之幾，所以彼此能夠互相轉化。[9]此可化之幾即是微小而難以察視的「氣」，例如〈至樂〉說：「**氣變而有形，形變而有生**」，即是認爲人之死生存亡，與萬物之間的相互轉化，都是由氣之聚散所構成。如果說，〈齊物論〉是通過萬物形化的寓言方式，指出人是可以通過掃除心知執見將侷限生命的種種限制一一化除，將生命的氣象從一物一形中徹底解放出來；那麼，莊書外雜篇則是在氣化論的基礎上，由氣化而言形化，由形化而言物化。〈寓言〉曰：「**萬物皆種也，以不同形相禪**」，若從氣化論的立場出發，則本段

---

8 吳　怡，《新譯莊子內篇解義》(台北：三民書局，2000 年)，頁 116。

9 胡楚生先生即認爲，「物化」是指宇宙萬物自身的變化，以及物與物之間的相互轉化，皆是以氣爲可化之機，而由氣主宰自然變化；鄭世根先生也主張，「物化」即是一種「氣化」。胡楚生，《老莊研究》(台北：台灣學生，1992 年)，頁 164-167；鄭世根，《莊子氣化論》(台北：台灣學生書局，1993 年)，頁 148。

引文當指如下觀點，即：宇宙萬物雖在形貌種類上各有差異，但是由於萬有之本然皆是一氣之所化，所以彼此之間能以不同形貌傳遞禪承。由於氣化流行是「始卒若環，莫得其倫」，萬物之間的相互轉化也是反復循環，無始無終。在〈至樂〉中，認爲由繼草、陵舄，而至程、馬與人，皆是由一氣所化。因此得出結論，曰：「萬物皆出於機，皆入於機」，意謂氣化流行中的萬物，由於本身即含有變化之機，是以無時無刻不在變化之中。換言之，「物化」是指萬物的化成歷程或對生物自然化成之道的說明。

然而，上述兩種觀點均非基於宇宙論的興趣而發，其旨乃在於闡明死生之患與美惡之別皆出於心知障蔽所引起的虛妄封限。因此，〈齊物論〉由物化說明玄同彼我的工夫與境界，在「兩忘而化其道」中消融生死、美惡、得失、毀譽；而莊書外雜篇則由「通天下一氣」打破世人對生死、美惡的虛妄執著。

二、氣與修養論

在修養論中，莊子是由「氣」揭露虛己以應物的工夫境界。在〈人間世〉中，莊子藉由仲尼之口對顏回說：

> 若一志，無聽之以耳而聽之以心，無聽之以心而聽之以氣！聽止於耳，心止於符。氣也者，虛而待物者也。唯道集虛。虛者，心齋也。

此處所言之「氣」，既非指純生理之氣，也不是由天人相感而言之氣。首先，若是莊子所追求的是謹守純生理之氣，而否定人的感官知能，則莊子與慎到無異，均將人推入塊然的生理生活。如此一來，則莊子的修養工夫只是讓人斷絕活潑靈動的生機，而開不出超越飛揚的精神境界。然而，由〈天下〉批評慎到之說乃是「非生人之行而至死人之理」，可知莊子與慎到畢竟不同。莊子之言虛己、喪我、忘我，皆是針對「我執」而發，旨在使人重新反省生命之真而由心知定執與人爲造作中超拔，是以「至人」是從對功、名、己之執著化除著手，以「**乘天地之正、御六氣之辯**」(〈逍遙遊〉)之姿，超脫死生、榮辱、形體等等存在限制。因此，莊子與慎到之流所言「棄知去己」、「捨己而以物爲法」是不相同的。[10]由此可知，此處之「氣」並非指生理之氣。其次，此處之氣也並非基於天人相感的立場，而言吾人體內之氣與萬物之氣流通相應。理由有二：一者，莊子是由「天人不相勝」論及天人關係，而非由天人感應論及天人合一，由陰陽學家之說詮釋莊子似有過當之處。二者，由天人相感言氣，是將氣視爲人物所共有而可彼此通達之原質。但是此處將氣與心耳並舉，可知莊子是將氣視爲某種與感官心知相似的能力；而由莊子此處透過氣概念闡述「心齋」之意義可知，這種能力當是人能主動的能力，否則修養論必若入空談。所以，可知莊子是將氣視爲人能發現世界意義的某種主動能力，[11]而非被動的物質。也由此可知，此處並非由天人相感言氣。

莊子對「氣」的說明是：「**氣也者，虛而待物者也**」，又說：「**虛者，心齋也**」，可知莊子是由心的修養工夫而言氣，並且將氣視爲人能通過虛己以應物而發現世界意義的主動能力。再者，由「**唯道集虛**」可知，虛己以應物是從通達於「道」揭露世界意義，而

10 陳麗桂先生即指出，田駢、慎到等人的貴齊、貴均的思想是與莊子齊物一系道家思想有段距離而屬於黃老一系的。他們轉化道家理論，以「無知」的外在事物之理，取代自己不免主觀的知慮。早期道家鮮活靈動的道體，經此一轉變，徒成了固定刻板的物理。陳麗桂，《戰國時期的黃老思想》，(台北：聯經出版事業公司，1991 年)，頁 159-161。

11 陳德和先生指出，氣是高乎耳官心知之有對的一種無我無待的意志或意識，是人主動發現世界意義的能力。陳德和，〈論莊子哲學的道心理境〉，《鵝湖學誌》第 24 期，2000 年 6 月，頁 41-72。

非從知識認知發現世界意義。要言之，「氣」是一種虛己以應物的工夫境界。現在的問題是，既然莊子將氣視為心之虛而待物的修養工夫（心齋），[12]那麼又何以說：「無聽之以心而聽之以氣」呢？實則莊子並非從本質上否定耳官心知之能力，而旨在由「心齋」的境界中呈顯天地萬有之本然價值。[13]莊子以為人心本是自然天真，卻由於後天的心知俗見，使人將己身的主觀偏見強加刻板印象於萬物身上，而使得萬物在人心之中扭曲變形。如此一來，一方面使得萬物自身的存在價值隱蔽而不顯；另一方面，也使人心執著於物而與物相刃相靡、隔閡相傷。因此，莊子屢屢言及「無己」（〈逍遙遊〉）、「喪我」（〈齊物論〉）、「忘己」（〈天地〉）、「忘我」（〈天運〉）以及「虛己」（〈山木〉等修養工夫，務使人心能超拔於心知的桎梏，以重新恢復靈台真心的自由靈動。在「心」之虛靈明覺下，使天地萬物皆能如其本然地呈現。換言之，物我之圓融無礙與無傷無對，是至人用心若鏡的工夫與境界。莊子由虛靜觀照的慧解，照鑑人與萬物於存在界中的自身價值和意義，使得物我能在存在理序中各自得到安立。因此，莊子「虛己以應物」的智慧不僅是通過「心」如實的反照物如自身，也是對存在界中的價值理序之領會。此一領會，即是以「心」之無執解消一切紛爭對立，洞見人據其德、物正其位而物我一如的境界。

---

12 將「氣」作如此界定者，學界並不乏其人。例如，唐君毅先生即認為「氣」就是「常心」，而徐復觀先生則將「氣」理解為「心的某種狀態的比擬之詞」，由心的虛而待物言氣。唐君毅，《中國哲學原論．原道篇（卷一）》（台北：台灣學生書局，1978 年），頁 381；徐復觀，《中國人性論史．先秦篇》，（台北：台灣商務印書館，1999 年），頁 382。

13 高柏園先生即認為，莊子取消感官與心知之明，只是「作用的保存」而非「本質的否定」。高柏園，《莊子內七篇思想研究》（台北：文津出版社，1992 年），頁 134。

三、氣與生死觀

在莊書內篇中，莊子將生死視爲一循環，是人生必經的歷程。因此莊子說：「**方生方死，方死方生**」(〈齊物論〉)，將死生視爲起滅無端、隨生隨滅的互攝歷程，並且認爲人應當超脫眷生畏死之情，洞悉「**死生存亡之一體**」(〈大宗師〉) 的道理，而視「**死生為一條**」(〈德充符〉)。〈大宗師〉曰：

> **夫大塊載我以形，勞我以生，佚我以老，息我以死。故善吾生者，乃所以善吾死也。**

莊子認爲個人的生命軀體皆是得自於自然大化(「**道與之貌，天與之形**」(〈德充符〉))。通達性命之情者當知：人之生既非強求而得，人之死亦非強留可免。死生存亡、窮達貧富既然皆是事之變、命之行而已，則人之生死亦不過是出於自然而歸於自然。莊子藉由大冶鑄金之喻，指出世人不明人之生於天地，本是與造化同運，而妄自以有「我」之心執著於「我」之形軀，是以陷溺於悅生惡死之情，反招殘生損性之害。因此，莊子說：「**善吾生者，乃所以善吾死**」，將人之生命由孤立的個體形軀上提至與大化同流，並以自然大塊安頓人之生老病死。[14]莊子這種視死生與大化同遊的精神，在外雜篇中，則是通過氣概念更進一步陳述世人何以當超脫生之依戀與死之畏懼。〈至樂〉曰：

> **是其始死也，我獨何能無概然！察其始而本無生，非徒無生也而本無形，非徒無形也而本無氣。雜乎芒芴之間，變而有氣，氣變而有形，形變而有生，今又變而之死，是相**

14 陳德和先生指出，這種透過不將不迎、毋意毋必的修養，進而使自己敞開以無障無隔地悠遊於天上人間之工夫，正是莊子「無心以成化」的精神理境。陳德和，《道家思想的哲學詮釋》(台北：里仁書局，2005 年)，頁 167-172。

> 與為春秋冬夏四時行也。人且偃然寢於巨室，而我噭噭然隨而哭之，自以為不通乎命，故止也。

由莊子與惠施的對答可知，面對生離死別而心生哀傷慨然之情，即便是莊子亦初不可免。然而莊子卻認爲這是不通乎命的行爲，他指出：若探究生命之起始可發現，個體形軀生命並不先行的存在於天地之間。人之氣息、形體、生命乃是在若有若無之間，氣聚而成。當人死亡而形軀腐朽，亦不過是凝聚爲個體形軀之氣又再度消散於自然造化之中。人若以生爲樂，以死爲哀，皆是有所執著而不通達生命的道理。〈至樂〉與〈知北遊〉相同，均將人之死生存亡視爲氣之聚散流行，並且關注的重點也不在於證明「氣」是構成人體的最基本單位，而在於教人隨順氣化流行而處之泰然的安於死生變化。換言之，儘管多了一層氣化論的說明，外雜篇對於生死問題的態度仍和內篇大致相同。〈至樂〉以生死不過是氣之聚散，而教人隨順氣化而安於所化，由此自悅生惡死之情中解困，這種與內篇所言：「安時而處順，哀樂不能入」(〈養生主〉、〈大宗師〉)，其基本精神是相同的。

莊子認爲，儘管人之死生如同四時之運行一般，都是人不得贊一言之實然；但是，人卻能將此實然不可免的境遇，視爲生命修養的道場，進而做一番精神境界的飛躍，超拔於經驗實然的束縛，使個體有限的生命在大化無盡的綿延歷程中得到安頓。因此，鼓盆而歌當非強顏歡笑，而是擺脫形軀的束縛，戡破物我的封限，讓生命在沒有任何牽掛下，超越悅生惡死之執迷，以神遊任運於無窮之造化。這種通過生命的反省，將生命的視野從「我」提升到「天」的層次，把有限人生的種種不可解、無所逃之「命」，均由無限的「天」加以包容的修養工夫，即是莊子的實踐性智慧。

綜合上述討論可知，由於莊子使用「氣」概念時，主要是在於回應三個哲學問題，即:「天地萬有之本然爲何？」、「何謂虛而待物的修養工夫？」以及「人如何超越對生命的依戀與對死亡的恐懼？」。因此，莊子的氣概念主要有以下幾個意義：

1.實有義，由「通天下一氣」可知，莊子以「氣」概念闡述天人合一之旨，認爲天地萬有之本然即是一實有的氣。此爲氣之實有義。

2.生化義，在萬有皆是一氣所化的主張下，莊子不僅指出人與萬物的生死現象都不過是氣之聚散而已；並且藉由闡述死生存亡實乃一體之旨，破除世人眷生畏死之情。此爲氣之生化義。

3.行程義，莊子以氣之聚散說明具體個物的生滅，而由陰陽二氣之升降說明萬有的動靜變化。並且將以陰陽二氣之活動有序彰顯天地之和諧，而將自然災難歸諸於陰陽錯行所產生的失序混亂。此爲氣之行程義。

4.工夫義，由「氣也者，虛而待物者也」可知，在論及修養工夫時，莊子有時將氣視爲一種虛己以應物的工夫境界。由此彰顯天地與我並生、萬物與我爲一之旨。此爲氣之工夫義。

第二節　張載的「氣」概念

張載是以氣化描述天道流行之理。張載的氣論源於對抗佛老思想而發。據其門人范育所言，橫渠在《正蒙》一書中的氣化觀，旨在駁斥佛家「以心為法，以空為真」之說，以及反對老子「以

無為為道」的觀點。[15]張載曰：

知虛空即氣，則有無、隱顯、神化、性命通一無二，顧聚散、出入、形不形，能推本所從來，則深於易者也。若謂虛能生氣，則虛無窮，氣有限，體用殊絕，入老氏「有生於無」自然之論，不識所謂有無混一之常；若謂萬象爲太虛中所見之物，則物與虛不相資，形自形，性自性，形性、天人不相待而有，陷於浮屠以山河大地爲見病之說。(《正蒙・太和》)

由引文可知，張載以「氣」之聚散攻取說明萬物之死生變化，其意在於指出天地萬物自有其真實性，不可如佛家將有形之物的生滅視爲幻化，[16]也不當如老氏將萬有之根源推至於「無」。[17]因爲「有生於無」之論與「以山河大地爲見病」之說，或是將天理流行導向空無，或是否定現世人生的價值，均將天人二判，而不能彰顯儒者所言天道性命通貫爲一之理。換言之，由於孔、孟少言存有之本根與萬物變化之理，張載遂以氣之流行相盪說明萬有之變化，而將氣之聚散歸於太虛之神妙作用，其目的在於建立一套天人一體的哲學體系，用以闡述儒者盡心知性以知天之理。

基於辨析張載透過氣論所要處理的哲學課題，我們可以指出

---

15 范育（宋），〈正蒙序〉。見張載，《張載集》，頁 5。

16 《正蒙・乾稱》曰：「**浮屠明鬼，謂有識之死受生循環，遂厭苦求免，可謂知鬼乎？以人生為妄（見），可謂知人乎？天人一物，輒生取捨，可謂知天乎？**」張載認爲，佛家將人生視爲妄見，而以輪迴之說解釋人生所遭逢的苦惡困頓，遂有解脫輪迴之心法。然而，若是將天地變化之理收攝於個人之識心中（「以心法起滅天地」），則只是以一己之見度量天地之大；若以萬物爲幻象，則墮入永恆輪迴中之人與轉瞬消亡的萬物間，乃各有其生生之理，如此則分天人爲二。因此，張載認爲佛家之說是不明人鬼，將天人分判爲二。

17 《正蒙・大易》曰：「**大易不言有無，言有無，諸子之陋也**」張載認爲，大易生生之理只言隱顯、幽明，而不言有無。老子持「有生於無」之說，在「有」之外另立一個無對的「無」，實是不知有無實虛生滅只是通一無二之理。

張載的「氣」概念實具有以下幾個意義：(1)實有義：張載基於「天人一體」的理論要求，首先必須駁斥「有生於無」之說。因爲若是承認「無」是萬有的形上根源，而「無」與「有」又是在本質上彼此相異，則形上本體與具體個物之間存在著無法跨越的差距，而落入「體用殊絕」的窘境。因此，張載透過「氣」概念說明天地之間並不存在著絕對的空無。他指出「**知虛空即氣**」，則知有無、顯隱是通一無二。這即是說，一般人透過感官知覺認爲世間存在著無形無狀的「空間」(虛空)，事實上並非絕對的空無，而是「氣」未嘗凝聚成形的狀態。[18]由於氣不是「無」而是「有」，因此常人所認爲的「虛空」並非絕對的空無，而是真實存在的「有」。此爲氣之實有義。(2)生化義：爲了解釋萬物不來自於「無」，張載必須說明具體個物(個別的「有」)是如何產生？張載認爲，世間僅存在著「有」，而此實有即是「氣」。氣之本然狀態是推行無礙而不爲形體相貌所侷限(清通而不可象)，當此湛然、清通之氣在推行之歷程(氣化)中，由於絪縕相盪、升降飛揚，而區分出陰陽剛柔、虛實動靜的運動狀態。當氣飛揚上浮時，則爲陽爲清；當氣沉降而下時，則爲陰爲濁。氣之陰濁意味著原

18 由〈太和〉說：「**太虛無形，氣之本體**」，可知張載將「氣」尚未凝聚成形的本然狀態稱爲「太虛」。「太虛」與「氣」之別，在於是否爲「形」所限制。「太虛」指「氣之清通不可象」，亦即是氣尚未凝聚成形而不受形體限制的「無限」狀態(由《橫渠易說．繫辭上》曰：「**推而行之謂之通**」，可知張載以「清通」形容太虛，可說是針對太虛之不受限制、推行無礙而言)；「氣」則是清通之氣凝聚爲具體個物而成爲有限的存有者。這裡一個關鍵性的課題是：「太虛」與「氣」究竟是否爲「分爲兩截的異質存在」？本文以爲不然，因爲若是將太虛與氣之別，視爲本質上相異，則正會墮入張載所批評的「體用殊絕」之困境。孫振青先生也曾指出，太虛與氣之「分」，只是「區分」而非「分開」，太虛與氣是相對而言，前者無形而言「道之體」，後者有形而言「道之用」，二者所指皆只是一個「道」而已。因此，本文認爲，太虛與氣並非分爲兩截的異質存在。孫振青，《宋明理學》(台北：千華出版公司，1986年)，頁69-74。

本清通之氣將凝聚成形，而成形之「氣」，即是有形的具體個物。張載由此說明萬物皆來自於實有之氣，而非虛無。此爲氣之生化義。（3）氣之行程義：張載出於兩項理論上的要求而提出氣之行程義，一者，張載認爲天道不當是靜止的死物，[19]而氣化既然是道之妙用，故氣當具有行程義；二者，張載既然需要透過氣之聚散說明萬物死生變化之必然，是以氣化之流行當是必然。此爲氣之行程義。基於上述可知，張載在使用氣概念一詞時，實包含氣之實有義、生化義及行程義。關於張載氣論的實際內容，本文以下將分三點說明：

一、氣化觀與天人關係

（一）氣與萬物

張載之氣論，首先並非探究萬有之最基本原質爲何，而在於探究如何說明在萬物生滅變化中所展現的大化流行之理。張載既反對將現世人生視爲虛幻，也不認同萬有之本源是來自於空無，因此必須說明萬有在死生消亡之際，仍有恆存的大化之理保障其真。張載由氣之沉浮、動靜，展開貫穿天地人我之道，他說：

> 天地之氣，雖聚散、攻取百塗，然其為理也順而不妄。氣之為物，散入無形，適得吾體；聚為有象，不失吾常。太虛不能無氣，氣不能不聚而為萬物，萬物不能不散而為太虛。循是出入，是皆不得已而然也。（《正蒙．太和》）

由本段引文可知三點：首先，張載雖以聚散、攻取說明天地之氣的活動情狀。但是，天地之氣所指的並非物質意義的「氣」，而是天理流行之剛健不息的展現。其次，張載是以氣之凝聚說明

19 《正蒙．乾稱》曰：「語其推行故曰『道』」，故可知張載並未將「道」視爲靜止的虛理，而是認爲「道」乃是即存有即活動，兼有動靜兩相。

萬物何以生成，而以氣之消散回歸太虛解釋萬物如何消亡。最後，由「**循是出入，是皆不得已而然也**」可知，張載認爲萬物之生滅變化乃是周行不殆、循環往復的歷程。短暫存在之萬物的死生消亡，都只是永恆之「氣」聚散的「客形」而已。換言之，由於氣之聚散乃是生生之理的神妙作用，因此張載以「順而不妄」形容氣之流行有序，而且由於氣之變化並非能用肉眼輕易察視，是以用「健、順、動、止、浩然、湛然」（《正蒙・神化》）等辭，形容氣之聚散、動靜之情狀。這即是說，基於「氣」視之不見、聽之不聞、搏之不得的特性，張載試圖說明：在人類感官所難以覺察之處，仍有著保障萬有之如此而然的存在之理。

（二）太虛與氣

「太虛即氣」是張載哲學十分重要的主張。然而，太虛與氣究竟是何關係，則眾說紛紜。當代對於太虛與氣之關係的討論，約有以下三種具代表性的看法：

1. 認爲太虛不同於氣，太虛與氣雖相即不離，但太虛是形而上的精神實體，氣則是形而下的材質，太虛是氣之流行的終極依據。[20]
2. 認爲太虛與氣同是物質性的存在，二者之別在於存在的樣態不同。太虛是氣未聚而無形之狀態，乃氣之原始、氣之本然。[21]

20 此說以牟宗三先生爲代表，牟先生認爲「太虛」是清通不可象的太虛神體，「氣」是散疏可象之質性，氣與神雖相即不離，但氣是氣，神是神，二者自有分別。朱建民則針對此論點而有更進一步的發揮。牟宗三，《心體與性體》第一冊（台北：正中書局，1990 年），頁 442-446；朱建民，《張載思想研究》（台北：文津出版社，1989 年）。

21 例如張岱年先生即持此說。張岱年，《中國哲學大綱》（台北：藍燈文化事業股份有限公司，1992 年），頁 106-107。

3. 反對將氣視爲物質性的存在，而認爲應將太虛與氣同視爲大化之流行，均表示第一義的存在概念，用以區別氣與物之關係（物屬於第二義的存在概念）。[22]

以上三種觀點都各有所據。但是，本文不認爲太虛與氣是本質相異的兩種存在，也不認同太虛與氣可以歸爲物質性的存在。因此，本文不採上述 1、2 兩種觀點。對於唐先生的主張，本文認同太虛與氣是不能歸爲唯物論概念，而且太虛與氣在本質上是一而非二。但是由於唐先生並未明確的說明「氣」概念的內容，因此本文試圖透過前述所提及「氣」之三義（實有義、生化義及行程義），進一步討論太虛與氣的關係。

本文以爲，在張載思想中，由於否定絕對空無存在的可能性，因此必須承認世間僅存在著「實有」。又由於張載主張「天人一體」，因此張載認爲「有」是一，而非多。基於此，世間應僅存在著「一整全的實有」，此即是「氣」。氣之本然狀態即是「太虛」。由於太虛是清通不可象之神，而張載以「神」表示道體之「不測」。故太虛爲萬有之本根，是形而上的實有。又張載是以道和器區分太虛與氣；因此，太虛與氣又是形而上之道與形而下之氣的關係。[23]

---

22 此說以唐君毅先生爲代表，唐先生將太虛與氣皆視爲「流行的存在」或「存在的流行」。唐君毅，《中國哲學原論・原教篇》（台北：台灣學生書局，1984 年），頁 87。

23 《橫渠易說・繫辭上》曰：「形而上〔者〕是無形體者（也），故形（以）〔而〕上者謂之道也；形而下〔者〕是有形體者，故形（以）〔而〕下者謂之器。無形跡者即道也，如大德敦化是也；有形跡者即器也，見於事實（如）〔即〕禮義是也。」由此可知，張載是以有無形體（形跡）區分形上之道和形下之器。而〈太和〉曰：「散殊而可像為氣，清通而不可像為神」，是將可爲形象所限制，具有具體形貌者視爲「氣」，而將超越形象所能掌握，而無形跡者視爲「神」。因此，張載是將形而下者歸諸「氣」，將形而上者歸諸「神」。又〈太和〉曰：「太虛為清，清則無礙，無礙故神」，可知張載以太虛之清通無礙，故不爲形象所侷限，而稱之爲「神」。由此可說，太虛與氣之別是道與器的分別。

然而，此處即出現一困境：若說太虛是氣之本然狀態，而太虛與氣之分別又是形而上之道與形而下之氣的關係；那麼豈不是說「氣」既是形而上的道又是形而下的器嗎？本文以爲，這種乍看之下的矛盾，是因爲張載所使用的氣概念其所指有二：[24]其一，張載將「氣」視爲整全的實有，此時的氣包含太虛與形下之氣，太虛與形下之氣是一。其二，從氣化作用上（而非本質上）區分太虛與氣，以氣之飛揚上升爲清通不可象之氣（即形而上之太虛），而將濁礙沉降之氣視爲形而下之氣。綜合前述可知，太虛與氣之關係如下：

1.若從天人一體上而言，則太虛與氣是一，皆指整全的實有，而無本質上的差異。[25]
2.若從道器之別而言，太虛爲萬有之形上本根，是道之本體；氣爲有限的存在者，是道生生之妙用。
3.太虛與氣並非空間包含實有的關係：張載以氣論駁斥老子「有生於無」之說，並且指出，若將太虛視爲空間義的虛空，而誤以爲萬象僅是太虛中所見之物，則是將太虛與萬物視爲分割不相連的二物，割斷了太虛與萬物之間的綿延

---

24 牟宗三先生即認爲張載此處所言，誠有「滯辭」。彭文林先生也指出，兩個氣有相同的名字，而其所指卻同而不同，在語言描述上，實有不周延的地方。牟宗三，《心體與性體》第一冊（台北：正中書局，1990 年），頁 419；彭文林，〈張衡渠闢佛的氣化論〉，《文史哲學報》第 45 期，1996 年 12 月，頁 166。

25 唐君毅先生說：「若言天道，虛氣不可分說。虛即氣之虛，天即道之天，而氣則萬古不息。故虛氣不二之道為常道」，又指出，張載主張「虛氣不二」，又以「氣爲實有」，其目的在於說明物形之所以有，用以肯定萬物之實有，避免將山河大地皆視爲虛幻。在此詮釋脈絡中，不但能彰明張載所言之「氣」並非物質義，而且在回應太虛與氣之關係時，也一併指出，張載是在存有論的意義上，將太虛與氣同視爲一。唐君毅，〈張橫渠學述要〉，《哲學論集》（台北：台灣學生書局，1990 年），頁 361-373。

關係。如此一來，天人關係將析判為二，而無法說明天道如何下貫於性命，不但使世間萬有皆失去存在依據，也截斷人之道德活動的形上根源。[26]

基於前述三點可知，張載所言之「太虛」與「氣」皆是氣，而非在氣之外另有一個本質相異的太虛。張載以太虛與氣為一整全之實有，說明天地之間並不存在著絕對的「空」、「無」，並指出萬物之消亡只是生生之理從顯而隱（氣散殊歸於太虛），而非天地萬物同歸於虛幻或空無。因此，太虛與氣之別，僅是作用上的區分，而非本質上的差別。

（三）太和所謂道

張載以「太和」描述氣化流行之玄妙和諧處，即是天道生生所得以彰顯處。張載曰：

> 太和所謂道，中涵浮沈、升降、動靜、相感之性，是生絪緼、相盪、勝負、屈伸之始。其來也幾微易簡，其究也廣大堅固。起知於易者乾乎!傚法於簡者坤乎!散殊而可像為氣，清通而不可像為神。不如野馬、絪緼，不足謂之太和。
> （《正蒙・太和》）

張載通過氣之清通濁礙聚散說明天地萬物陰陽變化之理，而氣化流行順而不妄，正足以顯示道之有常，因此以「太和」形容之。所謂「由氣化而有道之名」（《正蒙・太和》），即表示在氣之屈伸、動靜、聚散中，正足以展現大道流行。換言之，張載並未在氣與太虛之上另立一個天地萬物的創生根源，名之曰「太和」。

---

26 《正蒙・太和》曰：「若謂萬象為太虛中所見之物，則物與虛不相資，形自形，性自性，形性、天人不相待而有，陷於浮屠以山河大地為見病之說」張載認為，形性天人本是通一無二，萬物皆有得自於天之本性，若將萬有與太虛之間的關聯打斷，則將使萬有之存在根源落空。如此一來，將陷入以山河大地為虛幻的謬誤。

張載是以氣之野馬、絪縕形容天地萬物變化之理，並且將氣化流行之順而不妄，視為道之顯現，此即「太和所謂道」之義。

二、氣與修養論

「變化氣質」是張載最重要的修養論主張。若說張載是以氣化說破除「天人二本」之謬見，變化氣質說則在於闡發先秦儒學希聖希賢的成德之教。[27]本文以下將從三部分說明「變化氣質」說：

首先，在論述變化氣質說前，當先說明「何謂氣質？」。張載所謂「氣質」，並非將「氣」視為一種質料或物質。所謂「氣質」，乃是指氣凝聚成形時，人與物所稟氣之性。張載以太虛之清通無礙描述天理流行之剛健不息，並且以氣之濁、礙、凝、聚說物之所以具體成形。《正蒙．太和》曰：「**游氣紛擾，合而成質者，生人物之萬殊**」，「游氣」，王夫之注曰：「**氣之游行，即所謂升降飛揚**」[28]。可知具體之物是由氣化凝聚所成，且在此合而成質的活動中，萬物也產生分殊。基於此，有二點值得注意：1.人與物皆稟氣而有其性，是以萬有之性同出一源。《正蒙．太和》：「**性者萬物之一源，非有我之得私也**」這即是說，在大化生生的活動中，人與物皆稟氣而生，其差別並不在於二者之性的根源不同。2.人與萬有之別，則在於稟氣清濁相異。

其次，我們要問：「人何以需要變化氣質？」。「氣質」既然是指氣之由清反濁，因濁則礙，由礙而形。那麼，人往往也因為此

27 《宋史．道學傳》曰：「**知人而不知天，求為賢人而不求為聖人，此秦漢以來學者之大蔽也**」，可知張載認為，「天人二本」之說與「學不求為聖人」的態度，乃當時學界的積弊。

28 （明）王夫之，《張子正蒙注》，收入《船山全書》第十二冊（長沙：嶽麓書社，1996 年），頁 37。

氣質之礙，而尚未全然朗現天理流行，未能使天道性命相通貫。《正蒙・誠明》曰：「**形而後有氣質之性，善反之則天地之性存焉。故氣質之性，君子有弗性者焉。**」可知張載認爲，有德之君子所追求的目標並非由「形」而有的氣質之性，而是追求與天理流行清通無礙的天地之性。所以，既然張載認爲「學不求爲聖人」是秦漢以來一大障蔽，而聖人當是盡心知性而知天者。如此一來，則消融天人之隔就是希聖希賢之教所必須論及的修養工夫。換言之，變化氣質之目的在於打通天人之隔，使人能通過修養工夫，而在吾人之道德實踐活動中如如朗現天理流行。

最後，我們當問：「人當如何變化氣質？」。關於這個問題，我們可以由下述張載的文句中得知，曰：

> 性於人無不善，繫其善反不善反而已。(《正蒙・誠明》)
>
> 變化氣質。孟子曰：「居移氣，養移體」，況居天下之廣居者乎！居仁由義，自然心和而體正。更要約時，但拂去舊日所為，使動作皆中禮，則氣質自然全好。(《經學理窟・氣質》)
>
> 氣質惡者學即能移，今人所以多為氣所使而不得為賢者，蓋為不知學。(《經學理窟・氣質》)
>
> 為學大益，在自（能）〔求〕變化氣質，不爾〔皆為人之弊〕，卒無所發明，不得見聖人之奧。故學者先須變化氣質，變化氣質與虛心相表裡。(《經學理窟・義理》)
>
> 禮所以持性，蓋本出於性，持性，反本也。凡未成性，須禮以持之，能守禮已不畔道矣。(《經學理窟・禮樂》)

由上述引文可知，張載認爲變化氣質之修養工夫可由幾方面實踐：

1.善反：張載認爲人人皆具備天地之性，因此皆能超越形質之限制，變化氣質成爲聖人。其中關鍵在於人是否自覺的「反身而誠」。若是人能立志持存善反之工夫，則作爲道德實踐之內在根源的天地之性，就會如如朗現。

2. **學**：張載指出，人無不善，人人皆可通過後天的學習轉變個人的氣質。若是以爲個人的習氣嗜欲較重而不能成聖成賢，則只是畫地自限。張載認爲讀書與博學都是人進德修業的重要途徑。《經學理窟．義理》曰：「**讀書則此心常在，不讀書則終看義理不見**」，張載將四書及六經都列爲學者應該時常閱讀的經典。並且將書籍的閱讀由知識的積累提昇至德性的轉化。不過，張載並未教人死讀書，而是認爲明察人倫庶物，廣博的學習，都同是窮理盡性的方式。

3. **以禮持性，知禮成性**：張載認爲，「禮」乃是出於人性而制定。因此，若是人還身受個人習氣或外在環境的影響，而未能復見天地之性，則日常生活依據禮節儀文而行爲舉止，將有助於人持守本性。由《正蒙．至當》曰：「**知禮成性而道義出**」可知張載認爲，禮不僅是人之行爲活動合宜與否的準則，而且也是人透過人間事務而展現天理之秩序。

4. **虛心**：張載認爲「變化氣質」與「虛心」相表裡。但是，張載所謂「虛心」不同於老莊所言。《張子語錄．語錄下》曰：「**毋四者則心虛，虛者，止善之本也，若實則無由納善矣。**」可知張載所謂「心虛」，乃是孔子所言之「毋意，毋必，毋固，毋我」（《論語．子罕》）。張載指出，若是人心全被偏見與獨斷充滿，那麼就無法廣納善言，也無法打開人我之隔，成就感通無礙的仁者之境。換言之，張載論及虛心，乃是爲了朗現人之所以爲人的道德本心，由體物不遺的仁心，而成就興滅繼絕的志業。所以，《張子語錄．語錄中》曰：「**虛心然後能盡心**」。

5. **大心**：張載將人所擁有的知識區分爲二，一爲「見聞之知」，指以感官知覺接觸外物而獲得的經驗知識；另一則爲「德性之知」[29]，指人基於良知良能而對天理的領會。張載認爲，由於「德性之知」是以天理爲認識對象，因此在價值上優先於「見聞之知」。然而，人何以能獲得「德性之知」呢？張載發展孟子的「盡心」說，認爲人本然的即具備天德良知，但是人往往習慣於由見聞之知掌握世界，而陷溺於日常生活的物欲競逐中，以致於使良知良能隱而不顯。所以張載主張透過「大其心」的實踐工夫，使人能超越見聞之狹，而對天道生物之理能有全然的領會，進而實現成己成物的道德志業。[30]因此張載說：「**大其心則能體天下之物**」（《正蒙・大心》），認爲所謂的聖人即是能大其心而效法天地之體物不遺，故能在道德生命的具體實踐中，參天地、體萬物，而與天地合德，由此彰顯「天人之本無二」的哲學思維。

張載提出變化氣質說以承繼先秦儒學的成德之教。由超越氣質之性而論及成聖如何可能的問題。並且指出，人能通過變化氣質的修養工夫，實現人之所以爲人之性分。剩下的問題是，人與鳥獸草木之生既然同出一源，那將如何說明人可以通過變化氣質完善自身，而草木鳥獸不能呢？《張子語錄・語錄下》曰：

29 在〈誠明〉中，張載又將「德性之知」稱爲之「天德良知」。

30 張載承襲孟子盡心知性以知天的形上進路，認爲仁心（道德本心）之感通無礙有明見價值理序的能力，此一能力不僅在於明照人倫社會秩序，同時也洞悉萬有在存在界各自的價值。通過仁心的發用，不僅能揭露人對剛健不息之天道生生（誠）的先行領會，並且人也應以此作爲成己成物的典範。這正是〈西銘〉所謂：「**民，吾同胞；物，吾與也**」的仁者胸懷。

凡物莫不有是性，由通閉開塞，所以有人物之別，由蔽有厚薄，故有智愚之別。塞者牢不可開，厚者可以開而開之也難，薄者開之也易，開則達於天道，與聖人一。

張載認爲，正由於天地萬物各具其形，因此儘管萬物都共同稟受天地之氣，但是基於所受到的形質窒礙（通閉開塞）不同，而超越此本然限制以實踐天理的能力就有所不同。換言之，由於人比物所受到的形質限制少，因此人比物更有實踐天理的能力。由此而有人、物之別。張載不僅以此解釋人物之別，也由此說明人何以有智愚之分。

三、氣與生死觀

張載是通過氣化論闡述儒家的生死觀。由其門人范育的記載可知，張載對生死問題的討論，主要是以氣論反駁「輪迴說」和「久生不死」(《正蒙·范育序》) 之言。並且主張人當努力的既不是解脫輪迴，也不在於追求形軀生命的不朽，而是在有限的生命期限中，成就永恆的道德事業。基於此，本文分成三個部分討論張載的生死觀：

首先，張載反對佛教的輪迴說。他認爲佛教既將天人二判，又視人生爲虛幻，是以其輪迴說旨在追求滅盡無餘的涅盤境界，張載批評說:「彼語寂滅者往而不反」(《正蒙·太和》)，認爲這是不識大道之要的緣故。張載曰：

浮屠明鬼，謂有識之死受生循環，遂厭苦求免，可謂知鬼乎？以人生為妄〔見〕，可謂知人乎？天人一物，輒生取捨，可謂知天乎？孔孟所謂天，彼所謂道。惑者指遊魂為變為輪迴，未之思也。大學當先知天德，知天德則知聖人，知鬼神。今浮屠極論要歸，必謂死生轉流，非得道不免，

謂之悟道可乎？（《正蒙．乾稱》）

由引文可知，張載是從三方面批判輪迴說：（一）就「**浮屠明鬼**」而言，由於輪迴說所謂之「鬼」，乃是預設人死之後仍是以有識主體的方式存在，而這種看法在張載看來是不知「鬼」爲何物所產生的謬見。張載曰：「**鬼神者，二氣之良能也**」（《正蒙．太和》），「**至之謂神，以其伸也；反之為鬼，以其歸也**」（《正蒙．動物》），可知張載認爲「鬼神」，乃是指氣化流行之兩種活動方式（往來、屈伸）。「鬼」即是氣之歸，「神」即氣之伸。人之軀體既然是氣化活動凝聚以成形，則人死後當重歸於氣化活動中與天理流行冥合爲一，而非以有識主體的狀態存在。因此，張載以輪迴說不明鬼而反對之。[31]（二）由「**天人一物**」而言，張載指出佛教以山河大地爲虛幻，輪迴說造成人對現實人生的否定，也使人逃避上承於天的道德責任。張載認爲，這是不知道天與人本是通一不二之故。因此，基於輪迴說不知天、不知人，故反對輪迴說。（三）針對「**死生轉流，非得道不免**」而言，張載認爲，天理流行（道）乃是一周行不殆的活動。但是，佛教以涅盤解脫輪迴，則是將道視爲死寂的境地，這是不明道的見識，又怎能稱爲悟道呢？因此張載以輪迴說不明道，而反對之。

其次，張載反對「久生不死」之言。張載主張變化氣質之說，卻曰：「**氣之不可變者，獨死生修夭而已**」（《正蒙．誠明》），可知張載認爲，人是無法改變形軀壽命。因此他批評「久生不死」乃是「**徇生執有者物而不化**」（《正蒙．太和》）。「物」，指滯於物，由於有形體的物都只是氣化流行濁礙凝聚的結果，因此當人有心

---

31 同理，張載也反對「**遊魂為變為輪迴**」的說法。《正蒙．動物》曰：「**氣於人，生而不離、死而游散者謂魂**」可知張載認爲，遊魂只是死而離散的氣，而非死而不散的有識主體。因此，張載反對以遊魂佐證輪迴說的觀點。

執著於形軀生命，便是自限於小物之中，而不足以得見大道。張載認爲，人之生死源自於氣之聚散，而氣之聚散是皆不得已而然也，也因此死生有命，是無法強求。若人以久生不死爲得見大道的結果，是很荒謬的。所以，張載反對「久生不死」之言。

最後，張載的生死觀是「存，吾順事，沒，吾寧也」(《正蒙・乾稱》)。當孔子說：「未知生，焉知死？」(《論語・先進》)，便已經爲儒學面對生死問題立下了一個傳統。孟子以「盡其道而死」爲「正命」(《孟子・盡心上》)，則是更進一步闡發了儒學追求道德生命而非形軀生命之不朽的義理。張載承襲此一義理脈絡，而曰：「道德性命是長在不死之物也，己身則死，此則常在。」(《經學理窟・義理》)，這正是將個人生命之意義著眼於道德義理之承擔，而非形軀生命的久常。所以，張載以興亡繼絕爲己任，倡言：「盡性然後知生無所得則死無所喪」(《正蒙・誠明》)，認爲人生在世便只是盡人之所以爲人之性分，由道德生命之實踐以朗現大化生生之理。所以，張載說：「死之事只生是也，更無別理」(《經學理窟・學大原上》)。人在有生之年時時刻刻克盡聖賢之道，及至死期將至，亦只是坦然受之。這種「存，吾順事，沒，吾寧也」的態度，就是張載的生死觀。

第三節　莊子與張載言「氣」之同異

由前述討論可知，儘管莊子與張載均包含實有義、生化義和行程義。二者也都主張氣化流行的宇宙觀。並且二者在使用「氣」概念時，其主要關懷並不在於解決「宇宙構成的基本物質爲何？」，而是將焦點置於人在天地之間的價值歸趨問題。現在的問題是，當二者的氣概念有如此多的相近點時，張載藉由氣論闡述儒學義理時，是否會產生「以莊解儒」的困境呢？基於這項懷疑，本文將由以下三方面分別討論莊、張二者言「氣」之異同：

一、氣化論

（一）莊子與張載氣化論相通之處：莊子與張載同以氣化流行說明天地萬有之變化，二者的氣化論至少在以下幾方面是有相通之處：其一，二者都以氣之聚散流轉說明萬物之死生存亡，將「氣」視為萬有之本然。其二，二者都將氣化流行視為天道之展現，乃是周行不殆、循環往復之活動歷程。其三，二者均以陰陽二氣之交通激盪說明氣之生化活動。其四，二者均未將氣視為構成宇宙萬有的最小物質單位，而是由氣之動用流行而言氣化。換言之，二者都不是基於宇宙的興趣而提出氣概念，而是由氣化流行呈顯造化生生之理。儘管莊子與張載在氣概念上有如上相近之處，但是二者仍存在著以下的差異。

（二）莊子與張載氣化論相異之處：其一，二者通過「氣」概念所處理的時代課題不同。莊子面對一個戰爭頻繁、民不聊生的時代，莊學旨在回應多變不安之世局以求安身立命之道。莊子洞見時代的病根在於人心的陷溺與價值的失落。因此，著力於解消種種價值觀之封閉與侷限，試圖重歸天地人我的自然和諧。莊書論及氣化之篇章（例如，〈知北遊〉、〈至樂〉和〈秋水〉等），亦皆側重於突破價值判斷的侷限與超越悅生惡死的執著。相較於莊學關懷如何使人重歸天清地寧的自然美好，張載的氣化論則在力抗佛老思想而闡揚儒者盡心知性知天之理。張載認為，老氏「有生於無」之論與佛家「以山河大地為見病」之說，均使得天人二判，而不能彰顯儒者所言天道性命通貫為一之理。此為二者相異之一。

其二，在氣化論中，莊子將氣視爲萬有之本然而非萬有之本根，[32]張載言「太虛即氣」則是將「氣」與「太虛」同視爲天理之流行。由於在莊書內篇與外雜篇的氣概念並不全然一致。因此，儘管在論及修養論時，莊子是將「氣」視爲虛己以應物而通達於道的工夫境界；但是，在言及有關氣化論之處，則是將氣僅視爲萬有之本然，而將道視爲保障萬有存在意義之形上根源，道與氣在存在層級中是有上下之分[33]。相較於此，儘管張載言「氣」偶有窒詞，但是當他將「太虛」視爲「氣」之清通陽動時，張載是將太虛與氣同視爲天理流行之整體活動歷程。換言之，張載認爲清虛無礙之氣並非形而下的材質之氣，而是形而上之天理流行。此爲二者相異之二。

---

32 陳德和先生指出，「本根」包括三項意謂：一是萬物之所從出、宇宙之所始；二是萬有之所依、大化之所待；三是涵萬有、賅總一切而爲一切之宗主。陳德和，《淮南子的哲學》（嘉義：南華管理學院，1999 年），頁 59。

33 〈知北遊〉曰：「**惛然若亡而存，油然不形而神，萬物畜而不知，此之謂本根。**」由引文可知，所謂「本根」，乃是天地萬物生化的根源和價值的歸趨，由於超越感官知覺所能掌握，故妙化萬物而不著行跡。然而，氣由聚散以形成萬物仍有跡可循。故可知氣非萬有之本根。基此可知，莊子雖指出萬有之本然是氣，而將天地間的具體個物皆收歸於一氣之流轉；然而，莊子並未將氣視爲保障天地萬有真實存在的依據（本根）。在莊子哲學中，「道」才是萬有之所從出的本根。〈知北遊〉曰：「**有倫生於無形，精神生於道，形本生於精，而萬物以形相生**」，可知萬物之生化皆本自於道。在〈德充符〉中，莊子說明人之所以爲人乃是由於「**道與之貌，天與之形**」，而〈天道〉也說：「**形非道不生**」，可知「道」即是使一物之所以爲一物之所以然。此外，〈天地〉：「**夫道，覆載萬物者也**」、而〈漁父〉則說：「**道者，萬物之所由也，庶物失之者死，得之者生，為事逆之則敗，順之則成**」，皆指出莊書乃是以「道」作爲保障萬有之存在與價值的根源。換言之，若將氣視爲萬有之本然，則道即是萬有之所以然。

二、修養論

（一）莊子與張載修養論相通之處：莊子與張載同以「氣」概念闡述修養工夫的實踐進路，其共通之處如下：其一，二者均未將修養論中所言之「氣」視爲純生理之氣。若將「氣」僅視爲純生理之氣，則「氣」無關乎人生意義與價值的實現。然而，莊子由「氣」說明心之虛而待物的工夫境界，[34]即是將氣視爲超乎耳目心知之上，人能主動發現世界意義之能力。換言之，莊子是從氣說明人如何能突破形軀心知的封限，而實現物我一如的圓融境界。這種生命意義的實現是無法由純生理之氣開顯。故可知，莊子所言之氣並非純生理之氣。同樣地，張載也不是將「氣」視爲純生理之氣。張載以「變化氣質」闡述修養工夫，若是「氣」僅爲純生理之氣，那又如何可能由修養工夫變化之。因此，儘管《正蒙·誠明》曰：「**德不勝氣，性命於氣；德勝其氣，性命於德**」，將「德」與「氣」對舉；但是，張載並非將氣視爲與德性生命相對的純生理之氣。張載認爲，氣質是會隨著人之道德實踐而轉變，《經學理窟·氣質》曰：「**君子心和則氣和，心正則氣正**」，即認爲「氣」可呈顯德性生命而非純生理之氣。

其二，二者均通過「氣」概念說明「成德如何可能？」。莊子認爲，世人皆可通過坐忘、心齋的修養工夫，放下悅生惡死的執著，掙脫利害得失的牽絆，以開顯生命的價值與意義，達到逍遙無待的悠遊境界。然而，耳目心知對於世界意義的把捉，仍是在主客二元的對立中進行，總使人停留於有待的境地。因此，莊子

---

34 陳鼓應先生即表示：「心和氣並非截然不同的兩種東西，心靈通過修養活動而達到空靈明覺的境地稱爲氣。換言之，氣就是高度修養境界的空靈明覺之心」。陳鼓應，《老莊新論》（台北：五南圖書出版公司，1993 年），頁 177。

主張人當提昇至「聽之以氣」的靈明，方能達到依止於道之無待境界。換言之，「氣」是指人能虛己以應物之境界涵養，亦是人之所以能成就物我共榮境地的關鍵。同樣地，張載也由「氣」概念說明「成德如何可能？」。張載在其氣化論的架構中指出，天地萬有皆是一氣之所化，人有其形乃是氣之由清反濁、因濁則礙，而由礙成形。人稟清虛無礙之氣本是與天理流行全然無隔，但人又是因氣之濁礙而有其形。因此，人需通過變化氣質之工夫，使人不因形軀生命而阻礙天理流行於吾人生命中全幅朗現。換言之，張載不僅通過「氣質之性」說明人之形軀生命，而且也由「氣」說明人何以能超越形軀生命實踐依乎天理的道德活動。

（二）莊子與張載修養論相異之處：其一，二者由「氣」概念所闡述的修養工夫不同。莊子之「心齋」與張載之「變化氣質」雖然都由心性之反思著手。但是，莊子是從掃除心知障蔽而恢復心之明覺與性之素樸。當他由氣概念闡述「心齋」之要旨即在於「虛而待物」時，是提出一種融通淘汰、虛欲去執的修養工夫，試圖將人從成心的壓迫與我執的禁錮中解放出來，使人與人、人與物之間的種種虛構隔閡皆能一一泯除，重新還與生命自由自在的美好。相較於此，張載則承襲孟子「盡心則知性知天」的實踐進路，認爲「善反」的工夫即在於由道德良知的挺立，使造化生生之理在人之生命歷程中全幅朗現。[35]

35　「善反」，即是人能超越生命中的種種限制，返回純然至善的本性，而與天道契合。張載認爲這是人人都有完善自我之能力。張載曰：「性於人無不善，繫其善反不善反而已」（《正蒙・誠明》），這一方面意味著人稟受於天之性純然至善（換言之，人之性並不具備獨立自存的惡之意義）；另外一方面，也意味著人是實踐「善」或流於「惡」，端在於是否能「充盡」善反之能力。如果人不具備善反的能力以完善自身，那麼人就僅只是實然的存在，就只能關注個人已然如此的生理欲望。如此一來，人就與動物相同，此正是孟子人禽之辨所反對者，也是張載以爲告子論證之盲點所在。張載曰：「以生

其二，二者透過「氣」概念所開顯的價值世界不同。由於莊子洞見心知執見所起的虛妄執著乃是人生困頓陷溺的病根；因此，莊子所關懷的是人如何恢復天德本真的虛靈明覺，並由此重拾生命的自由自在。莊子通過「心齋」的修養工夫歷程，將人之「自我封限」在「虛己待物」中消融。換言之，莊子是將人從與物相刃相靡的狹隘自我生命中解放出來，讓人的生命能重歸自然大化的整體和諧之中，以達到逍遙無待的自在境界。在此修養工夫中，莊子不僅展現出一種放下生命沉痾的開放性智慧，也開展出物我自然和諧的藝術世界。相較於此，張載承襲孔孟思想之要旨，將整體人生視為實現人之所以為人的道德實踐歷程。因此，由變化氣質的修養工夫，以挺立人性的道德理想，而積極建立人文化成、禮樂文制的社會。由此可知，若說莊子是通過無執的道心以消融物我的隔閡封限，在物我共榮之中，還予天、地、人、我一片天清地寧，以圓現天地自然和諧之大美；張載則是由參贊天道之化育，挺立人之道德主體，而於道德創造中裁成輔相萬物之生化，積極建立人文化成之世界。

三、生死觀

（一）莊子與張載生死觀相通之處：其一，二者都以「氣」之聚散說明人之死生存亡；並且均將個人之有限生命置於大化流行之整體歷程中安頓。其二，二者都認為悅生惡死的行為是達道者或有德者所不取。莊子以為，儘管面對生離死別而哀傷概然，

為性，既不通晝夜之道，且人與物等，故告子之妄不可不詆。」（〈誠明〉），張載認為性命天道本通而無礙，人之性亦正是天理流行之彰顯。告子將人之生理欲望視為人性（生之謂性），那是誤將限制人能得以盡其性分的形質窒礙視為人性，所以有人與物等之論。

乃是人情之所當然，但若是執著於生死而不能釋懷，甚至內傷其身，則是不通乎命的行為。張載也指出，將追求形軀生命的長生不死視為得道（成仙）之成果，是不知大道之真的行為。其三，二者雖然都從氣化流行說明生死變化，並且都將大化流行視為循環往復、周行不殆之歷程，但是二者都不從「輪迴」解釋個人生死。儘管從思想史的發展而言，莊子沒有機會接觸佛教的輪迴觀。但是，我們仍可以追問，莊子是否曾由類似於輪迴的觀點說明人之生死。揆諸莊書，莊子雖然認為氣化流行如同四時流轉一般，都是循環往復的活動，但是莊子並未肯定在身死形滅之後，人仍然以有識主體的方式存在並且輪迴。換言之，莊子並未表示人死後仍保有生前的意識存在，也不認為今生的價值意義會受到其他世的影響。莊子僅是從氣之聚散循環而言生死之必然。相較於此，張載則是正面的對輪迴說提出批評。他認為輪迴不僅是不明天理之說，而且將天人二分，使人逃避上承於天的道德責任。其四，二者都認為人生的價值不在於追求形軀生命的不朽，而在於開顯大道之真。

（二）莊子與張載生死觀相異之處：其一，二者雖都將生死看做是氣的流轉變化，但是論述的縝密有別。揆諸莊書可知，較為完整闡述氣概念之段落，多是論及生死問題。然而，在莊子以「道」為核心概念的思想中，卻尚未發展出完整的氣論體系，用以討論生死問題。因此，「氣」概念僅是莊子處理生死問題的方式之一。莊子的「安命」思想、「物化」觀，都是他用以指點世人超克生死迷障的要道。相較於此，張載則是將哲學問題收攝在氣論中處理，而以完整的氣論討論生死問題。[36]其二，儘管二者均認

36 張載以氣之聚散說明死生流轉，而以「變化氣質」說明人如何超越形軀生命的侷限，開創道德生命之不朽，並在此天道性命通貫為一的實踐活動中，

爲形軀生命的不朽並非人生努力的目標，但是二者以氣論面對生死問題的態度不同。莊子的生死觀旨在超越世俗悅生惡死的執迷，通過喪我、心齋、坐忘等等修養工夫，將人從自我的封限中解放，其關懷的重心在於消融心知障蔽所造成的生命困頓，以使人能重尋生命的自由自在。不同於莊子，張載的生死觀是從道德義理的承擔而言生命的不朽。張載將個體有限的生命安頓於永恆的大化流行中，將個人的生死視爲造化生生之綿延中的顯隱、幽明、陰陽、生化。生命的不朽不在於形軀的常保，而在於人能否體貼生生之理，由參贊天地之化育以承擔爲萬世開太平的道德志業。

由上述討論可知，儘管莊子與張載在「氣」概念的使用上確實有相近之處，但是二者通過氣概念所展開的義理架構卻是十分不一樣的。在莊子哲學中，氣論不僅是用以說明天地萬有之實然面貌，更重要的是通過「虛而待物」的修養工夫，破除「主觀價值」的種種執泥，以圓現天地萬物之存有各自有其本然的價值。然而，在張載哲學中，氣論不僅是爲了駁斥「有生於無」之說及「以心法起滅天地」之論，更在於肯認天人一體之際，展開儒學對於人之道德義理承擔的論述。由此可知，莊子藉由氣概念開展出天清地寧的自然和諧；而張載透過氣概念所展開的則是，由參贊天地之化育以實現成己成物的道德志業。二者實有「自然回歸」與「道德承擔」之異。

結　論

「氣」是莊子與張載思辨萬物流轉、道德實踐與生死問題時，

遙契孔孟儒學的義理脈絡。換言之，氣概念不只是張載處理生死問題的方式之一，張載實以完整的氣論將生死問題納入了道德生命如何實現的思維方式中。

所提出的概念。二者皆由「氣」之動用流行說明萬物之運動變化，也從氣之虛而待物、清通無礙陳述人之修養工夫，並同將人之生死視爲氣之聚散。然而，在氣概念的使用上，二者仍有以下的相異之處：首先，從氣化論而言，莊書雖將「氣」視爲萬有之本然，卻仍將萬有之本根視爲「道」而非「氣」。相較於此，張載則是將清通之氣視爲萬有之所以得以生生的根源。其次，就修養論而言，莊子是由「氣」而言人虛己以容物的實踐工夫，將「氣」視爲人消融我執以隨順天地萬物之境界涵養。對於張載來說，變化氣質的工夫不僅在於含容天地萬物，更是對道德義理的承擔。人由參贊天地化育而體貼造化生生之德，並在道德實踐活動的歷程中，成就人之所以爲人之性分，由此貫通天人一本的義理脈絡。最後，就生死觀而言，莊子由氣之聚散言死生一如，指點世人若是生死皆不過是氣化流轉，則悅生惡死之情乃是不通乎命之行爲。張載雖亦由氣概念論及超克生死迷障，不過他更著力於道德生命之不朽。張載認爲，儘管人無法維持永恆的形軀生命，不過人只要在有生之年貫徹聖賢之道，即使形軀有朝一日不免衰敗毀朽，但是道德生命之光輝將永世長存。莊子與張載對「氣」概念之不同，亦表現在二者所開顯之價值世界的不同上。前輩學者早已論及，價值論即是存有論乃中國哲學的特色之一。[37]因此，所謂「價值世界」，亦即是將世間視爲人得以開顯天道、呈現價值的場域。毋庸懷疑的，對莊子或張載而言，世界必然是價值得以呈顯的場域。在莊子哲學中，是通過「天」（自然）與「人」（人爲）的對揚，

37 方東美先生曾指出：「根據中國哲學的傳統，本體論也同時是價值論，一切萬有存在都具有內在價值，在整個宇宙之中更沒有一物缺乏意義」。方東美著，馮滬祥譯，《中國人的人生觀》，收入《中國人生哲學》（台北：黎明文化事業股份有限公司，1983 年），頁 94。

揭舉出「天與人不相傷」的物我共榮境界。在此價値世界中，是人通過虛己容物的修養工夫成爲「不以人害天」的價値保存者，而使一切存有價値皆能在世間如如朗現。在張載哲學中，則是先由氣化流行說明天人之本無二，再指出氣化流行本就是天道生物之妙用。換言之，氣化流行不僅是有理有序的活動，而且正是在此一理序中，萬有得以生生不息。因此，氣化流行不是對萬有之生滅現象作一個與價値無關的觀察描述，而是指其活動本身即是價値之根源（天地之大德曰生）。在此意義下，張載是由氣概念進一步開展了孟子盡心知性知天之學，透過仁心性體的豁醒遍潤（大其心能體天下萬物），在道德生命的具體實踐中，參天地、體萬物，而與天地合德，由此彰顯儒者「天道性命通貫爲一」之旨。由此可知，若說莊子是通過無心而應化的融通工夫，將人間的複雜牴觸還歸於「天」的自然和諧中；張載則是由人文精神的開創與道德義理的承擔，成就了天道性命相通貫的道德世界。綜合上述可知，儘管莊子與張載在氣概念的使用上有許多相似之處；但是，二者所開展的義理架構卻並不相同。而由以上的辯說亦可釐清，張載以氣論詮釋儒學的方式，並未陷入「以莊解儒」的困境。

第四章　張載對孟子人性論的承繼與開展

作爲北宋儒學復興運動的代表者之一，張載對孟子性善論的承繼與發揚是無庸置疑的。這不僅表現於張載自身的著作中，例如，在《正蒙・大心》中，張載引用孟子「盡心知性以知天」，作爲闡述儒家「心性天通而爲一」之理的依據。也出現在其他學者認同張載深得孟子義理精髓的評價中，例如，伊川先生即曰：「《西銘》明理一而分殊，擴前聖所未發，與孟子性善養氣之論同功，自孟子後蓋未之見」，而劉璣亦表示《正蒙》一書實是「孟子之所謂盡心知性，無不備於此矣」(〈正蒙會稿序〉)。然而，身爲新儒學的健將之一，張載並非墨守先秦儒學的全盤理論。最顯明的例子之一，即是：在孟子思想中，人性即是人之道德性，亦即是「人之所以異於禽獸」的根源。但是，在張載思想中，人之所以爲人的根源雖仍然是人之道德性(天地之性)，不過此性卻並非人所獨得，而是萬物均稟受於天而有此性(所謂：「性者萬物之一源，非有我之得私也」)。由此可知，儘管張載仍承襲孟子性善論的立場，不過二者在探討人性的議題時，已經在關懷重心與論述方式上，有所不同。若是忽略這些關鍵性的差異，連帶的也容易遺漏張載對孟子義理的開創面。

由於在過往的研究中，多側重於探討張載對孟子人性論的傳承，而較少論及二者之差異。所以，本文嘗試以前人的研究成果爲基礎，更進一步探究張載對孟子人性論的承繼與開創。基於此，本文論述步驟有三：其一，本文將先闡述孟子人性論之要旨。其二，本文將探討張載如何透過氣論重新詮釋性善論立場。其三，本文將探討孟子與張載人性論之同異。

第一節　孟子的人性論

一、「性」的形式意義與內容意義

在《孟子》中，共出現「性」字三十七次，[1]作爲名詞用並爲孟子本人所提及的「性」字，共有二十次。要釐清「性」在孟子中的意義，必須先留意下述兩點：首先，「性」這個概念並非個孟子的專利，在先秦思想中，乃是諸子的「共法」（common discourse）。根據〈告子上〉中，公都子與孟子的問答可知，當時通行於世的人性論至少就應該有三種，即：「性無善無不善」、「性可以爲善，可以爲不善」，以及「有性善，有性不善」。儘管不同的人性論對於「性」的看法不盡相同。但是，在使用「性」一詞時，總基於某些對這個辭在字面上的共識，使得不同的哲學家或同一個哲學家在不同的文脈中，運用「性」這個詞來闡述他的意

1 根據陳大齊先生的統計，其中有十二次，見於孟子以外之人的言論中，有二十五次，見於孟子本人言論中，用作動詞者有四次，用作形容詞者有一次，其餘均作名詞用。其用作名詞的二十次中，單用一個性字，或以泛言性，或以專指人性者，共十一次，其言人性與人之性者，共二次，言天性、杞柳之性、水之性、山之性以及犬之性者，各一次，言牛之性，共兩次。陳大齊，《孟子待解錄》（台北：台灣商務印書館，1991 年 9 月），頁 1-2。

圖，而非透過其他的詞項對別人傳達他的想法。對於「性」一詞在字面上的共識，本文稱之爲「性」的形式意義（formal meaning）。其次，儘管哲學家必須通過「性」在字面上的共識，使得別人明瞭他的主題是聚焦在「性」的討論上；但是，針對於「性」一詞之所指（designatum）不同，使得哲學家們對於「性」一詞有人之性、牛之性、馬之性，其性或善、或惡之分。由「性」之所指不同而產生的實際差異，本文稱之爲「性」的內容意義（material contents）。

根據徐復觀先生的考察，「性」字乃由「生」字孳乳而來，原義應指生而即有的能力，[2]就其字面上的意思，可以由「生之謂性」一語表示之。牟宗三先生也說：「**一個體存在時所本具之種種特性即被名曰性。**」[3]這裡的「個體」，本文以爲並不僅限於人而言，孟子亦曾提及杞柳之性、水之性、山之性以及犬之性與牛之性，是以可泛指一切存在者而言。就「本具」一詞而言，本文理解爲「不來自於經驗而本然具有的」；而所謂「種種特性」，亦包含前面所說的「能力」。是以「性」之形式意義即是：「一個體存在時，不來自於經驗而本然具有的種種特性與能力，即被名曰性」。

值得注意的是，「不來自於經驗而本然具有的種種特性與能力」在這裡尚未作生物學與非生物學，道德與非道德的區分和限定，而僅是相對於後天經驗所獲得的特性與能力，故稱之爲「生之謂性」。是以謝仲明先生表示：「生之謂性」僅是個「空洞而無內容的分析命題」[4]。然而，正由於「性」之形式意義的無內容，故一方面雖能通用於各家思想而不會造成學說系統中的牴觸。例

2 徐復觀，《中國人性論史．先秦篇》，頁 3-6。
3 牟宗三，《圓善論》（台北：台灣學生書局，1996 年），頁 5。
4 謝仲明，《儒學與現代世界》增修再版（台北：台灣學生書局，1991 年），頁 78-83。

如，《莊子・庚桑楚》曰：「**性者，生之質也**」，《荀子・正名》曰：「**生之所以然者謂之性**」。但另一方面，也由於未辨明「性」的形式意義與內容意義，是以讓研究者未能釐清古代學者對於人性論的爭論焦點，往往並非雙方（或其中一方）對「性」的形式意義採取否定的態度，而是出於雙方對性的內容意義看法不同之故。例如，在孟、告之爭中，若認爲孟子是從「性」的形式意義上反對告子「生之謂性」的主張，則顯然模糊了孟子與告子間的爭論焦點。[5]基於此，在下述的討論中，將由兩步驟辨明孟子與告子所言之「性」的形式意義與內容意義，以助於釐清二者在人性論上的爭論。

其一，在孟、告之爭中，告子鎖定的個體是人，也就是說他並不從山、水、牛、馬等等個體上說「性」，而是單就「人」來討論「性」的內容意義。[6]因此可以說，由於其個體所指的是「人」而非其他，「性」的內容意義首先應視爲「人性」。再者，由於所指謂的對象是「人」，是以「生之謂性」當泛指「人與生俱來的一切的特性與能力」。然而，根據〈告子上〉的紀錄：

告子曰：「性，猶杞柳也；義，猶桮棬也。以人性為仁義，

5 誠如謝仲明先生所指出，告子並不是就形式意義而主張「生之謂性」，而是就一個內容意義而說的。因此，告子對人性的看法是一個經驗事實上的描述，是一經驗命題（empirical proposition），而孟子則是就人之存在做一形上的斷定（metaphysical assertion）；在本體論中，告子倡言的自然之性與孟子所說的道德之性，並非存在於同一層次中，由於二者所談論之「性」分屬不同層次，不但告子大談人之自然之性，孟子亦不否認人有自然之性，是以傳統上將孟子之性善論與告子之性中性論對立起來，乃是錯誤的做法。謝仲明，《儒學與現代世界》增修再版，頁 81-83。

6 李瑞全先生即曾指出，在孟、告之爭中，「性」一詞所表達的人不同於動物的意義，不但孟子是如此，與孟子爭辯的告子也有同樣的用法。在孟子一書中，孟子以告子對人性的界定不足以區分人與其他動物的差異而告子沒有反駁，顯示告子也接受「性」爲指謂人所獨有的一種獨特性。李瑞全，〈孟子哲學中「性」一詞的意義分析〉，《鵝湖學誌》1990 年 6 月，頁 33。

> **猶以杞柳為桮棬。」孟子曰：「子能順杞柳之性而以為桮棬乎？將戕賊杞柳而後以為桮棬也？如將戕賊杞柳而以為桮棬，則亦將戕賊人以為仁義與？率天下之人而禍仁義者，必子之言夫！」**

可以得知告子是將「人性」視爲中性義的自然材質之性，而將仁義視爲後天加諸人的教養；因此是就生物學上爲「與生俱來」的內容做一特殊限定，是以「性」的內容意義進一步的說，即是：「人與生俱來的自然之性與能力」。由此可以得知告子何以說：「**食色，性也**」(〈告子上〉)，並有「仁內義外」的主張。

那麼，孟、告間的爭論，是否起於孟子否認告子對「性」的內容意義呢？事實不然，〈盡心上〉也說：「**形色，天性也**」，這裡的「形色」即是從身體形貌來說那些與生俱來的自然之質。孟子並不否認人的自然之性，但孟子並不停留於人的自然材質上說「人性」。因爲順著告子所提「生之謂性」的內容意義，並不足以回答人之道德行爲如何可能，亦即不能回答「人之所以爲人」的問題。是以孟子雖說：「**形色，天性也**」，但是重要的是他緊接著說：「**惟聖人然後可以踐形**」。在這裡，孟子指出「人」關乎道德的那一面，「形體」是屬於人的自然生命，卻惟有通過人的道德行爲，才能賦予自然生命的實踐以價值意義。關於這個部分，則涉及孟子對「人性」的內容意義之討論。

其二，在孟子思想中，「人性」的內容意義，主要呈現爲以下三方面：首先，孟子雖承認人之自然生命的必然性，而不否認「生之謂性」的內容意義。但是，孟子卻並不順著自然之質而言「人性」，而是「即心以言性」。〈盡心上〉曰：「**君子所性，仁義禮智根於心**」，在孟子思想中，「心」具有明察存在世界價值理序的能力，並自覺的要求將此一明察具體化爲行動的能力。因此，「即心以言性」意謂著超拔於人的生理機能與需求之上，而從心對貫穿於具體生活情境中的價值理序之明察，並自覺的踐仁行義上，識取「人性」。[7]其次，孟子曰：「**仁義禮智，非由外鑠我也，我固有之也**」，即是由「內在本有」而言「性」。謝仲明先生曾指出，「內在本有」不是一個知識論的概念，亦非一個先驗概念，而是一個形上學概念，其意思是：「使個體人之成爲個體人而不爲別的」的要素，亦即是說，「內在本有」是「本質的」之意思。[8]不過，若順著「即心以言性」的脈絡，這裡所提及「本質的」，就不是一個靜態的關於存有物構成的「形式原理」(principle of form)。[9]人性不當只是一個孤芳自賞、自覺於外在世界的道德實體，而應該是動態的就人的「生存」而言其「本質」，亦即是從「人之所以爲人之能是」而言其「本質」。最後，孟子是從「分定」上而言「性」。〈盡心上〉曰：「**君子所性，雖大行不加焉，雖窮居不損焉，分定故也。**」，這裡的「君子」是指有德之人，從君子之「本分」上論及「本性」，正指出人雖不離世間而存在，但是有德之人(君子)，卻並不以世間的功名利祿爲目的，而是以充盡「人之所以爲人之能是」爲終生的志業。所以，本文以爲，孟子所言之人「性」的內容意義是：人以「心」爲道德行爲的根源與動力，而對存在世

7 梁韋弦先生說：「**總之，孟子人性善的提法是有錯誤的，他混淆了人的自然性與社會性，將人類形成道德觀念的內在條件混同於道德觀念，故而導致了片面地將人性作為人類道德觀念形成的根源。**」事實上，這種看法是混淆了「人有道德行爲的這種社會現象」與「人之道德行爲的根源爲何」這二者。孟子既不是從人之自然性，也不是從人之社會性上識取人性，而是從人之所以爲人的價值根源上言人之「性」。梁韋弦，《孟子研究》(台北：文津出版社，1993 年)，頁 24。

8 謝仲明，《儒學與現代世界》增修再版，頁 82。

9 袁保新著，李明輝主編，〈盡心與立命〉，《孟子思想的哲學探討》(臺北：中研院文哲所，1995 年)，頁 185。

界價值理序有一明察，使人在具體的實踐生活中，充盡「人之所以爲人之能是」。

基於前述可知，孟、告之辯的主要交鋒點在於：孟子反對告子所主張的人「只有」自然之性。但是，本文並不認爲孟子有雙重人性論。這是因爲，孟子雖承認人有自然之性，卻並不認爲從自然之性這一面能回答：「人能行道德的根源與動力爲何？」之問題，亦即是無法回答：「人之所以爲人之根本爲何？」的問題。當孟子提出「人之所以異於禽於獸者幾希」(〈離婁下〉)的論斷時，孟子即是從人之道德性而非自然性來討論「人性」，亦即是從道德性上賦予了「性」這一詞以一個嶄新的意義。

二、人與禽獸的關鍵區別

如果說透過區分「性」概念的形式意義與內容意義，有助於釐清孟子與告子關於人性的爭論。那麼，透過「人禽之辨」，則有助於呈現孟子人性論的關懷重心：亦即由人之道德性確立人之所以爲人的存在意義。在〈離婁下〉中，孟子曰：

> 人之所以異於禽於獸者幾希，庶民去之，君子存之。舜明於庶物，察於人倫，由仁義行，非行仁義也。

這段引文有幾點是值得重視的：首先，「人之所以異於禽於獸者幾希」與其說是討論「人」與「禽獸」在邏輯定義上的不同，[10] 毋寧說，孟子在此處揭露了「人之所以爲人」的議題。其次，又由於孟子曰：「君子所以異於人者，以其存心也。君子以仁存心，

---

10 牟宗三先生說：「孟子說：『人之所以異於禽於獸者幾希』，這幾希一點完全指的這道德實踐心靈言。從這裡言人之『心性』當然不同於邏輯定義所表示之『人性』。這幾希一點固然是異於禽獸之『差別點』，然此差別不同於邏輯定義中綱差之差。」牟宗三，《道德的理想主義》(台北：台灣學生書局，1992年)，頁124。

以禮存心」(〈離婁下〉)，可以得知「庶民去之，君子存之」者，即是人之良知本心。最後，對於「庶物、人倫」的明察，是順著本心而有合宜的行動，而非僅是外在的行爲表現而已。因此，本心的感通明察是關聯著具體化的行動而言者(「由仁義行」)，由此外在行爲表現亦必須是依循著本心的明察，才可說是有價值的。[11] 基於此可知，人生活在世界中，總處於種種具體化的情境中而有所行動。「心」有一明鑑價值的感通力，[12]「明於庶物，察於人倫」

---

11 孟子將人之道德本心視爲德性生命在日常生活中具體實踐的論點，又是他展開工夫論論述時的重要基礎。曾春海先生即指出，孟子對恥惡之心的修養，不僅有力於引發人內在的正義感，並且有促進社會公利的意義。曾春海，〈先秦儒家正義觀及現代省思〉，《哲學與文化》第 18 卷第 4 期，1991 年 4 月，頁 314-316。

12 孟子以「心」爲「思之官」，但並不是從知識論或認知的層面而主張「心」是「思之官」。不論是對「人如何得知外在事物的存在」，或是對「知識的真確性的探索」，都非孟子所關懷的中心。孟子言「心」是通過不忍之心、四端之心在德性層上說：「心之官則思；思則得之，不思則不得也」(〈告子上〉)。在〈盡心上〉中，孟子更明確的表示：「人之所不學而能者，其良能也；所不慮而知者，其良知也。孩提之童，無不知愛其親者；及其長也，無不知敬其兄也。親親，仁也；敬長，義也。無他，達之天下也。」這段引文從「良知良能」上，揭露了孟子對於「思」的使用，以及「所思爲何？」的看法。當孟子說：「思則得之，不思則不得」時，是對舉於「耳目之官不思，而蔽於物」而言，是以「思」及「所思」並不是從「物」上說，而是從「天之所與我者，先立乎其大者」這種不假外求（因其受之於天）而可作爲行爲指引（不受感官蒙蔽）上說的。由於「良知良能」是「不學而能、不慮而知者」，因此是「不假外求」的；再者，「親親、敬長」正是由「良知良能」爲發端而有的行動。由朱子註：「良者，本然之善也」，可以知道「思」即是「良知」，是對於人心本然之善的察知。良知是「不慮而知」的當下察知，而所察知者是得天下之所同然的義理。它一方面順著「惻隱、羞惡、辭讓、是非」等心之端而有所感通，此感通即是仁義禮智的明察靈動；另一方面，此一感通又是依循「心之所同然」的理、義，而發爲合義的行動。所以，孟子所言「思」即是根植仁義禮智等德行發端的本心所有的感通靈動，而所思者也就是「得我心之所同然」的義理。然而，孟子也說：「困於心，衡於慮」(〈告子下〉)，孟子雖不以「心」在知識論或認識論上的討論爲關懷中心，卻並沒有意圖在嚴格意義下，將「心」與思慮割離。至於從羞惡、是非、辭讓都存在著價值判斷這一點上說，孟子儘管以「仁正是指「心」通過這內外無礙的感通力而明照安立天地人我的價值理序。「心」不僅時時指引著人合宜的行動，更由於「心」之不忍、是非、辭讓，「心」本身就是合宜行動之發端。[13]由乎此，孟子從「心」之不安不忍而欲化成一具體行動，說明人爲何會選擇有價值的行動。他並且指出，這樣一種對於「價值意義」的領會與創造，正是「**人之所以異於禽於獸者**」。人對價值理序的領會同時也正是人對自身意義的開顯。孟子通過惻隱、羞惡、恭敬以及是非之心的不安、不忍處，指出「仁心」總已經在生活世界中先行的領會了貫穿於吾人日常活動與道德實踐後的價值意識。因此，人在感物而動的當下能有是非、羞惡等等明善之能。當人依循「仁心」的當下指點而化爲具體合宜的行動，亦即充分的實現爲善的能力，人就已經實現了人之所以爲人之所「是」。因此，通

心」總關涉著「義行」而傾向實踐之知，但是輕易將知慮思辨的作用從孟子所言之「心」和「思」上排除，都是不恰當的。唐君毅先生即指出，「**孟子之言心，乃直就心之對人物之感應之事上說。此心初乃一直接面對人物而呈現出之心，初非反省而回頭內觀之心**」。唐先生從「感應」說心與人、物間的關係，指出本心的如如朗現並非只是孤立於世界之外的自我完善；相反的，本心的朗現乃「**即呈現於與外相感應之事之中**」。心之感通靈動正是通過人在世界中所遭遇的種種具體情境，而有是非、羞惡、辭讓的發端，設若「心」對所遭遇之事全無反應，那麼豈不成爲宋儒所言「麻木不仁」之心了。因此，「思」是與生活世界息息相關而且時時關聯著行動，它總在這個人文化成的世界中指引著我們的行動，使之舉止合宜。換言之，「心之思」即是「心之仁」，亦即是仁義禮智根植於心的「心」，對於具體生活界中的種種情境，當下所有的感通靈動與價值察知。基於此可知，孟子通過「心」從兩個部分處理了「人之所以爲人」的問題，一是從「心」能照見價值而「明善」，回應「人如何得知什麼樣的行動是有價值？」的問題；另一則是從「心」之不忍而欲化成一具體行動，回應「人爲何會選擇有價值的行動？」的問題。唐君毅，《中國哲學原論・導論篇》（台北：台灣學生書局，1993 年），頁 102-103。

13 牟宗三先生指出：「惻隱、羞惡、恭敬以及是非之心同時都是心之一動相。」此一動相義即是仁心感物而後動之行動發端。牟宗三，《圓善論》（台北：台灣學生書局，1996 年），頁 24-25。

過「心之感通明察」與「心之不忍而欲化成一具體行動」，正說明了「人之所以爲人」的問題。

在孟子思想中，人與禽獸相異之處，是根源於「仁心」之操持存亡，而有君子、小人之別。因此在《孟子》中，「君子」、「小人」之別，往往不是指政治上有位與無位的區分，而是一個道德價值上的區分。也因此，人異於禽獸的「幾希」之處，並不能順著亞里斯多德的定義法，以凸顯「種差」(difference of species)的方式來了解。[14]亦即不是從辨別人與禽獸在「類」上的不同著力，而是就人之所以爲人的根源處著手。[15]孟子通過「心」以明察庶物、人倫，亦即是通過「心」明察存在界之價值理序，以成就人之所以爲人之能是。是以人是通過「心」而能「自知」人之所以爲人，經由「反身而誠」(〈盡心上〉)、「自反而縮」(〈公孫丑上〉)，「心」之反省自覺所得，亦即是人之價值所在。人依循其仁義之「心」通向具體生活世界，並建立價值秩序的道德創造性，即是人之所以異於禽獸的幾希之處。此亦即由人之所以爲人的根源處，說人之「性」。

三、性善論的證立

「性善」一詞在孟子中僅出現兩次，而〈滕文公上〉曰：「孟子道性善，言必稱堯舜」並未就性善論作說明；因此，值得注意的是〈告子上〉公都子與孟子的問答，孟子通過四端之心陳述其「性善」論，並徵引《詩經》：「天生蒸民，有物有則。民之秉彝，

14 傅佩榮，《儒家哲學新論》(台北：業強出版社，1993 年)，頁 78。

15 唐君毅先生即表示，孟子人禽之辨的要旨，乃是「使人自知人之所以為人」。唐君毅，《中國哲學原論．原道篇》卷一(台北：台灣學生書局，1992 年)，頁 218。

好是懿德。」以爲佐證。在這段對話中，孟子得出三點結論：

1.「**仁義禮智，非由外鑠我也，我固有之也**」，他由人有直接當下、感物而動的四端之心，指出仁、義、禮、智等德是內在於人性，而非外在於人性，是由人內在的具有道德實踐的動力，主張人之性善即是人原有足以爲善的能力。

2.「**求則得之，舍則失之**」，孟子進一步指出人之所以會在行爲上不善，是棄置這種求則得之的爲善能力於不顧，從而背離了這種內在於人的道德實踐能力。

3.「**或相倍蓰而無算者，不能盡其才者也**」，由此孟子說人有爲善爲惡的差別，但是這種差別並不是因爲人本性是惡的，而是由於人不能克盡自己本有的爲善能力（才）的緣故。

值得注意的是，孟子雖沒有以定義的方式直接規定「性善」之「善」的實質內容究竟「是什麼」；但是，孟子將人道德實踐的能力直接歸根於先驗內在的動力與根源。孟子曰：

> **乃若其情則可以為善矣，乃所謂善也。若夫為不善，非才之罪也。**（〈告子上〉）

牟宗三先生曾對孟子這段文字有一適切的詮釋，指出根據孟子後文中言「**是豈人之情也哉**」一語可知，「乃若其情」之「其情」就是「人之情」，亦即是「人之爲人之實情」，[16]而根據岑溢成先生的考證，「**非才之罪也**」之「才」字，是「性」的同義詞。[17]這段話的原義是：只要順著人之爲人的實情，則人人都有實踐善行的能力，這即是我所說的人性本善。若是人有不善的惡行，並非

---

16 牟宗三，《圓善論》（台北：台灣學生書局，1985年），頁57。

17 岑溢成，〈孟子告子篇之「情」與「才」論釋〉，《鵝湖月刊》58、59期，1989年4、5月。

他的「本性」的過錯。袁保新先生指出這段話即是「**孟子對於自己為什麼將『善』繫屬於『人性』概念之下，所作的一項語意釐清**」，並指出一般人每每以人之爲不善而批評孟子性善論過於簡化或天真，是執著於經驗面的思考，而忽略了這段話中的兩個「善」字，分別表示「具體善行」（經驗層）與「人可以爲善的能力」（先驗層），而無法理解孟子是在先驗層肯定性善的旨趣。[18]由此可知，孟子由人之日常體驗中，藉著感物而動的四端之心，指出人有道德實踐的行爲，必有人之所以能有此行爲的根源，而此先驗內存的根源即是人之性，這是從四端之心之善以言人之性善。是以孟子徵引《詩經》以佐證「人性本善」，一方面標示人性先驗的作爲實踐善的根據是內存於人的，另一方面也將此一先驗根據的源頭上溯至意義無盡的「天」。基於此，本文以爲可從兩方面探究孟子的「性善論」：

首先，就「性」作爲人之所以可以行善的先驗根據而言，人之性善。孟子說人性本善，並不是說人性中有能行善的能力，而是說人有一種能力，這種能力爲人之所以能行善的先驗根據，而我們稱這種能力（先驗根據）爲人之「性」。在這裡我們看到了一個重要的區隔，若是從前者的觀點而理解孟子性善論，那麼就是說：人性包含著許多分疏的性質或能力，而僅將行善視爲人性的能力之一，如此一來，則人性有積極行善之能力，當然也可以有消極不行善的能力，甚至是有爲惡的能力，是以只能從「應然面」說人性向善，而不能說人性本善。然而若是由後者的觀點而言，由於是從人之道德實踐所以可能的先驗根據處，說此即是人之「性」，則「人性本善」是一分析命題，如同盧雪崑先生所言，孟

18 袁保新，《孟子三辨之學的歷史省察與現代詮釋》（台北：文津，1992 年），頁 52-54。

子言性善之善，並非氣質之「善的傾向」，而是自道德性自身而認識性，性善是定然而必然的爲善。[19]

其次，就「性」作爲人之所以異於禽獸的區別概念而言，人之性善。人有爲善的先驗根據，卻並非說人在經驗世界中皆是行善。孟子並不曾否認人有爲惡的行爲，只是孟子並不從人有惡行的經驗事實來說人性爲惡，或可以爲惡。孟子是從人道德行爲之所以可能處，肯定人之性善。人置身日常生活世界中，總面臨著許許多多的影響、誘惑以及限制，以至於並非人人皆能克盡其本性以爲善。但是，當孟子試圖透過「性」（人性）概念區隔人與禽獸之不同時，他指出人之所以爲人乃在於：人之能明鑑價值，並自發的創化道德。換言之，孟子是將人之道德性視爲「人性」，亦即人之所以爲人的根源。正由於人「性」是指人的「道德性」，故人性的內容當全然屬於道德，而不可能爲不善。

蔡仁厚先生曾經指出，孟子言「性」有三義：一是「此天之所與我者」，這表示性的先天超越性；二是「我固有之」，這表示性的內在性；三是「人皆有之」，這表示性的普遍性。[20]若順著孟子即心以言性之思想脈絡，可以得知：「性」之「先天超越性」與「內在性」並非說「人性」是自絕於經驗世界之外的孤芳自賞，而是通過「心」先天本有（先天超越性、內在性）洞察存在界價值理序的感通力，在具體生活世界中，由不安、不忍處顯發那指引著人之爲人所當爲的性分。[21]當順著告子「生之謂性」的觀點

19 盧雪崑，《儒家的心性學與道德形上學》（台北：文津出版社，1991 年），頁 65。

20 蔡仁厚，《孔孟荀哲學》（台北：台灣學生書局，1994 年），頁 221。

21 若說孟子是「即心以言性」，而「心」與「性」二名畢竟有別，那麼是從心之何義上可言性呢？唐君毅先生以爲是「即心之生以言性」，指出由心之直接感應上所生發的惻隱羞惡之情，即可擴充爲人性不可勝用之仁義禮智之

無法找到人在天地間獨特的存在價值時，[22]孟子不再從人之自然之性以言人性，轉而由人道德實踐的根源與動力，探尋人之爲人的價值。所以，孟子並不從人之生理層面或生物機能上說人之「性」，而是從作爲道德實踐之根源與動力之「心」上，指出人之所以爲人之「性」。

第二節　張載的人性論

在《正蒙》中，「性」字約出現一百四十八次。[23]雖然張載在使用「性」字時，並非全然針對人性而論。[24]但是，他以「天地之性」與「氣質之性」論述人性的方式，卻廣泛地影響其後的學者。[25]在《正蒙・太和》中，張載以氣論爲基礎，闡述人之性本

實現，是以又可說即心之情而可見性（克就道德心之生以言其善之性）。本文接受唐先生的看法，並指出「心」有明察存在界價值理序之能力，藉以充盡人所以爲人之能是，此爲孟子即心以言性之義。唐君毅，《中國哲學原論・原性篇》（台北：台灣學生書局，1991 年），頁 46-50。

22 在〈告子上〉中，孟子通過「**白羽之白也，猶白雪之白**」的類比，指出順著告子「生之謂性」的觀點，將導致「**犬之性猶牛之性，牛之性猶人之性**」的謬誤，而無法顯現出人在天地間之獨特價值。

23 本文依據《張載集》中所收錄《正蒙》而統計之。張載，《張載集》（台北：漢京，1983 年）。

24 唐君毅先生即指出，橫渠之言性，有自來源說者，有自其具于我而就其德說者，有自其當前之表現說者，有自盡性之極說者。由此而「性」與心、命、氣、德、欲等之關係，亦即有不同方面之論說。唐君毅，《中國哲學原論・原教篇》（台北：台灣學生書局，2004 年），頁 111。

25 天地之性與氣質之性的區分，首先由張載提出。在此論述架構中，他一方面承襲孟子性善論的義理脈絡，肯認人人皆具有普遍的道德性，此即「天地之性」；另一方面，他則透過個體之稟氣厚薄，試圖解釋人在賢、智、才、愚上的差異性，此即「氣質之氣」。朱子曾指出「氣質之說」起於張、程，並認爲此一論述人性的架構是「**極有功於聖門**」（《朱子語類・性理一》）的貢獻。他甚至表示，由於此說既能發揮孟子性善說所未竟之處，又能釐

諸天。張載曰：

> 由太虛，有天之名；由氣化，有道之名；合虛與氣，有性之名；合性與知覺，有心之名。

由引文可知，張載以「太虛」總攝「天」之多樣意義，[26]而

清性惡說、性善惡混說及性三品說的理論缺陷，故「張程之說立，則諸子之說泯矣」。此外，朱子還將張載所言之「天地之性」亦名爲「義理之性」。朱子之後的學者，亦多在「義理之性/氣質之性」的論述架構下，探討人性論的議題。在《宋元學案・橫渠學案（上）》中，黃勉齋即曾表示曰：「自孟子言性善，而荀卿言性惡，揚雄言善惡混，韓文公言三品。及至橫渠，分為天地之性、氣質之性，然後諸子之說始定。」由此可見張載以「天地之性」與「氣質之性」論述人性的方式，實對後世學者產生深遠影響。

26 關於這一點，本文認爲可以從以下三方面論說：其一，由太虛統攝「天」之形上義而言，張載並不僅是相對於氣有濁雜的一面，而將「太虛」視爲清通之氣。「太虛」之「清通」乃是針對「形」（具體形象）之超越而言。張載承襲《周易・繫辭傳》對形上與形下的區分，《橫渠易說・繫辭上》曰：「形而上〔者〕是無形體者（也），故形（以）〔而〕上者謂之道也；形而下〔者〕是有形體者，故形（以）〔而〕下者謂之器。無形跡者即道也，如大德敦化是也；有形跡者即器也，見於事實（如）〔即〕禮義是也。」由此可知，張載是以有無形體（形跡）區分形上之道和形下之器。又〈太和〉曰：「太虛為清，清則無礙，無礙故神」，可知張當張載援引氣論詮釋〈繫辭〉所說的「形上之道」時，是從太虛本身乃是清通、不受形象所侷限之氣，而言太虛之無限性（清則無礙）；而由太虛在氣化活動中自我轉化爲具體個物（氣化絪縕、凝聚成物），而言太虛之生物不測（無礙故神）。又基於〈乾稱〉曰：「語其推行故曰『道』，語其不測故曰『神』，語其生生故曰『易』，其實一物，指事〔而〕異名爾」，故可知，張載乃是將「氣之清通無礙」與「易之生物不測」視爲道體的不同面向。基於此，我們可以說，張載所言之「太虛」可包含「天」之形上義。其二，關於人格義之天，張載多是在詮釋古代典籍的文句時提及。由〈太和〉曰：「鬼神者，二氣之良能也」，以及〈神化〉曰：「鬼神，往來、屈伸之義，故天曰神，地曰示，人曰鬼。神示者歸之始，歸往者來之終」可知，張載一方面認爲古代經典論及人格義之天的要旨在於闡述造化生生之理，而非強調天有賞善罰惡的意志；另一方面，他則認爲世人所敬畏的人格天（具有意志、能夠左右人間禍福的天神），僅是清虛之氣（太虛）在二氣絪縕中活動而已。換言之，張載一方面將古代經典中所提的人格天歸入形上天的討論中；另一方面，則是以太虛取代具有意志的人格天。其三，由太虛統攝物理自然之天而言，在〈太和〉中，張載指出氣化活動乃是以浮沉、屈伸的方式進行，並表示

以「氣化」詮解「道」，[27]並由「太虛」與「氣」（氣化）兩概念之結合，推導出「性」概念。換言之，「性」是從太虛在氣化生物的活動中，落實爲具體個物之體而言。在張載思想中，「氣」概念原用以說明世間萬有之真實性，而太虛乃是清通無礙之氣，亦即氣之本然。由〈太和〉曰：「**太虛為清，清則無礙，無礙故神；反清為濁，濁則礙，礙則形**」，以及「**凡氣清則通，昏則壅，清極則神**」可知，張載認爲一切具體存在於天地之間的有形個物，皆是透過清通無礙之太虛由清轉濁，由濁而礙，由礙而形的自我轉化歷程（氣化流行之聚散歷程），所凝聚成暫時性的「客形」[28]。具體個物稟受太虛而有者，即是「天地之性」；而在氣化生物的歷程中，使個體凝聚成形，以有別於太虛及其他個體的特殊性，即是

隨著氣化絪縕，將形成「**浮而上者陽之清，降而下者陰之濁**」的現象；而在〈參兩〉中，他進一步依據氣論說明，自然現象中的天地正是源於「**地純陰凝聚於中，天浮陽運旋於外**」。由此可知，張載認爲，自然現象中之「天」乃是清通之氣（太虛）在氣化活動中上浮、伸展所形成，而「地」乃是清通之氣轉清爲濁，由濁而礙，由礙而下沉、凝聚爲具體形貌所成。再者，由〈參兩〉曰：「**地，物也；天，神也**」，也可在張載以氣論爲基礎的道器觀中得到說明。張載以「地」爲氣化凝聚所成，故「地」是由具體形象所侷限的「物」（形而下之器）；而「天」爲浮而上揚的清通之氣，故爲超越具體形象的「神」（形而上之道）。基於此可知，張載是以「太虛」統攝自然現象之天。

27 由〈乾稱〉曰：「**語其推行故日『道』，語其不測故日『神』，語其生生故日『易』，其實一物，指事〔而〕異名爾**」可知，張載是將氣化推行即視爲生物不息之「道」，在張載思想中，「氣化」不僅是對實然作現象的描述說明。毋寧說，張載是以氣化之活動義詮釋天道之生生不息的創生義，而由氣化活動之順而不妄彰顯天生萬物之有理有序。

28 張載認爲天道生生是以一種相反相成的方式化生萬物（由氣之浮沈、升降、往來、屈伸，絪縕而生萬物），當氣伸展（神）時，是清虛無礙的「太虛」；但是，純一無雜的太虛不足以展現生物之德，而由自身將活動的方式從伸轉爲屈，由屈則氣不再清通無礙（故「濁」），由氣之窒礙而言氣之凝聚成有形個物。因此，造化生物是以氣之一屈一伸化生萬有。又由於有形個物總有毀朽之日（皆只是氣暫時性的凝聚成形），而終將重歸太虛。所以，將有形個物之形體視爲「客形」（以其暫留之義而言「客」）。

「氣質之性」。至此，有三點應當留意：其一，「氣質之性」與「天地之性」不是本質相異的二者，張載是就天地之性落實於具體有形之物中，原本清通無礙之氣即爲個體之「形」所侷限，而言「氣質之性」。故「氣質」一方面是天地之性的消極限制，意指具體個物的有限性；另一方面則是具體個物的積極界定，用以區隔個體與整體、個體與其他個體，並由此呈顯一物之所以爲一物者。[29]其二，張載基於氣論而認爲天地萬有同出一源，故萬有皆稟受「天地之性」。因此，區別萬有之不同者，並非個體稟受於天的天地之性有所不同，而是由於在氣化成形的歷程中，個體所受的「限制」（氣質）不同。[30]其三，人之所以異於萬物者，即在於人能透過

---

29 在張載的天道觀中，他以清通無礙之氣（太虛）爲氣之本然，亦即無限存有自身。無限之太虛透過由清反濁，由濁而礙，由礙而形的自我轉化活動，化生有限的具體個物與散殊現象。故太虛是萬有之形上本根。又由於氣化生物乃順而不妄之活動（太和所謂「道」），故太虛自我轉化以產生有限存有的活動自身（以其推移曰：「道」），亦即是一切價值之理序。在此基礎上，張載的人性論指出，具體個別的人乃氣化所成（如同所有具體個物一般，是以〈誠明〉曰：「**性者，萬物之一源**」）。換言之，人是無限之存有（太虛）透過自我轉化活動所成的有限存有者。在此氣化生物的歷程中，具體個物的產生，是基於清通無礙之氣由礙而形所成。亦即太虛在生物的歷程中需要透過窒礙（有限化）的活動以產生具體個物。本文以爲，此即是張載所言之「氣質」。「氣質」並不是指「氣之性質」，而是指清通無礙之氣所受的窒礙（限制）。所以，張載以「天地之性」與「氣質之性」而言人性，並不是說一個人身上具有兩種本質相異的人性。張載所表示的是：在太虛生物的歷程中，人得之於太虛者，乃是無限的清通無礙之氣，以其爲一切價值之理序，故亦爲人之內在無限道德性，而名之爲「天地之性」。至於「氣質之性」，乃是指清通無礙之氣在具體有限的個人形軀中所遭受的限制。故氣質之性是人之天地之性的消極限定項。由於張載以太虛生物的活動中，由礙而形是產生萬物殊類，以及人有智愚之別的關鍵。所以，張載又以稟氣厚薄，說明人由於萬物中受到限制最少者，故人是萬有中唯一能自我超越氣質的限制，重新朗現內在的天地之性，並由此成爲即有限而可無限的存有者，達到與天（太虛）合一的境界。

30 在《張子語錄．後錄下》中，張載曰：「**凡物莫不有是性，由通閉開塞，所以有人物之別，由蔽有厚薄，故有智愚之別。塞者牢不可開，厚者可以開**

道德實踐的工夫，超越具體形軀（氣質之性）的限制，在朗現天地之性的實踐歷程中，證成天人合一的境界。基於此，〈誠明〉曰：

形而後有氣質之性，善反之則天地之性存焉。故氣質之性，君子有弗性者焉。

張載認爲，天地之性本清通無礙、純一無雜，是氣之本然，亦即是太虛之性徵。[31]當清通無礙之氣通過自我轉化（亦即由清轉濁，由濁而礙，由礙而形）的氣化生物活動，以形成具有具體形質的個體時，[32]清通無礙之氣即墮入具體個物之形（氣質）的侷限中。故「氣質之性」乃是「形」而後有者。又由於氣質之性

而開之也難，薄者開之也易，開則達於天道，與聖人一。」由引文可知，張載認爲人與萬有既然皆是一氣所化生，則從根源上說，人與人、人與物所稟受的天地之性並無差別。然而，由人、物所稟受之性的「限制」（氣質）上而論，則有人、物之別，智愚之分。換言之，正由於天地萬物各具其形，因此儘管萬物都共同稟受天地之氣，但是基於所受到的形質窒礙（通閉開塞）不同，而超越此本然限制以實踐天理的能力就有所不同。就張載而言，由於人比物所受到的形質限制少，因此人比物更有實踐天理的能力，由此而有人、物之別。張載不僅以此解釋人物之別，也由此說明人何以有智愚之分。

31 由〈太和〉曰：「**太虛無形，氣之本體**」可知，張載認爲氣之本然即是形而上之「太虛」。又由〈乾稱〉曰：「**氣之性本虛而神，則神與性乃氣所固有**」，以及〈誠明〉曰：「**湛一，氣之本**」可知，張載是以「虛」、「神」及「湛一」，描述「氣」之本然（氣之性）的性徵。

32 由《正蒙・大易》曰：「**大易不言有無，言有無，諸子之陋也**」可知，張載反對老氏「有生於無」之論。他認爲大易生生之理只言隱顯、幽明，而不言有無。老子持「有生於無」之說，在「有」之外另立一個無對的「無」，實是不知有無實虛生滅只是通一無二之理。故可推知，在張載思想中，「有」既不源於「無」，「有」必源自於「有」。又由於「有」若僅源於「個別的有」，則一方面無異取消了天理作爲萬有之價值理序的存在意義，另一方面又使個體與個體之間乃成爲割裂而非連續的關係，此兩者這正落入張載所批評的「體用殊絕」之困局。因此可知，張載以有限的萬有皆源自於無限的存有自身，亦即清通無礙之「太虛」。張載又以太虛透過推行有常的氣化活動以生物，而名之曰：「道」；以其生物不息，而曰名之曰：「易」；並因其生物不測，故名之曰：「神」。

是人作爲有限存有者的限制項，所反應於人身者，乃是對形軀生命的追求與滿足。[33]所以張載認爲，這是以體證天地至善的有德君子所不取者。因此，張載曰：「**氣質之性，君子有弗性者焉**」。值得注意的是，由〈乾稱〉曰：「**飲食男女皆性也，是烏可滅**」可知，張載雖認爲氣質之性不應當作爲有德君子的最終關懷；但是，他並不認爲應當對飲食男女之事採取道德上的否定態度（他亦基於此而批判一切以禁欲爲手段的學說）。張載所強調的是：唯有呈顯一切價值根源（太虛）之體性的天地之性，才是有德者用以貞定世間價值的基礎。〈誠明〉即表示：

> **天性在人，正猶水性之在冰，凝釋雖異，為物一也；受光有小大、昏明，其照納不二也。**

所謂「天性」，當指天（太虛）之體性，亦即是張載所言的「天地之性」。在此，張載透過比喻的方式，所欲闡明的要點有二：首先，透過冰、水之喻，他表明人所稟受於天的天地之性，與天之體性，在本質上是同一。其差別僅是人之天地之性在氣化生物（氣

---

33 由〈誠明〉曰：「**湛一，氣之本；攻取，氣之欲。口腹於飲食，鼻舌於臭味，皆攻取之性也。知德者屬厭而已，不以嗜欲累其心，不以小害大、末喪本焉爾**」可知有三：其一，由張載透過「天地之性」與「氣質之性」以討論人性的架構可知，「天地之性」乃是氣之本然之性，亦即是人稟受於天的道德性；而人之形軀生命所展現的攻取之性（口腹飲食之欲等），乃是人作爲有限存有者所有的「氣質之性」。其二，張載認爲，人之嗜欲乃是氣之攻取之性的表現。既然嗜欲源自於「氣之欲」，而氣之欲（聚散、攻取）又是氣化活動之「不得已」而然（此可以由〈太和〉曰：「**太虛不能無氣，氣不能不聚而為萬物，萬物不能不散而為太虛。循是出入，是皆不得已而然也**」可知），故人不可能從實際生活中排除依乎氣化流行而有的嗜欲活動，也不應當根本否定飲食男女等嗜欲的存在價值。在道德上所應當批判的嗜欲活動，乃是人在追求嗜欲滿足的活動中，人之行爲逾越了天理所呈顯於人的價值規範。其三，由於純一無雜的天地之性乃是氣之本然，乃是一切存有與價值之根源，而氣質之性僅爲氣之攻取活動（氣之欲）之展現，屬於氣之末。故基於本末先後的前提，君子應當以朗現天地之性爲目標，而不當

聚而為物）的活動中，受到人之形（氣質）所侷限，而天為超越任何具體形質所侷限的形而上者。故曰：「凝釋雖異，為物一也」。其次，透過受光之喻，張載表示，如同日光照射不同器皿一般，所受者雖因其形（氣質）之差異，而有小大、昏明的差別，而天道下貫性命於人的活動，亦因人有稟氣清濁、厚薄的差異，而每個人會有賢、智、才、愚之不同。但是，天所普遍施受於人的天地之性，卻是人人皆同。此所以曰：「照納不二」。

在張載思想中，天地之性是人之所以能自發的實踐道德之根源，人之所以為不善，乃是源於人自我陷溺在氣質的限制中，而尚未超越氣質之限制以復顯其天地之性的緣故。故〈誠明〉曰：

> 性於人無不善，繫其善反不善反而已，過天地之化，不善反者也；命於人無不正，繫其順與不順而已，行險以僥倖，不順命者也。

由引文可知張載人性論的兩項重要主張：首先，依「性於人無不善」可知，張載對人性是持「性善」論的觀點。依其天道觀而言，天地之性是作為存有與價值根源之天的體性，故天地之性即是天道價值之展現而不可能為不善。人稟受此天地之性為人之道德實踐根源，所以「天地之性」於人亦「無不善」（天地之性的全幅內容即是「善」）。又由於張載以「氣質之性」僅是影響人是否朗現天地之性的消極限定項，而非於人性中與天地之性本質相異者。故張載並不以氣質之性為「惡」，而且也否定「惡」在人性中有獨立自存的地位。也因此，張載並非主張人性中兼含「善」（天地之性）與「惡」（氣質之性）之兩面，而是指人性之善往往受到氣質之影響、遮蔽，而於具體生活中未能時時朗現其善。[34]換

以追求氣質之性而自足，才不會落入以小害大、捨本逐末的困境。

34 陳德和先生即曾指出，在儒家「心性天命通貫為一」的義理脈絡中，「性」

言之，張載以人性爲善，人之惡行乃是出於人未能充盡所本然具有的道德性（天地之性）。其次，依「繫其善反不善反」可知，張載將超越氣質之限制視爲彰顯人性之善最爲重要的工夫。在此，「善反」一指人能於日常生活中，常反省自身之行爲是否違背道德本心；[35]另一則指人能超越具體形軀的氣質之限，使自身所具的天地之性與天理流行感通無礙，由此契入天人合一的境界。在張載天道性命通而爲一的思想架構中，此二者又是互爲表裡。張載以氣論爲基礎，在天道論中，進一步闡述天道下貫於性命的儒學義理；又在工夫論中，探究學者如何通過道德實踐以超越氣質之性所限，在時時朗限天地之性的活動中，重新復返天人無隔的合一境界。基於此，〈誠明〉曰：

> 人之剛柔、緩急、有才與不才，氣之偏也。天本參和不偏，養其氣，反之本而不偏，則盡性而天矣。性未成則善惡混，故亹亹而繼善者斯為善矣。惡盡去則善因以（亡）〔成〕，故舍曰善而曰「成之者性〔也〕」。

當張載以氣論爲基礎而論述人性議題時，他明確表示：人得自於天的天地之性乃是純一無雜、參和不偏的清虛之氣，是與天之體性同一的道德性。人之有賢、智、才、愚之分，並非源於氣之本然，而是人在氣化生物的歷程中受其「形」（氣質）所限，所產生的的殊別性（氣之偏）。所以，有德者乃是試圖透過道德實踐

只能是一而非二，且惟義理之性才真正可以當作人的存在本質。若是將「氣質之性」視爲人體生命中的一種定然不可移之性，則實踐的必然義將相對減殺，而張載所謂的「變化氣質」亦變得不可理解。陳德和，〈孟子心性義辨析〉，《儒家思想的哲學詮釋》（台北：洪葉文化事業有限公司，2003 年），頁 112-113。

35 由〈至當〉曰：「『反身而誠』，謂行無不慊於心，則樂莫大焉」可知，張載亦順承孟子思想，將道德本心視爲人之價值實踐的引導，並認爲人可透過自省的活動（反身而誠），使生命進入和樂的境界。

以超越氣質之偏，而復返天地之性參和不偏的本然面貌（**養其氣，反之本而不偏**）。張載認爲，此一自我超越氣質所限以復顯道德性的「返本」活動，亦即是儒學所謂：「盡性而天」的活動。因此，所謂「**性未成則善惡混**」，並非意味著張載主張人性中同時具有善與惡兩部分（例如，揚雄所主張善惡混的人性論一般），而是指：當人尚未超越氣質之所限以朗現其天地之性時（性未成），則人的行爲往往受到形軀生命（氣質之性）的影響，使人雖本具善性卻不能時時實踐善性，進而在行爲上有時不免流入於惡（善惡混）。基於此，張載一再強調人之生命意義的呈顯，正在於人能不陷溺於氣質之所限，進而在「盡性」、「成性」的道德實踐活動中，成就人天無隔的合德境界。故〈誠明〉曰：

> **德不勝氣，性命於氣；德勝其氣，性命於德。窮理盡性，則性天德，命天理，氣之不可變者，獨死生修夭而已。**

張載以爲，人的生命是自陷於氣質之性，或是朗現天地之性，端賴於個人的道德自覺。如果人僅將目光侷限於追求形軀生命的滿足，則人的存在意義亦侷限於氣質之中，而生命的價值不僅將隨形軀的腐朽而消逝，並且形軀生命所渴望的種種需求，往往是人求之而不必得者。故君子不以形軀生命的滿足爲人生終極的關懷。有德者是能超越氣質之限者，並在復顯人之天地之性的道德實踐活動中，成就人所當盡的性分；亦在充盡人之天地之性的實踐歷程中，體證天地生生之理。所以，張載以「變化氣質」爲修養工夫的總綱。[36]並強調「**氣之不可變者，獨死生修夭而已**」，他

---

36 由《經學理窟．義理》曰：「**為學大益，在自（能）〔求〕變化氣質**」可知，張載的工夫論之主旨，即在使人能超越自身的限制（氣質），朗現內在道德性（天地知之性）。此即是說，超越氣質限制的種種工夫，皆是爲了「變化氣質」。因此，本文以爲，「變化氣質」並非張載眾多道德修養工夫之一，而是其工夫論之總綱。

認爲人除了無法改變生死之必然外，人人皆可透過變化氣質的工夫，使自身在成就德性生命時，超越氣質的種種限制[37]。正是在這一點上，張載承襲了孟子以來，儒學對人之道德性的積極肯定，進而認爲人人都能透過道德實踐工夫，使自身生命成爲即有限而可無限的存在。

第三節　張載與孟子人性論之同異

身爲北宋儒學復興運動的先趨之一，張載深受孟子思想所影響。《宋史・張載傳》即稱述其學是「以《易》為宗，以《中庸》為體，以孔孟為法」，而程頤也曾稱讚張載〈西銘〉對於孟子義理之顯揚是前聖所未見，[38]朱子則認爲《正蒙》一書發揮《論語》、《孟子》及六經之義理，可說是「規模廣大」[39]。實則，張載本人亦曾明白表示對孟學義理的推崇，在《經學理窟・義理》中，他便主張：「要見聖人，無如《論》、《孟》為要。《論》、《孟》二書於學者大足，只是須涵泳」。足見張載是將孟子思想視爲儒學正

37 由《經學理窟・氣質》曰：「氣質惡者學即能移，今人所以多為氣所使而不得為賢者，蓋為不知學。」可知，張載認爲，人無不善，人人皆可通過後天的學習轉變個人的氣質。其中關鍵在於人是否自覺的「反身而誠」。若是人能立志持存善反之工夫，則作爲道德實踐之內在根源的天地之性，就會如如朗現。若是以爲個人的習氣嗜欲較重而不能成聖成賢，則只是畫地自限而已。

38 據《宋史・張載傳》記載，程頤嘗言：「西銘明理一而分殊，擴前聖所未發，與孟子性善養氣之論同功，自孟子後蓋未之見」，儘管二者學思理路並不相同，但伊川稱張載之說是「前聖所未發」，可以說是十分推崇張載對孟子性善養氣說的發揚之功。

39 〈劉璣正蒙會稿序〉，收入《張載集》。

宗，[40]並以承繼發揚孔孟之學爲己任。然而，張載雖上承孟子思想，卻由於所關懷的哲學課題不全然相同；因此，在詮釋儒家義理時亦有所差異。關於這一點，可以由二者的人性論論述中得見，而尤其表現於以下三方面：

一、張載對孟子性善論的承繼與發展

張載雖承襲孟子性善論的立場，將人性視爲人的道德性；但是，二者在使用「性」概念時，卻有進路上的不同。在孟子思想中，人「性」是用以區隔人禽之別的重要概念，其目的在於回應「人之所以爲人而異於禽獸的根源爲何？」的哲學課題。但在張載思想中，如何由肯定萬有之真實性以駁斥佛老之言，並依此證成「天人之本無二」更是其關懷的重心。因此，張載試圖將性善論整合入氣論的詮釋模型中，進而以萬物一體的架構爲基礎，提出「**性者萬物之一源，非有我之得私也**」(〈誠明〉) 的主張。朱子對此段的註解爲「所謂性者，人物之所同得；非惟己有是，人亦有是；非爲人亦有是，物亦有是。」[41]這即是說，在氣化流行中，人與物皆稟氣而生，其差別並不在於二者之性的根源不同。由此可知，張載不同於孟子以「人禽之辨」當下證成「人之性善」(即人性之內容即是人之道德性，故人之性善)，而是從天道論先說明萬物皆是稟天理而由一氣所化生，故依此而言萬物皆是依乎天理

40 在北宋時期，孟子在儒家思想中的地位，仍面臨過爭論。龔杰先生即指出，張載稱頌孟子是儒家「道統」的集大成者，並在北宋初年尊孟與貶孟的論爭中，與二程等人一起推崇孟子，實爲北宋政府把《孟子》從「子部」升入「經部」做了註腳。龔杰，《張載評傳》(南京：南京大學出版社，1996年)，頁26。

41 《正蒙‧誠明》，朱熹註語。《張子全書》(台北：台灣中華書局，1976年)，頁18。

而有的真實存在（亦由此反駁「有生於無」之說與「萬有皆虛幻不實」之論）。其次，再透過稟氣之厚薄、清濁（氣質之性），進而說明萬物雖均稟含天地之性，但是由於人在一氣化生的歷程中，比萬物所受的氣質限制較少（形質窒礙之通閉開塞不同）。依此證成，人能有別於萬物而自發的透過道德實踐活動，超越氣質之性的限制，進而朗現全幅是善的天地之性。基於此，我們可以從兩方面論說張載對孟子性善論的承繼與開展：

其一，由張載對孟子性善論的承繼而言：他肯定人人均有根源於天地的內在道德性，亦即是人之「天地之性」。由於張載僅將氣質視為天地之性的消極限定項，是以他雖將人性區分為「天地之性」與「氣質之性」，但卻並非主張人在天地之性外，另有一獨立自存的氣質之性。依此可知，張載如同孟子一般，是將人性的內容即視為人之道德性。所以，他主張：「**性於人無不善，繫其善反不善反而已**」（〈誠明〉）。這不僅明白表述了張載的性善論立場，而且也指出人人雖自出生即具有善性，但是並非表示人一出生即圓現善性。換言之，張載認為，人性之善是需要透過道德實踐活動（善反之工夫）以顯發。此亦即孟子所主張：「**夫仁，亦在乎熟之而已矣**」（《孟子・告子上》）。基於此，又可從三方面論及張載對孟子性善論的承繼：一者，張載主張「**天道即性**」（《橫渠易說・說卦》），認為人性乃是根源於天的道德性（天地之性），是以人性無不善，此即孟子曰：「**此天之所與我者**」所表示的人性之先天超越義。二者，張載表示「**道德性命是長在不死之物也，己身則死，此則常在**」（《經學理窟・義理》），亦即主張人性不僅是人與生俱來所本有的道德性，亦為人人生存於世所應當成就的目標。此亦即為孟子曰：「**我固有之**」所表示的人性之本然內在義。三者，張載肯定「**性於人無不善**」，亦即主張人之性即是人人均普遍內存的道德性，此即爲孟子曰：「**人皆有之**」所表示的人性之普遍道德義。[42]

其二，由張載對孟子性善論的開展而言，又可分爲兩面論說：首先，孟子雖言「盡心知性以知天」，又表示人之道德性是「**天之所與我者**」。但是，孟子並未明確表示天如何授與道德性於人，也未曾表示人性之內容意義與「於穆不已」的天之內容意義完全等同。張載承襲孟子性善論，並且融合《中庸》、《易傳》的想內容，更進一步以氣論爲模型，說明天道如何下貫於人之性命，由此證成天地之性是「**在天在人，其究一也**」(〈乾稱〉)的天人合一架構。基於此，張載一方面肯定人之性與天之性是「一」而非異（此即所謂「天人之本無二」)。另一方面，根據「**天道即性**」的論述，他則明確指出人之性即是根源於天地的道德性，而且人所稟賦於天的天地之性與天之性的內容意義是全然相同。其次，孟子以「人禽之辨」突顯人性是人之所以爲人的價值根源。但是，孟子卻未明確論及異於人的萬物是否具備得自於天的內在價值性。張載則透過「天地之性/氣質之性」的架構，一方面主張「**性者萬物之一源**」，指出人與萬物都具備「天地之性」，故包含人類在內的萬物都有根源於天的內在價值性。另一方面，則透過萬物稟賦「氣質」之厚薄，而指出「人禽之別」乃在於人較萬物所受的氣質限制較少（氣質之開通閉塞不同），故人能自發的超越氣質所限，以展現人之所以爲人的道德創造性。

二、張載對孟子論述「人何以為不善」的承繼與發展

性善說所面對的重要挑戰之一，就是針對「人性既善，人何

42 在《經學理窟．學大原下》中，張載詮解「人皆可以爲堯舜」一語時，表示：「**若是言且要設教，在人有所不可到，則聖人之語虛設耳**」。由此可見，張載亦認同人之道德普遍性，如此方能主張人人皆可以成爲像堯舜一般充滿德性光輝的聖人。

以爲不善？」的質疑。關於這個問題，孟子否認人性之中存有獨立自存之「惡」，並主張「**若夫為不善，非才之罪也**」(〈告子上〉)。他認爲，人之所異於禽獸者，正是人的道德性，若就人性的本質而言，人性不可能爲不善。因此，人之所以爲不善，乃是由於人「**不能盡其才者也**」。對於人何以不能盡其才，孟子從兩方面論述：一者，孟子以爲人之不善是受到外在環境的影響。在〈滕文公下〉中，孟子以人學方言爲例，而曰：「**一齊人傅之，眾楚人咻之，雖日撻而求其齊也，不可得矣**」，指出不良的外在環境往往阻礙人試圖顯發道德本性的努力。[43]因此，孟子強調人當「居仁由義」，勿使己身受到外在影響，而「**陷溺其心**」(〈告子上〉)。二者，孟子以爲人之不善是由於人放失本心。在〈盡心下〉中，孟子即謂高子曰：「**山徑之蹊閒，介然用之而成路；為閒不用，則茅塞之矣。今茅塞子之心矣**」，在〈告子上〉中，孟子更以「牛山之木」爲喻，指出雖然每一個人的本性（本心）都根植著仁義禮智諸德之發端，但是如果內不常存養操持，外使之逐物不返、放其良心，則良心亦如同牛山之木或山嶺小徑一般，日漸荒蕪而不知其本來面貌了。[44]基於此可知，孟子以爲，人之所以在行爲上有不善的

---

43 值得注意的是，在孟子思想中，客觀的外在環境並不必然造成人趨向不善，有時惡劣的環境反而激發人的憂患意識。正如〈告子下〉所云：「**天將降大任於是人也，必先苦其心志，勞其筋骨，餓其體膚，空乏其身，行拂亂其所為；所以動心忍性，曾益其所不能**」，艱困的外在環境有時反而是惕勵自我道德心性的道場。但是，孟子指出，外在環境的刺激，往往會使人受耳目之官所蒙蔽，而無法依據道德本心而爲，此正所謂「**物交物，則引之而已矣**」(〈告子上〉)。

44 孟子以人慣於感官習氣而使其良知本心陷溺，故以「寡欲」爲養心之良方。但是就孟子而言，道德本心並非不食人間煙火的空谷幽蘭，心同樣受到生理需求的影響。〈盡心上〉曰：「**飢者甘食，渴者甘飲，是未得飲食之正也，飢渴害之也。豈惟口腹有飢渴之害？人心亦皆有害。人能無以飢渴之害為心害，則不及人不為憂矣**」。儘管從「**不及人不為憂**」的結論，可以向上銜

表現，並非基於人性而有，而是一方面在於人未能存養擴充道德本心，終使其隱而不顯；另一方面則在於人放縱「心從於欲而不思」，故人之行爲所以爲不善。[45]

就張載對孟子論述「人何以爲不善」的承繼而言，可以分爲三點說明：其一，由〈誠明〉曰：「**性於人無不善**」可知，張載如同孟子一般，亦否認「惡」在人性中有獨立自存的地位。張載雖以「氣之偏」表示人受到氣質之限制，而有時在行爲上難免流向於惡。但是，張載是以「氣質」爲人之天地之性的消極限定項，而非認爲「氣質之性」即是人與生俱來的根本惡。所以，張載說：「**天本參和不偏，養其氣，反之本而不偏，則盡性而天矣**」(〈誠明〉)，正由於張載以人之性與天之性的內容意義同一，而天之性即是一切存有與價值之根源的性徵（體性），故人之性即是人之道德創造性。「氣之偏」只是人作爲具體存在（擁有形軀）所當然必須承受的暫時限制，而非人得自於天而有之性的本然面貌。因此，張載一方面指出「**故氣質之性，君子有弗性者焉**」(〈誠明〉)；另一方面，則主張人必須透過道德實踐活動，使氣之偏能「**反之本而不偏**」，如此方是全然呈現人之得自於天之本性（所謂「盡性而天」)。其二，由〈中正〉曰：「**志仁則無惡也**」可知，張載以爲仁

接儒家「安貧樂道」的傳統。但是，孟子更提出飢渴等生理需求的不滿足，同樣會有害於道德本心的觀點，以爲人之心與身總是息息相關而非各自獨立者。道德的充分踐履並非無需顧及生理之欲。因此值得注意的是，在孟子中，「心」與「欲」之關係，並非彼此相斥的全然割裂，而是一種相互滲透影響的關係。孟子所強調的是通過心性以回答人之所以爲人的問題，主張「心」在道德生活中的優先性，所以在修養工夫上從寡欲做起，而非對於生理之欲的趕盡殺絕。

45 孟子以仁識心，以爲「**天所與我**」的良知本心皆有明善的能力，而認爲人之所以爲不善主要原因，是由於「**失其本心**」(〈告子上〉)，是以說：「**大人者，不失其赤子之心者也。**」(〈離婁下〉) 主張重新復歸於人心之本然狀態。

心之不顯，是使人之所以流於「惡」的關鍵。因此，在《經學理窟．氣質》中，張載強調：「**如是心不能存，德虛牢固，操則存，捨則亡，道義無由得生**」，主張人若不能時時持存善養道德仁心，則人便極容易陷溺其心，使得己身不知當以實踐道德，而充盡人之所以為人之善性。如此一來，則「**道義無由得生**」，而人之行為終不免流於惡。他甚至表示：「**學者本以道為生，道息則死也**」，認為有志於學聖人之道者，其生命意義即在於透過實現人之道德性，以證成天地生物之德。此亦如同孟子以牛山之木為喻，強調人之道德本心乃是「**操則存，舍則亡**」，若是人任由本心放失，則人即有可能由於內在之不修，而產生惡行。其三，張載也認為，外在環境也是人在行為上產生不善的重要原因之一。他不僅在論及「變化氣質」時，發揮孟子所言：「**居移氣，養移體**」之說，[46] 更表示人應當慎選結交的朋友，因為益友當能「**不為燕安，所以輔佐其仁**」(《經學理窟．氣質》)。由此可見，張載亦將人所居處的環境與交友狀況，視為能影響人產生不善行為的因素之一。

就張載對孟子論述「人何以為不善」的開展而言，則首需注意的當是「變化氣質」說。孟子論述人性，著重於突顯人之所以為人的普遍道德性。但是，對於人之賢、智、才、愚的差異性，卻並非他在討論人性論時的關懷重點。也因此，對於人在德行（道德實踐的具體活動）上所表現的差異性，孟子並沒有提出一套完整的理論說明。張載關於氣質之性的論述，正好補足這個人性論上的缺口。他一方面將人性論整合入氣論的解釋模型中，試圖透

46 張載承襲孟子義理，不僅指出外在環境會對人的氣質與行為產生影響。更進一步主張：有形的高樓廣廈（外在環境）雖能富麗人的形軀生命；但是，人若是能以體貼天理的無限道德仁心為安居，則人自然能「心和而體正」，使自身超越氣質之限，進而成就道德生命的完整。此亦即是孟子所謂「居仁由義」之理。

過個體之稟氣厚薄，解釋人在賢、智、才、愚上的差異性；另一方面，也可依人之氣質美惡，說明何以有些人在德性表現上較爲敏捷，而有些人需要更多的努力才能擺脫習氣的限制。值得注意者有二：其一，張載雖說人的氣質之性會影響人流於不善，但是他並不認爲，氣質之性決定了人當爲不善。換言之，氣質之性並非指人有本性惡的一面。其二，張載雖認爲氣質美惡可以影響人的德行表現；但是，他反對將氣質美惡視爲人之德行的決定項。[47] 所以，他提出變化氣質說，主張：「**氣質惡者學即能移，今人所以多為氣所使而不得為賢者，蓋為不知學**」(《經學理窟．氣質》)。張載認爲，人的氣質限制並不能決定人之德性生命是否得以圓現。爲善或爲惡，是操自於人能否依循道德心性而行爲。因此，人之氣質惡者，也能夠透過「學」，進而變化氣質，契入成聖成賢之道。他甚至重新詮釋孔子所言「唯上智與下愚不移」之說，表示：「**上智下愚不移，充其德性則為上智，安於見聞則為下愚，不移者，安於所執而不移也**」(《張子語錄．語錄上》)。由引文可知，張載不將氣質之限視爲人在德行表現上的決定項，而是以人能否自發的超越氣質之限，視爲人成德與否的關鍵。因此，所謂上智下愚之「不移」，端賴於人是自覺的變化氣質而爲「上智」，或陷溺於氣質之中而成爲「下愚」而已。由此亦可知，張載雖以氣質之性說明人在德行表現上的差異，但關懷的重心仍是肯定人之道德性，強調人能自發的超越形軀生命之限制，實現道德生命之完

47 〈誠明〉曰：「**湛一，氣之本；攻取，氣之欲。口腹於飲食，鼻舌於臭味，皆攻取之性也。知德者屬厭而已，不以嗜欲累其心，不以小害大、末喪本焉爾**」，張載透過氣論說明，正由於氣有攻取之欲，人的氣質之性會使人無法不留意形軀生命的種種需求。但是，人如果只陷溺於氣質之性中，就是捨本逐末的行爲。他更指出，若是人將氣質之惡視爲自己無法成爲聖賢的決定關鍵，則根本就是畫地自限、自我放棄的舉動。

整的道德創造性。

三、張載對孟子論述「人如何復顯其善」的承繼與發展

作爲一種實踐哲學，在孟子思想中，不僅需指出人性爲善，而更應當說明人如何避免流於惡，並且顯現其本有之善。對於此，孟子主張通過存養擴充的心性修養，作爲人復顯善性的實踐工夫。這又可由三方面著手，即：1.求其放失之本心，[48]2.擴充四端之心，[49]以及 3. 由外在環境的砥礪激發，使心志專一不懈。[50]

48 由於孟子指出，人之所以爲不善，是出於良心放佚流失之緣故。因此，若要使人復顯其內在本有的善性，則首當由「求其放失之本心」著手。孟子曰：「學問之道無他，求其放心而已矣」(〈告子上〉) 即是此意。至於人應當如何「求其放失之本心」，孟子則指出可由寡欲的方式以養心，由此避免良知本心在欲望的競逐中迷失。在〈盡心下〉中，孟子表示曰：「養心莫善於寡欲。其為人也寡欲，雖有不存焉者，寡矣。其為人也多欲，雖有存焉者，寡矣」，孟子指出，若人能通過寡欲的修養工夫，使良知本心脫離日常生活中「物交物而引之」的外在誘因，便能使自身從心猿意馬的迷失狀態中超拔，重返其如如朗現的良善本性。

49 在〈盡心下〉中，孟子曰：「人皆有所不忍，達之於其所忍，仁也；人皆有所不為，達之於其所為，義也。人能充無欲害人之心，而仁不可勝用也。人能充無穿窬之心，而義不可勝用也」孟子指出，「惻隱之心」、「羞惡之心」、「辭讓之心」，以及「是非之心」」是仁、義、禮、智等德性之端，尚需要擴而充之，才能使仁心的靈明照見，時時指引著行動之合宜。例如，孟子便指出，不忍人之心只是「仁心」之端倪，是人之所以爲人之能是的發端，需要靠存養擴充的工夫使這靈明之端得以發展爲全體大用，使日常行爲舉止無不合宜，不因外在處境而有所變更。根據〈公孫丑上〉記載，孟子比較自身與告子之「不動心」的不同，並指出因告子之「不動心」乃是以虛靜隨順的方式自絕其心於外界擾動　。但是，孟子所謂之「不動心」，則是以仁心的靈明照見爲指引，在事事之中都能依義而行、舉止合宜。因此，孟子所謂的「不動」，是不以外界情境、內在欲求，改變由仁心所彰顯的應爲之路。若人能時時存養四端之心，並擴充之，則人之道德本性即能時時朗現。人的行爲處事亦能順應良知良能的指引，而不會流於惡。

50 在〈盡心上〉中，孟子曰：「人之有德慧術知者，恆存乎疢疾。獨孤臣孽子，其操心也危，其慮患也深，故達」此即表示，孟子認爲外在的環境不僅有

就張載對孟子論述「人如何復顯善性」的承繼而言，可以分爲三點說明：其一，張載承襲孟子由「寡欲」而復顯人性之善的觀點。他同意孟子的觀點，認爲道德本心的放失，是使人陷溺於惡的關鍵。當人陷溺於欲望的競逐時，其本然的善性也隨之迷失不顯。在《經學理窟．學大原下》中，張載曰：「**天下之富貴，假外者皆有窮已，蓋人欲無饜而外物有限，惟道義則無爵而貴，取之無窮矣**」，他不僅明確的指出，由於人的物欲無窮而外物有限，是以人的物欲永遠難以滿足。他還借用孟子對於「天爵」與「人爵」的區分，[51]表示人應當避免生命耗損在求之未必可得的名利（人爵）競逐上，而應當選擇與生俱來的道德本性（天爵）。其二，張載承襲孟子以存養道德本心而復顯人性之善的觀點。張載曰：「**孟子亦只言存養而已，此非可以聰明思慮，力所能致也**」（《經學理窟．氣質》），他不僅表示存養道德本心是孟子性善論中最爲

誘使人趨向感官耳目之欲的誘因，也提供人在面對爲難時，使良心自覺挺立的契機。在〈告子下〉中，孟子則更明確的說：「**……故天將降大任於是人也，必先苦其心志，勞其筋骨，餓其體膚，空乏其身，行拂亂其所為；所以動心忍性，曾益其所不能。人恆過，然後能改。困於心，衡於慮，而後作。徵於色，發於聲，而後喻。入則無法家拂士、出則無敵國外患者，國恆亡。然後知生於憂患，而死於安樂也**」由此可知，在孟子思想中，危難的降臨有時正是磨練心志的時機。良知本心以靈明照見的方式指引人之行爲舉止合宜，然而合義的行爲卻往往是最爲艱困坎坷的路途。孟子以爲惡劣的環境並不是對於心志的挫折或打擊；相反的，正由於環境的不如人意，更能激發憂慮存亡之志，而使人依循良心行其所當行。因此說，處於憂患的環境中，往往造就堪當大任的人才。

51 在〈告子上〉中，孟子曰：「**有天爵者，有人爵者。仁義忠信，樂善不倦，此天爵也。公卿大夫，此人爵也。古之人，修其天爵而人爵從之。今之人，修其天爵以要人爵。既得人爵而棄其天爵，則惑之甚者也，終亦必亡而已矣**」，他指出：「仁義忠信」是天賦予給每一個人的尊貴資產，而且是人只要肯去追求，就能獲得者，此謂「天爵」。至於「公卿大夫」，這種人間的官位，既非人人與生本有，而且也不是只要努力就能獲得者，此謂「人爵」。孟子藉此表示，人不僅應當追求本然具備且求之必得的天爵，而不當捨天爵以求人爵。他並且認爲，人若捨棄天爵以求人爵，則人爵是不可能長久持有。

關鍵的修養工夫之一，而且指出人之道德心並非透過思辨知慮而能強求者。張載認爲，「養心」並非一種知解活動，而是在人倫日用中的具體實踐。因此，在《經學理窟·學大原下》中，他說：「多識前言往行以畜其德，非禮勿言，非禮勿動，即是養心之術也」，道德本心的存養不是人在思辨的世界中完成，而必當在生命中具體落實，方能復顯人之道德善性。其三，張載承襲孟子的觀點，認爲外在環境能砥礪激發人之道德決斷能力。在《正蒙·三十》中，張載曰：「困之進人也，為德辨，為感速，孟子謂人有德慧術知者存乎疢疾以此」，他表示，道德實踐並不是思辨世界中的空想，當人經歷生活中的困乏挫折時，更能顯出道德決斷的重要。君子與小人之別，亦在於君子是在困境中依良知良能而行，而小人則在困境中迷失本性、墮落於惡行。所以，張載認爲，外在困境有助於人者，就在於使人能通過真實的生命體驗，激勵道德心志的堅定專一。

就張載對孟子論述「人如何復顯善性」的開展而言，可以分爲三點說明：其一，從氣論上闡述人如何通過變化氣質，而復顯善性。《經學理窟·氣質》中曰：「變化氣質。孟子曰：『居移氣，養移體』，況居天下之廣居者乎！居仁由義，自然心和而體正。更要約時，但拂去舊日所為，使動作皆中禮，則氣質自然全好」，張載在此指出，「變化氣質」乃是對孟子之「居仁由義」的進一步開展。相較於孟子僅是將「氣」作爲闡述心性論時的輔助說明，[52]張載則試圖以氣論作爲闡述天人合一架構的基礎。張載以氣論說明

52 在《孟子》書中，分別於〈盡心上〉、〈公孫丑上〉，以及〈告子上〉等篇，提及「氣」字共 20 次。然而，儘管孟子在闡述人性論時，曾使用「浩然之氣」、「平旦之氣」，以及「夜氣」等概念。但是，相較於「心」、「性」、「天」及「命」等概念，在孟子思想中的核心地位。孟子尚未將「氣」概念發展成爲一套貫穿形上學與心性論的理論，而只是將「氣」作爲闡述心性論時的輔助說明。

人是在氣化活動中，一方面稟受天地之性而有道德性；另一方面，則由於氣化凝聚成形（氣質）而產生個體差異性（氣質之性）。他並表示人往往受到氣質之性的影響而流於不善。所以，人可透過變化氣質的工夫，轉化氣質之所限，而復顯人得自於天的無限道德性。《經學理窟・義理》曰：「為學大益，在自（能）〔求〕變化氣質，不爾〔皆為人之弊〕，卒無所發明，不得見聖人之奧。故學者先須變化氣質，變化氣質與虛心相表裡」，張載不僅表示「性於人無不善」，人人皆可通過後天的學習，轉變氣質對個人的限制。他更指出，爲學的目的，就在於使人能自發的復顯人本然具有的善性。因此，張載說：「氣質惡者學即能移」（《經學理窟・氣質》），若是以爲個人的習氣嗜欲較重而不能成聖成賢，則只是畫地自限而已。

其二，從「知禮成性」而言人如何復顯善性。相較於孟子直接由人之心性修養工夫，闡述人如何能復顯善性，成聖成賢。張載則將儒家的禮學融入心性修養工夫中，提出「以禮持性，知禮成性」的主張。張載認爲，「禮」乃是出於人性而制定。因此，若是人還受到個人習氣或外在環境的影響，而未能復見天地之性，則日常生活依據禮節儀文而行爲舉止，將有助於人持守本性。由《正蒙・至當》曰：「知禮成性而道義出」可知張載認爲，人能在依禮而行的道德實踐活動中，自發的復顯人本然具有的道德性。

其三，由「大心」說而言人如何復顯善性。《正蒙・大心》曰：「大其心則能體天下之物，物有未體，則心為有外。世人之心，止於聞見之狹。聖人盡性，不以見聞梏其心，其視天下無一物非我，孟子謂盡心則知性知天以此」，儘管「盡其心者，知其性也。知其性，則知天矣」（《孟子・盡心上》），是孟子陳述天人合一，直探人性之形上本源的關鍵句。但是，孟子並未明確的論證「盡心知性何以知天」。張載則提出「**大其心則能體天下之物**」的主張，由此論述「盡心知性知天」何以可能。他將人所擁有的知識區分爲二，一爲「見聞之知」，指以感官知覺接觸外物而獲得的經驗知識；另一則爲「德性之知」[53]，指人基於良知良能而對天理的領會。張載認爲，由於「德性之知」是以無限的形上天理爲認識對象。因此，在價值上，「德性之知」優先於僅以形下的有限個物爲認知對象的「見聞之知」。然而，人何以能獲得「德性之知」呢？張載發展孟子的「盡心」說，認爲人本然的即具備天德良知，但是人往往習慣於由見聞之知掌握世界，而陷溺於日常生活的物欲競逐中，以致於使良知良能隱而不顯。所以張載主張透過「大其心」的實踐工夫，使人能超越見聞之狹，而對天道生物之理能有全然的領會，進而實現成己成物的道德志業。[54]因此張載認爲，所謂的聖人即是能大其心而效法天地之體物不遺，故能在道德生命的具體實踐中，參天地、體萬物，而與天地合德，由此彰顯「天人之本無二」的哲學思維。

結　論

張載承襲孟子性善論，強調人性當即是人之道德創造性，亦即是人之所以爲人之根源。然而，由於二者在討論人性議題時，所關懷的重心並不全然相同。因此產生了以下的差異：首先，在孟子思想中，是透過突顯人與禽獸之不同，而區別出人性即是人

---

53 在〈誠明〉中，張載又將「德性之知」稱爲之「天德良知」。

54 張載承襲孟子盡心知性以知天的形上進路，認爲仁心（道德本心）之感通無礙有明見價值理序的能力，此一能力不僅在於明照人倫社會秩序，同時也洞悉萬有在存在界各自的價值。通過仁心的發用，不僅能揭露人對剛健不息之天道生生（誠）的先行領會，並且人也應以此作爲成己成物的典範。這正是〈西銘〉所謂：「**民，吾同胞；物，吾與也**」的仁者胸懷。

之道德性。並依此闡述人之所以爲人所應當盡的性分。至於萬物是否根本不具備道德性？抑或是萬物雖具有道德性卻無能自發顯現？均非孟子所關心。但是，在張載思想中，所欲深究的主題已經不再是人是否具有道德善性，而是著重於證成天人合一的可能基礎。因此，當張載以氣論爲模型闡述儒家義理時，他是將性善論整合於氣論的詮釋架構中，並依此發展出「天地之性」與「氣質之性」的人性論架構。在此架構中，張載一方面從氣論上說明天道是如何下貫於性命。另一方面，也由於天道是萬有之所以存在的唯一基礎；所以，張載必然推導出萬物均稟賦天地之性，而非僅有人所獨得天地之性的結論（「**性者萬物之一源，非有我之得私也**」）。其次，孟子雖言「盡心知性以知天」，卻並未明確表示天如何授與道德性於人，也未曾表示人性之內容意義與天之內容意義完全等同。張載則以氣論爲模型，說明天道如何下貫於人之性命，並由此證成「**天道即性**」的論述，明確指出人所稟賦於天的天地之性與天之性的內容意義是全然相同。最後，面對性善論所必然遭遇的質疑：「人性善，人何以爲不善？」，孟子認爲是由於「外在環境的影響」及「內在道德本心的放失」這兩方面的因素。張載亦承襲孟子的觀點，不過更進一步透過「氣質之性」，說明人在德行表現上，何以產生差異性。張載指出，人性即人之道德性（天地之性），是人稟受於天，而人人普遍均有者。人之所以在德行表現上有所差異，並非人稟受的天地之性有質量的差別，而是由於人在氣化成形的個體化活動中，所受到的形質限制（稟氣厚薄）有所差異。換言之，張載一方面承襲孟子性善論的立場，認爲人性必然是「我固有之，人皆有之」的道德創造性；另一方面，也能說明人在德行表現上的差異性。這正是張載對孟子性善論的承繼與開創。

第五章　張載哲學中的「理」與「禮」

在《張子全書・序》中，朱軾曾引薛思菴之言，曰：「**張子以禮為教，不言理而言禮，理虛而禮實也。儒道宗旨，就世間綱紀倫物上著腳，故由禮入最為切要，即約禮、復禮的傳也。**」[1]若順薛氏之言，似指張載僅注重具有實用價值之禮，而罕言創化生生之天理。但是，這顯然與張載身爲北宋理學先驅的身份不合。實則橫渠先生雖強調「禮」具有安立社會秩序的實用價值，卻並非不言「理」。在其著作中，多次出現「天理」(《正蒙・神化》)、「義理」(《經學理窟・義理》) 和「窮理之學」(《正蒙・太和》) 等詞語，而他甚至直接宣稱：「**蓋禮者理也**」(《張子語錄・語錄下》)。由此可知，張載不但言「禮」，而且也十分重視「理」。現在的問題是，既然「禮」是用以規範人倫秩序，而「理」則是安立天地萬有存在價值的形上根源，[2]那麼張載又是如何說明人間之「禮」

1 張載撰；朱熹注，〈朱軾序〉，《張子全書》(台北：中華書局，1966 年)。

2 在《經學理窟・義理》中，張載曾提及「**學不能推究事理，只是心粗**」，「事理」在此可從兩方面論說：首先，「事理」可指「使一事之成，所具當然之理」，唐先生即將「事理」界定爲「成就辦理個人及社會人群之事之理」，由於此事理乃蘊含在具體事件中，因此事理亦即是具體的、特殊的，屬形而下之理。然而，誠如唐君毅先生所言，若不以義斷是非而論事理，罕不流於只重逆順成敗功利之論。人必須由知性理以達天理，才能統攝宇宙人生之大理。由此可轉入張載論「事理」之另一面向，亦即事理亦須以人之道德判斷與存在之「理」間的關係呢？

本文主旨在於重新探討張載哲學之「禮」與「理」的關係。基於此，本文的研究次第將分成以下四個步驟：首先，指出在張載哲學中，實以「理」爲「禮」之形上根源，「禮」即是大道流行之「理」在天地間所具體展現的秩序性。其次，說明張載是如何以「禮」作爲「理」之具體展現。再者，本文將討論，既然「禮」是天理之展現，張載又是如何解釋「禮」有時爲什麼會不合時宜呢？最後，本文將指出：通過「變化氣質」、「知禮成性」的入道門徑，橫渠先生爲學者經由禮之實踐以契合天德的修養工夫，提出新的詮釋進路。

第一節　「禮」之形上根源：「理」

張橫渠提出「理」作爲「禮」根源天地的形上依據。[3]換言之，

收攝之。張載以「**顏子未至於聖人處，猶是心粗**」說明「**學不能推究事理**」，在此雖只是一項比喻，但是卻不難發現，張載實已將「事理」上提至「聖人」之處論說。由於聖人乃是以無限之道德心成就事事物物，因此可知，張載乃是將具體特殊之事理收攝於普遍之性理、天理處安立。由此可說，在張載思想中，對於事理之討論，最終仍歸於普遍之價值根源處（天理）安立。唐君毅，《中國哲學原論．導論篇》（台北：台灣學生書局，1993 年），頁 23-83。

3 在《中國哲學原論．原道篇》第三卷中，唐君毅先生說：「**宋明理學家更有進于漢唐儒者者，則在自覺的追求倫理、政治、社會之道之形上學、心性論的根據，緣是而自覺的重新提出儒家人生理想，而自覺的肯定種種倫理政治社會之道**」，唐先生的洞見在於指出：宋明理學的特徵之一，乃是重新反省社會秩序的安立與天道心性間的關聯，進而主張在天道性命通貫爲一的義理骨幹中，一切倫理、政治與社會秩序，皆歸屬於同一價值之源。張載身爲北宋新儒學運動先驅之一，對於安立社會秩序之禮的討論，亦不背離此思想脈絡。唐君毅，《中國哲學原論．原道篇》第三卷（台北：台灣學生書局，2000 年），頁 424。

若論及「禮」與「理」的關係，即是回歸「禮之本」的問題。[4]在張載思想中，「禮」並不是某種基於約定俗成而有的外在規範，而是人對天道的體現與取法。基於此，張載認爲，禮不是僅關涉人間的事務，而是天地秩序的展現。張載甚至指稱，若將禮之根源僅歸屬於人爲者，乃是不知禮之本。張載曰：

> **禮不必皆出於人，至如無人，天地之禮自然而有，何假於人？天之生物便有尊卑大小之象，人順之而已，此所以為禮也。學者有專以禮出於人，而不知禮本天之自然，告子專以義為外，而不知所以行義由內也，皆非也，當合內外之道。**(《經學理窟・禮樂》)

由此段引文可以分析出以下幾個重要的觀點：首先，禮不依於人而有，即使無人存在於世，天地之間所展現的秩序性，即是「禮」之展現。基於此可知，若禮不依於人而有，則禮之根源不在於人，而由「**天地之禮自然而有**」則可知，禮之本根實源出於天地。其次，人是通過順承取法天地所展現的整體秩序性，而建立安立人間秩序之禮。最後，禮雖爲形上之理於存在界所展現之整體秩序，但禮之實踐卻是基於人之內在道德心性方能體證取法天地大化所展現的秩序性。因此，當人以「禮」安立人間的整體秩序時，實是取法天理流行所展現之秩序性作爲人間價值的規範。現在所必須討論的問題有二：

1. 天地以何種方式展現其秩序性，並作爲人間之禮的根據？
2. 人之內在道德本心何以能體證取法天地大化所展現的秩序性？

---

4 陳俊民先生即指出，張載對於禮的探討，乃是在禮之社會作用上，提出禮之本質問題。陳俊民，《張載哲學與關學學派》（台北：台灣學生書局，1990 年），頁 166。

關於第一個問題，張載認爲，大道流行生化萬物之時，使萬有呈現「**尊卑大小之象**」，這即是形上之理在天地間所具體展現的秩序性，而他稱之爲「天敘天秩」[5]。張載分別從大道生化萬物之時間順序與萬物並呈於天地間的高下相形說明：「何謂天敘天秩」。張載曰：

> **生有先後，所以為天序；小大、高下相並而相形焉，是謂天秩。天之生物也有序，物之既形也有秩。知序然後經正，知秩然後禮行。**（《正蒙・動物》）

所謂「天序」，即是從時間上指出，天生萬物自有其先後順序，故禮之於人，自有長幼老少之分。所謂「天秩」，即是從空間上指出，萬物並呈於天地之間自有大小高下之別，故禮之於人，自有高低貴賤之別。張載認爲，大道並非雜亂無章的生化萬有，而是有理有序的活動。換言之，天地萬物即是大道流行之和諧有序的具體展現。「禮」即是大道流行之「理」在天地間所具體展現的秩序性。在《橫渠易說》中，則是由形而上與形而下之分，指出「禮」乃是作爲「理」之具體化展現，張載曰：

> **「形而上〔者〕」是無形體者（也），故形（以）〔而〕上者謂之道也；「形而下〔者〕」是有形體者，故形（以）〔而〕下者謂之器。無形跡者即道也，如大德敦化是也；有形跡者即器也，見於事實（如）〔即〕禮義是也。**（《橫渠易說・繫辭上》）

張載以有無「形跡」（形體）分說道器，並且以爲大道生化萬物是無形體無方所，故其德潤萬物是無跡可循，屬形而上者；而

5 這種將天地所展現之秩序視同爲「禮」之觀點，並非張載所獨創，《禮記・樂記》曰：「**樂者，天地之和也；禮者，天地之序也**」即是將天地視爲和諧有序的整體，並以爲這種秩序性的展現即是禮之呈現。

禮義則是由天敘天秩所展現的高下順序或人間的尊卑貴賤得見，故有跡可循，屬形而下之器。值得注意的是，大道流行之理作爲人間之禮的依據，「禮」被視爲「理」之具體化展現，實有其關鍵性。正因爲「禮」雖秉之於天卻指向具體可見之事實，故基於禮乃天理之具體化而有跡可循，因此能作爲人取法於天理秩序之依循。然而，我們還可以進一步追問：爲什麼天地所展現的秩序性即是「禮」？再者，屬於地形地貌之實然與規範人之行爲的「禮」（應然）又有何必然關係呢？

對於這一點，雖然張載並未曾論及，但本文以爲可以從兩方面嘗試回答：首先，由萬物一體同源之觀點而言，張載將人與天地萬物視爲整體，並以氣化流行描述萬有之生滅變化。氣化流行不僅是有理有序的活動，而且正是在此一理序中，萬有得以生生不息。因此，氣化流行不是對萬有之生滅現象作一個與價值無關的觀察描述，而是指其活動本身即是價值之根源（天地之大德曰生）。在此意義下，當萬物基於氣之濁、礙、凝、聚而產生個別差異時，也同時具體呈顯出氣化流行之秩序性。此一秩序性也就不僅是從實然上表現生物之順序，或地形地貌的高下差別，而是呈現出一種安立天地人鬼的「價值理序」。張載亦曾說：「**禮即天地之德**」(《經學理窟．禮樂》)，禮不僅是一種秩序或規範，同時亦是最高價值的展現(天地之德)。基於此，安立天地萬有使其得以生生的秩序，同時也正足以成爲安立人間秩序的禮節儀文，或進一步說，此二者理應同一。其次，從「禮」的功能而言，由於「禮」是通過章疑別微安立人間秩序，[6]而天敘天秩又是萬有在具體化過

---

6 根據呂光華先生言，張載釋禮，其義與《禮記》相符。而《禮記．曲禮》曰：「**夫禮者所以定親疏，決嫌疑，別同異，明是非也**」，可知「禮」的主要功能是藉由章疑別微，使人能因應自身在人倫關係中的身份，而採取適當的行

程中基於個別差異呈現出長幼尊卑之象。基於張載「天人不二」的核心主張，人既然是天地萬有之一，則用以區別天地萬有的長幼尊卑之禮（天敘天秩），與通過章疑別微而規範人間倫常之禮，在作用目的上都是呈顯同一價值理序，故二者理應相行不悖。因此，天地所展現的秩序可以作爲人間之禮的取法。

關於第二個問題，張載是由人之道德本心能明照存在世界之價值理序，[7]而主張人心能體證天理流行之秩序性作爲安立人間秩序之禮。由張載對「孟告之辯」的討論得知，他認爲禮之實踐不是出於外在規範約束人的行動，而是根源於人之內在道德實踐能力。依照《孟子・告子上》可知，告子主張「仁內義外」之說，以爲「義」是一種外鑠的規範。在這個意義下，「禮」對人而言，僅是一種外在的行爲規範，人之道德實踐亦只是符應此外在規範

爲。這即是說，在張載思想中，「禮」是通過「別異」而呈顯出秩序性，使人在依禮定親疏、決嫌疑、別同異、明是非的活動中，展開有價值的行爲。由此可推證，若所謂「倫理」乃是在人倫的關係中展開有價值的活動，則「禮」之功能即是使人在人倫關係中，自覺的依照「禮」之別異性（禮天生自有分別），找到行爲舉止的依據。呂光華，〈張載之禮學〉，《孔孟月刊》第 22 卷第 2 期，1983 年 10 月，頁 31。

7 在《正蒙・太和》中，張載有言曰：「**合性與知覺，有心之名**」，如果說張載所重者乃是人之「道德本心」；那麼現在的問題是：此有「知覺」之心是否爲「道德本心」呢？由《張子語錄・語錄上》曰：「**只是心到處便謂之知**」，可知張載是由「心之發用」而言「心之知」。對於「心之知」，張載又有「聞見之知」與「天德良知」之分。由「心」對現象世界之感之而言，此心知屬聞見之知，以心之發用落在對天理之呈顯上，則心之知屬天德良知。由此可知，張載並非指人有兩種本質相異的心，其中一種屬於「道德本心」，而另一種爲「經驗知覺之心」。張載是從「心之發用」處而言心有兩種「知」的能力。又依據《張子語錄・語錄中》曰：「**太虛者，天之實也**」及「**太虛者，心之實也**」，由於張載是由太虛界定「心」之本質，又以天德良知優先於聞見之知，故可知張載是著重於心之德性義，將心視爲人之道德本心。朱建民先生即指出，心雖是偏重主觀地說形著義，而性是偏重客觀地說自存義，然由心所呈顯者即人之道德性的真實內容而言，則「心性是一」乃無疑者。朱建民，《張載思想研究》（台北：文津出版社，1989 年），頁 117。

而已。由於道德實踐的根源並非基於人之自發自覺，道德活動也就不具備實踐的主動性和必須性。然而，孟子認為禮之實踐有其內在根源，並不只是在行為上偶然的符合禮之節度規範，更在於人是順乎本心本性而知禮守禮，此即「由仁義行，非行仁義」。《孟子・離婁下》基於「人禽之辨」闡述此義，曰：「人之所以異於禽於獸者幾希，庶民去之，君子存之。舜明於庶物，察於人倫，由仁義行，非行仁義也。」這段引文有幾點是值得重視的：首先，「人之所以異於禽於獸者幾希」與其說是討論「人」與「禽獸」在邏輯定義上的不同，毋寧說，孟子在此處從形上學的層次揭露了「人之所以為人」的議題。其次，由於孟子主張：「君子所以異於人者，以其存心也。君子以仁存心，以禮存心」，可以得知「庶民去之，君子存之」者，即是人之良知本心。最後，對於「庶物、人倫」的明察，是順著本心而有合宜的行動，而非僅是外在的行為表現而已。因此，本心的感通明察是關聯著具體化的行動而言（「由仁義行」），外在行為表現亦必須是依循著本心的明察，才可說是有價值。基於上述各點可知，人生活在世界中，總處於種種具體化的情境中而有所行動。「心」有一明鑑價值的感通力，「明於庶物，察於人倫」正是指「心」通過這內外無礙的感通力而明照安立天地人我的價值理序，「心」不僅時時指引著人合宜的行動，更由於「心」之不忍、是非、辭讓，「心」本身就是合宜行動之發端。由乎此，孟子從「心」之不安不忍而欲化成一具體行動，說明人為何會選擇有價值的行動。也正基於這樣一種對於「價值意義」的明察、領會，而顯發「人何以異於禽於獸」。

張載引用孟告之辯討論「禮之實踐」問題，並指稱告子為非，亦即是接受孟子關於道德實踐的理論，並進一步闡發個人對「禮之實踐」的觀點。換言之，張載認為禮之實踐是：1.基於人之道德心性而有的活動，並非僅由外在規範形鑠而成。2.人能自發的知禮守禮，是基於人對規範整體存在界之價值理序的領會，這種領會同時也正是人對自身意義的開顯。張載曰：

> 敬斯有立，有立斯有為。敬，禮之輿也，不敬則禮不行。（《正蒙・至當》）

> 誠意而不以禮則無征，蓋誠非禮無以見也。誠意與行禮無有先後，須兼修之。誠謂誠有是心，有尊敬之者則當有所尊敬之心，有養愛之者則當有所撫字之意，此心苟息，則禮不備，文不當，故成就其身者須在禮，而成就禮則須至誠也。（《經學理窟・氣質》）

張載認爲，合於禮的行動與自覺依禮而行的心念意志是不可截爲兩端。所以，誠意與行禮並無分先後。《正蒙・中正》曰：「徒善未必盡義，徒是未必盡仁；好仁而惡不仁，然後盡仁義之道」，僅有良善之心未必能展現爲恰如其分的行動，好的動機也可能造成他人的困擾，而僅依據禮之形式行動卻未遵循良知本心，則「仁」之虛靈明覺義遂隱而不顯。因此，唯有由道德本心（仁心）而自覺地遵循禮節儀文的行動，才能盡仁義之道。若是行爲並非依據道德本心而發，則「禮」僅是徒具形式的虛文。徒具形式的守禮、行禮，根本無法彰顯禮之本質（「禮不備，文不當」），因爲缺乏良心自覺的行爲是空洞的肢體行動，並無法由領會天理以行禮，也不能在行禮中朗現天理。「禮」是人依據天所與我之天地之性，由內在道德本心領會天序天秩，而在行爲動作中呈顯天地生生之理。這即是說，「禮」是貫通天人的道德實踐活動，人亦是在道德實踐中彰顯人之所以爲人之存在意義。

張載承襲孟子思想，從人的惻隱、羞惡、恭敬以及是非之心之不安、不忍處，指出「仁心」總已經在生活世界中先行的領會了貫穿於吾人日常活動與道德實踐中的價值意識，是以在感物而動的當下能有是非、羞惡等等明善之能。當人依循「仁心」的當下指點而化為具體合宜的行動時，亦即充分的實現為善的能力，人就已經實現了人之所以為人之所「是」。因此，通過「心之感通明察」與「心之不忍而欲化成一具體行動」，正說明了「人之所以為人」的問題。也正是基於此，張載指出：禮之實踐乃是基於人對大化流行之理的全然領會。換言之，人對規範整體存在界之價值理序的理解並不是某種與行動無關的純粹思辨；相反的，它就是感物而動之仁心對存在世界價值理序的明察，並伴隨著仁心自覺的要求將此一明察具體化為價值實踐之行動，以成就人之所以為人之善。張載亦正是由此承襲孟子居仁由義之說，並且發展「知禮成性」[8]的主張。

第二節　「理」之具體展現:「禮」

在儒學的傳統中，「禮」是國家政治、社會倫常的經緯。張載

8 由《正蒙．大心》中的論述亦可知，張載心性論顯然承襲孟子「盡心知性以知天」的義理脈絡。現在的問題是，張載主張的是「知禮成性」或是「盡心成性」呢？此當可由兩方面論說：首先，由人之道德實踐的內在可能性而言，人是基於內在道德心性的顯豁，方能在具體的生活行動中自發的由仁義行，此即張載所言「心能盡性」之說。其次，由人作為一有限的具體存在者而言，人往往需要通過禮樂教化，方能轉化氣質之性以顯發天地之性。因此可說，禮是幫助人從日常生活中成就自身道德性的重要輔助。由此可知，「知禮成性」與「盡心成性」並不必然地在同一義理架構中造成理論上的互斥。在張載思想中，二者反而是相輔相成地存在。至於二者是否有先後之別？則從邏輯上而言，「盡心成性」屬於人之道德實踐如何可能之問題，故在邏輯上，「盡心成性」當是人之道德實踐上的優先條件。但若由時間上而言，人或許可通過行為舉止上的知禮守禮，才逐漸進入道德本心的自覺自發。因此，知禮、守禮可能在時間發生上先於盡心知性。關於張載「心能盡性」說及其對後儒之影響，可參見劉原池，〈張載「心能盡性」說對胡宏「盡心成性」說的影響〉，《哲學與文化》348 期，2003 年 5 月，頁 157-173。

曾爲禮官，[9]又對周禮十分推崇，[10]是北宋儒學復興運動中，最爲重視禮之實踐者。儘管張載關於禮學的專著多已散缺，[11]但是我們仍能從《正蒙》、《經學理窟》和《張子語錄》等書中，窺見他的禮學思想。

張載認爲，「禮」雖出於天理之本然，但是具體化的禮節儀文卻並非一開始便存在，而是由人觀察萬物殊象，並取法天敘天秩，方緣理以制禮。他曾說：「**蓋禮者理也，須是學窮理，禮則所以行其義，知理則能制禮**」(《張子語錄．語錄下》)，在這段引文中有幾點是值得留意：首先，張載明確的以「理」釋「禮」，這呼應了前文的討論，張載是將安立天地之理視爲規範人間之禮的形上根據。其次，「禮」是人之行爲活動是否合宜的準則，而對禮之掌握是和窮理之工夫有關。最後，制禮是出於人對於天理之體證，亦即是說：禮節儀文是人通過窮理的工夫體證，將天理流行所展現的秩序性具體落實於人間事務。基於上述各點可知，「禮」是人對天理之取法。然而，現下的問題是：「人取法天地之秩序性以建立人間之禮，是否僅依據對自然世界的客觀觀察？」

---

9 據〈呂大臨橫渠先生行狀〉(《張載集》，頁 381) 可知，張載曾「知太常禮院」，做過禮官。他退居之後，親自「**正經界，分宅裡，立斂法，廣儲蓄，興學校，成禮俗，救菑恤患，敦本抑末**」，以實際的行動在民間推廣禮教。呂大臨說他教學「多告以知禮成性變化氣質之道」，司馬光則稱他：「教人學雖博，要以禮爲先」(〈又哀橫渠詩〉，收入《張載集》，頁 388)。由此可知，張載是以實際的身體力行實踐他的禮學思想。

10 《經學理窟．周禮》曰：「**周禮是的當之書**」，可見張載十分推崇《周禮》的思想價值。顏淑君先生即指出，《周禮》對張載而言，是聖人之意、仁德之制。因此，在政治上，張載依據《周禮》主張當恢復封建制度、井田制度和宗法制度。顏淑君，〈論張載之理學思想〉，《孔孟學報》72 期，1996 年 9 月，頁 186-190。

11 張載關於禮學之著述，據《宋史》(台北：鼎文，1976 年) 可知，有《三家冠婚喪祭禮》五卷、《橫渠張氏祭儀》一卷等，然均已亡缺，其論禮之言今散見於《正蒙》、《經學理窟》和《張子語錄》等書。

關於這一點，張載認爲：人由知理以制禮的活動並非僅依據對自然世界的客觀觀察，而是源自於人之內在心性。張載曰：

> 「禮反其所自生，樂樂其所自成」[12]。禮別異不忘本，而後能推本為之節文；樂統同，樂吾分而已。禮天生自有分別，人須推原其自然，故言「反其所自生」；樂則得其所樂即是樂也，更何所待！是「樂其所自成」。(《經學理窟・禮樂》)

> 禮非止著見於外，亦有無體之禮。蓋禮之原在心。(《經學理窟・禮樂》)

> 禮所以持性，蓋本出於性，持性，反本也。凡未成性，須禮以持之，能守禮已不畔道矣。(《經學理窟・禮樂》)

由引文可分析出以下幾點：

1. 由「禮非止著見於外，亦有無體之禮」一段可知，「禮」並非僅由人對可見之物的觀察而建立，因爲儘管人類感官無法察覺，但天理流行依然有理有序的存在(無體之禮)。[13]張載此處雖未言明「無體之禮」所指爲何，不過由前述引文論及「形而上〔者〕是無形體者」、「禮者理也」及「禮即天地之德」，可知「無體之禮」一方面既可指天理流行德潤萬物而無方所、無形跡，另一方面也指其活動所呈顯的秩序性。
2. 由「禮反其所自生」與「禮之原在心」之詮釋可知，張載

---

12 引號內的文字出於《禮記・禮器》，原文爲「禮也者，反其所自生；樂也者，樂其所自成」，引號後之文字是張載針對本段引文所做的詮釋。

13 張載此處雖未言明「無體之禮」所指爲何，不過由前述引文論及「形而上〔者〕是無形體者」、「禮者理也」及「禮即天地之德」，可知「無體之禮」一方面既可指天理流行德潤萬物而無方所、無形跡，另一方面也指其活動的秩序性。

順承儒學傳統，將「心」視爲人之所以知禮、守禮的內在基礎，並且將緣理以制禮的活動視爲出於人對天理流行的真切體認。由一、二點合而觀之，可進一步推論：儘管山川地勢均可展現天敘天秩，但若是人僅將山川地勢的差異分別視爲物理世界的實然現象，那麼安立人間的規範與物理自然的現象間至多存在著類比的關係。此時，天是天，人是人，由天理流行安立天地人鬼之義也隱而不顯。張載反對天人異用，並且批判佛老之說乃是析天人爲二。因此，對於安立存在界整體秩序的價值理序之領會，不能基於對存在事物的屬性分析，而必須由「心」體證之。

3.由「**禮所以持性，蓋本出於性，持性，反本也**」一段可知：「禮」雖是取法天理而制定；但是，人之所以能自覺的知禮守禮，實由於禮制儀文本出於性。然而，若前文已說禮乃依於天理而制，此處又何以說「禮出於性」呢？這是否意味著張載在回答「禮之本源」的問題時產生了混淆？實則不然。首先，誠如前文所提，張載認爲禮之實踐乃是由仁義行，而不是無自覺的將行爲符合某些外在準則。換言之，張載並未僅將禮視爲一種由外在形鑠個人行爲的儀則規範。否則，人將只是偶然的在行爲上合乎禮，而無法達到自覺的知禮、守禮。因此，「禮」若要作爲安立人間秩序的規範，就不能違背人之本性，否則人將無法自發的遵守禮，是以說：「禮出於性」。其次，張載以一大源（清、虛、一、大）作爲天地萬有生滅變化之根據，由此主張人天實乃一體而同源，人與萬物皆由順承安立萬有之價值理序（天理流行所展現的天敘天秩）而生生不息。換言之，安立人間秩序之禮當與天地之理相通。再者，張載是在天道性命相通貫的前提下，肯認人之道德實踐亦即是天理流行之展現。

基於上述三點可知，人取法天理以爲人間之禮（外），而人所自發自覺遵守之禮必不可違背人之良知本性，是以說:「禮出於性」（內）；因此，當人自發的實踐禮，亦即是在充盡人之所以爲人之性分中彰顯天理流行。所以，張載認爲，禮之實踐乃是「**合內外之道**」，若人能守禮即已不背離天道（**守禮已不畔道**）。附帶一提的是，張載雖不認爲禮僅是外在的行爲規範，但是他卻並不否認禮具備導正人之行爲的價值。因爲禮既出於性，是以在引導限制人之行爲的過程中，能使人逐漸恢復本性之良善。因此，張載認爲禮能使人「持性反本」。

第三節　非禮之禮與時措之宜

若說人間之禮是取法於天理之有秩有序，而天理又具有普遍恆常的特性，那麼人間之禮似乎也應該如同天理一般永世不移。然而，就歷史發展而言，人間之禮有時竟會淪爲徒具形式的僵固教條，成爲束縛人心的桎梏枷鎖，這顯然與天理之普遍恆常性不合，而使得禮根源於天地之理的說法出現困境。這是否表示禮並非天理之展現？若是不然，張載又是如何解釋不合時宜之禮？關於這些問題，可由二方面分別討論：

其一，張載認爲「禮」必須合乎時宜，徒具形式的禮制儀文無法安立社會秩序，而僅是「非禮之禮」。張載曰：

> **時措之宜便是禮，禮即時措時中見之事業者，非禮之禮，非義之義，但非時中者皆是也。**（《經學理窟・禮樂》）

> 然非窮變化之神以時措之宜，則或陷於非禮之禮，非義之義。(《正蒙・大易》)
>
> 非禮之禮，非義之義，又不可〔以〕一概言，……。時中之義甚大，須是精義入神以致用，〔始得〕觀其會通以行〔其〕典禮，此則真義理也；行其典禮而不達會通，則有非時中者矣。(《經學理窟・禮樂》)

上述引文可以分析出以下幾點：首先，張載以是否切合「時中」，區分「禮」與「非禮之禮」(「禮」必須切合時中，禮若是不合時宜，則是「非禮之禮」)。其次，張載認爲：當禮無法作爲人立身處事的依據，並且可能使人反受禮所束縛，則禮原先通過章疑別微而安立天下的功能不再，此時的禮制已背離禮之初衷，而有調整的需要。再者，張載認爲，禮是人之行爲舉止之引導，而非人之行爲的枷鎖，禮制之制定與禮之實踐必須能暢達人情，故「非禮之禮」不可一概而論。[14]最後，張載是由「窮變化之神」而論「時措之宜」。換言之，若說「禮」必須切合時宜才能發揮功效，那麼建立具體禮制則必須通過「窮神知化」的工夫，才能切合時宜。

其二，張載亦論及禮之「權」，使禮能因時制宜、不致於僵化。禮作爲維持人倫秩序的普遍原則，有時可能面臨某些特殊狀況，這些特例合乎人情卻有違禮法，但是又並不意味著「禮」已經與

14　《經學理窟・禮樂》曰：「非禮之禮，非義之義，又不可〔以〕一概言，如孔子喪出母，子思〔不喪出母，又不可以子思〕守禮為非也」，張載以孔子和子思爲例，指出二人的行爲有不守禮與守禮之別，若是不知變通的僅以「禮」爲唯一標準，則孔子、子思二人必有一人的行爲是錯誤；但是孔子依人情之所當然而爲，子思卻以禮並不違背人情而當守，可知二者之舉皆無違天理人情。由此可知，「禮」當合乎時宜，不可將禮儀節文就視爲「禮」之本質，而應從「禮」是否足以彰顯天理人情而守禮、行禮。

時代脫節而必須改變，此時即需要在不違背禮之基本精神的前提下，考慮變通禮之實踐，此即禮之權。孟子即曾提出「經權原則」，作為將普遍原則應用於具體情境時的指導方針。[15]張載曰：「**權，量宜而行，義之精，道之極者，故非常人所及**」(《張子語錄・語錄中》)，張載與孟子均體認：道德行為實踐所依據的不是僵固的教條，而是作為行為判斷指引的仁心。若是禮制儀文僅是以僵死的教條規範人的所有行為時，事實上，不但無法如實的指導人在各種不同具體情境底下應該如何行為，而且更是殘害了仁心的感通無礙，破壞了普遍道德原則如何有效應用於具體情境中的基礎。

由前述討論可知，儘管張載將「禮」視為天理之展現而應分享其恆常性；[16]然而，為了回應禮制何以會與時代脫節而窒礙難行的質疑，張載指出禮必須要切合「時中」。換言之，禮必須要能順乎人情、因時制作，才能充分發揮安立天下的功能。[17]再者，若是禮制仍能反應時代民情，僅是面臨某些特例而需變通時，張載提出「禮之權」。如此一來，一方面可以避免僅將禮視為不可變

15 例如，在《孟子・離婁上》中，淳于髡與孟子爭論「嫂溺，應不應該援之以手」的問題。孟子指出，誠然「男女授受不親」是規範日常行為的「禮」；但是，當具體情境是嫂嫂溺水時，人其實是應該遵循作為一切道德基礎的仁心，及時伸出援手，否則與禽獸無異。也正基於此，孟子會特別批判楊朱、墨翟「執中無權」是賊害大道的行為。

16 張載曰：「**禮亦有不須變者，如天敘天秩，如何可變**[16]」，這是將「禮」提升至「理」的地位，而由天理流行之普遍恆常性，進一步陳述「禮」所展現的秩序性應如「天敘天秩」一般亙古不變。

17 由於張載認為「禮」不僅是個人道德行為的規範，還是治國之常道。因此，張載對於「不合時宜之禮」的看法，也反映在他的政治態度上。《橫渠易說・繫辭下》曰：「**凡變法須是通，『通其變使民不倦』，豈有聖人變法而不通也？**」張載認為，政治制度當以禮為基礎，所以當執政者訂立法政制度時，當如同體貼天理以制禮一般，窮神知化而通權達變。若是所訂立的制度出現難以推行的情況時，則執政者當反省制度是否已經上無法彰顯天理、下無法順通民情，而必須應時變化，方能推行無礙。

通的條文儀則，使禮則爲僵固的教條；另一方面，也可以在不需改變整體禮制的情況下，使人情得以暢達。

第四節 知禮成性與變化氣質

張載不僅由「理」重探「禮」之形上根源，而且藉由知禮成性與變化氣質說，將禮之實踐與學禮之目的都一併納入他「天道性命貫通爲一」的思想脈絡中討論。張載認爲學禮之目的在於掃除人固陋之習氣，使人能持存人之所以爲人之善性。張載曰：

> 某所以使學者先學禮者，只為學禮則便除去了世俗一副當〔世〕習熟纏繞。譬之延蔓之物，解纏繞即上去，上去即是理明矣，又何求！（《張子語錄下》）

張載認爲，學禮可以使人去除俗習纏繞。但是，學禮不僅是爲了從外在約束人的行爲，使人被動的遵守社會的規範。如果禮本出於性，則人是在學禮、守禮與行禮的過程中，使外在行爲出於自覺地合乎內在的天德良知，此亦即是張載所謂：「合內外而成其仁」（《正蒙・三十》）。因此，當張載指出學禮旨在使人掃除陋習、持性反本時，他就不是單從外在行爲規範的層次論學禮之目的，而是將整個問題提昇至人性論與形上學的層次討論。

在張載的「本體宇宙論」[18]中，他是以氣化描述天理流行。[19]

---

18 所謂「本體宇宙論」，依牟宗三先生之意，乃是主張：天命流行之體（一切存有的形上根源），是即存有即活動之本體。吾人可由「氣化之變」中，隨事著見「於穆不已」之天命實體，而不可將「氣化之變」視爲本體。換言之，雖然作爲萬有造化根源，此天理流行之體本身實無所謂變化流行，但是若從「事」見「體」，則「體」具體而真實，絕非虛妄空掛。牟宗三，《心體與性體》第二冊（台北：正中書局，1968 年），頁 126-128。

他一方面由「氣」之聚散說明具體個物是如何產生；另一方面則表示，正由於每一個人都是氣化生物下的具體存在，而氣化生物又是氣由無限綿延轉化爲有限個物的活動（清虛無礙之氣由清轉濁、由濁而礙、由礙而形的活動歷程），所以人皆以其有限性本然地存在於天地之間。至此，張載所要面對的問題是：人作爲有限的存在個體，如何能朗現無限的天理？這就回到了張載對人性的討論。張載認爲，人（作爲具體的個別存有者之一）兼具氣質之

---

19 在《正蒙．太和》中，張載曰：「**由氣化，有道之名**」，而在《正蒙．乾稱》中，則說：「**語其推行故曰『道』**」。因此，以氣化、流行、推行、過程描述道之生化活動，當不背離張載思想。然而，值得注意的是，在張載思想中，以流行描述道之活動並非與價值無關地陳述宇宙生化的過程。牟宗三先生即表示，「太和所謂道」一語，是對于道之總持地說，中含三義：1.能創生義，2.帶氣化之行程義，3.至動而不亂之秩序義，張載雖喜就氣化之行程義說道，但並非指實然平鋪之氣化即是道，亦必有根源義、創生義始可。關於這一點，亦可由張載文獻中得證，《橫渠易說．復卦》論及「天地之心」時，有言曰：「**天地之大德曰生，則以生物為本者，乃天地之心也。地雷見天地之心者，天地之心惟是生物，天地之大德曰生也**」，張載發揮復卦之義，以爲「復」並非復歸於靜止，而是天地之道在往復不息之歷程中展現生物不窮之大德。換言之，大道以「生生」之方式推行（流行、過程），而此生生之歷程正是使天地萬有能如其所如而存在之所以然，故此歷程本身即是一最高價值之活動，而稱之「大德」。誠如方東美先生所言：「**『宇宙』在中國的智慧看來，也充滿了道德性和藝術性；所以基本上來說，它是個價值領域，這一點與西方哲學大不相同**」（《中國人的人生觀》）。大道流行不當僅只是對宇宙生化過程的描述，而當是指在道之暢達無礙之流行中，正所以展現生化萬物之大德。此即表示，道作爲一切存有與價值之基礎，乃是指其生化萬物之活動本身即是價值活動之展現。更進一步說，體道之聖人當取法天道生物之德，以作爲建立人間價值秩序的基礎。基於此，當《周易．繫辭下》曰：「**天地之大德曰生**」，指出道在天地間造化萬物之活動並不只是一種實然的描述，而同時也表示：道作爲使萬物得以生生不息之所以然，其使萬物得以生生的活動歷程即是天地之大德。張載則承此而言，天地生物與人間理財養物實應秉持一貫之道（《張載集》，頁 211）。張載，《張載集》；馮友蘭，《中國哲學史新編．第五冊》（台北：藍燈文化事業股份有限公司，1991 年），頁 136-137；牟宗三，《心體與性體》第一冊（台北：正中書局，1990 年），頁 439-440；方東美，馮滬祥譯，《中國人的人生觀》收入《中國人生哲學》（台北：黎明文化事業股份有限公司，1983 年），頁 123。

性與天地之性，故雖爲一有限的存在，卻能體證天德良知，而可通過修養工夫，超越有限的形軀生命，成就無限的道德生命，成爲與天地一體而化之存在。換言之，人需要通過「變化氣質」的修養工夫，在道德上成爲一個即有限而可無限之聖人。

「變化氣質」是張載最重要的修養論主張。[20]若說張載是以氣化說破除「天人二本」之謬見，變化氣質說則在於闡發先秦儒學希聖希賢的成德之教。[21]在論述變化氣質說前，當先說明「何謂氣質？」。張載所謂「氣質」，並非將「氣」視爲一種質料或物質。所謂「氣質」，乃是指氣凝聚成形時，人與物所稟氣之性。張載以太虛之清通無礙描述天理流行之剛健不息，並且以氣之濁、礙、凝、聚說物之所以具體成形。《正蒙・太和》曰：「**游氣紛擾，合而成質者，生人物之萬殊**」，「游氣」，王夫之注曰：「**氣之游行，即所謂升降飛揚**」[22]。可知具體之物是由氣化凝聚所成，且在此合而成質的活動中，萬物也產生分殊。基於此，有二點值得注意：1.人與物皆稟氣而有其性，是以萬有之性同出一源。《正蒙・太和》曰：「**性者萬物之一源，非有我之得私也**」這即是說，在大化生生的活動中，人與物皆稟氣而生，其差別並不在於二者之性的根源不同。2.人與萬有之別，則在於稟氣清濁相異。[23]

---

20 誠如陳振崑先生所指出，張載盡心成性之關鍵所在，就在於是否能變化氣質之性。換言之，人是否能突破氣質之所限，進而朗現天地之性以實踐德性生命，就在於人是否能「變化氣質」。陳振崑，〈從整體性的觀點與「一體兩用」的思惟理路，重建張橫渠的天人合一論〉，《華梵人文學報》第 6 期，2006 年 1 月，頁 149-184。

21 《宋史・道學傳・張載》曰：「**知人而不知天，求為賢人而不求為聖人，此秦漢以來學者之大蔽也**」，可知張載認爲，「天人二本」之說與「學不求爲聖人」的態度，乃當時學界的積弊。《宋史》第十六冊，頁 12724。

22 王夫之，《張子正蒙注》（上海：上海古籍出版社，2000 年），頁 96。

23 現下的問題是，人與鳥獸草木之生既然同出一源，那將如何說明人可以通過變化氣質完善自身，而草木鳥獸不能呢？《張子語錄・後錄下》曰：「**凡**

其次，「氣質」既然是指氣之由清反濁，因濁則礙，由礙而形。那麼，人往往也因爲此氣質之礙，而尚未全然朗現天理流行，未能使天道性命相通貫。《正蒙・誠明》曰：「**形而後有氣質之性，善反之則天地之性存焉。故氣質之性，君子有弗性者焉。**」可知張載認爲，有德之君子所追求的目標並非由「形」而有的氣質之性，而是追求與天理流行清通無礙的天地之性。所以，既然張載認爲「學不求爲聖人」是秦漢以來一大障蔽，而聖人當是盡心知性而知天者。如此一來，則消融天人之隔就是希聖希賢之教所必須論及的修養工夫。換言之，變化氣質之目的在於打通天人之隔，使人能通過修養工夫，而在吾人之道德實踐活動中如如朗現天理流行。

最後，我們當問：「人當如何變化氣質？」。關於這個問題，我們可以由下述張載的文句中得知，曰：

> **性於人無不善，繫其善反不善反而已。**（《正蒙・誠明》）
>
> **變化氣質。孟子曰：「居移氣，養移體」，況居天下之廣居者乎！居仁由義，自然心和而體正。更要約時，但拂去舊日所為，使動作皆中禮，則氣質自然全好。**（《經學理窟・氣質》）
>
> **氣質惡者學即能移，今人所以多為氣所使而不得為賢者，蓋為不知學。**（《經學理窟・氣質》）

物莫不有是性，由通閉開塞，所以有人物之別，由蔽有厚薄，故有智愚之別。塞者牢不可開，厚者可以開而開之也難，薄者開之也易，開則達於天道，與聖人一。」張載認爲，正由於天地萬物各具其形，因此儘管萬物都共同稟受天地之氣，但是基於所受到的形質窒礙（通閉開塞）不同，而超越此本然限制以實踐天理的能力就有所不同。換言之，由於人比物所受到的形質限制少，因此人比物更有實踐天理的能力。由此而有人、物之別。張載不僅以此解釋人物之別，也由此說明人何以有智愚之分。

> 為學大益，在自（能）〔求〕變化氣質，不爾〔皆為人之弊〕，卒無所發明，不得見聖人之奧。故學者先須變化氣質，變化氣質與虛心相表裡。（《經學理窟．義理》）
>
> 禮所以持性，蓋本出於性，持性，反本也。凡未成性，須禮以持之，能守禮已不畔道矣。（《經學理窟．禮樂》）

由上述引文可知，張載認爲變化氣質之修養工夫可由幾方面實踐：

1. **善反**：張載認爲人人皆具備天地之性，因此皆能超越形質之限制，變化氣質成爲聖人。其中關鍵在於人是否自覺的「反身而誠」。若是人能立志持存善反之工夫，則作爲道德實踐之內在根源的天地之性，就會如如朗現。
2. **學**：張載指出，人無不善，人人皆可通過後天的學習轉變個人的氣質。若是以爲個人的習氣嗜欲較重而不能成聖成賢，則只是畫地自限。張載認爲讀書與博學都是人進德修業的重要途徑。《經學理窟．義理》曰：「讀書則此心常在，不讀書則終看義理不見」，張載將四書及六經都列爲學者應該時常閱讀的經典。並且將書籍的閱讀由知識的積累提昇至德性的轉化。不過，張載並未教人死讀書，而是認爲明察人倫庶物，廣博的學習，都同是窮理盡性的方式。
3. **虛心**：張載認爲「變化氣質」與「虛心」相表裡。但是，張載所謂「虛心」不同於老莊所言。《張子語錄．語錄下》曰：「毋四者則心虛，虛者，止善之本也，若實則無由納善矣。」可知張載所謂「心虛」，乃是孔子所言之「毋意，毋必，毋固，毋我」（《論語．子罕》）。張載指出，若是人心全被偏見與獨斷充滿，那麼就無法廣納善言，也無法打開人我之隔，成就感通無礙的仁者之境。換言之，張載論及虛心，乃是爲了朗現人之所以爲人的道德本心，由體物不遺的仁心，而成就興滅繼絕的志業。所以，《張子語錄．語錄中》曰：「虛心然後能盡心」。

4.**以禮持性，知禮成性**：張載認爲，有志於學者，所首要學習的就是成爲一個頂天立地，不愧爲「人」之名的仁人，《張載語錄．語錄中》曰：「學者當須立人之性。仁者人也，當辨其人之所謂人。學者學所以為人。」換言之，張載認爲，充盡人之所以爲人之性分，乃是學者所首先應立的目標。然而，張載洞見天理人欲在人生命中的糾葛纏繞，認爲成就人之所以爲人之性分之道，本就是一不間斷之道德抉擇的歷程。《正蒙．誠明》曰：「德不勝氣，性命於氣；德勝其氣，性命於德。窮理盡性，則性天德，命天理，氣之不可變者，獨死生修夭而已。」張載明確指出，人雖受氣質之限制而爲有限的存在個體，但是除了死生壽夭之事非人力所能改變，一切官能習氣上的限制，人都可以自覺地由道德實踐工夫變化氣質，使人超越氣質之性的限制，而在道德生命上，成爲即有限而可無限之存在。張載以「禮」作爲人能去除習氣之累、克己知義的方法，《經學理窟．學大原上》曰：「學者且須觀禮，蓋禮者滋養人德性，又使人有常業，守得定，又可學便可行，又可集得義。」張載認爲，「禮」既是出於人性而制訂。因此，若是人還身受個人習氣或外在環境的影響，而未能復見天地之性，則日常生活依據禮節儀文而行爲舉止，將有助於人持守本性。[24]而由

24 林尹先生曾言張載：「至論變化氣質之功，則由於居仁由義，動做中禮」換言之，「禮」乃是張載用以教人變化「氣質之性」的重要工夫。林尹，《中國學術思想大綱》（台北：台灣商務印書館，1979年），頁196。

《正蒙·至當》曰:「**知禮成性而道義出**」,可知張載認爲,禮不僅是人之行爲活動合宜與否的準則,而是當人日常生活之行爲舉止都能自覺地合乎以天理爲根源之禮的規範,則人就是透過人間事務而展現天理之秩序,將自身生命上提至與天理爲一的境地。

張載提出變化氣質說以承繼先秦儒學的成德之教。由超越氣質之性而論及成聖如何可能的問題。並且指出,人能通過變化氣質的修養工夫,實現人之所以爲人之性分,這即是所謂:「知禮成性」。但是,在張載哲學中,知禮成性並不僅止於個人的德性修養,使人持存善性。[25]更重要的是,要人基於天德良知更往外推己及人,成就興滅繼絕之事功,[26]由此使社會和諧安寧,達至安立天下之目的。[27]這種人生志向尤其見於張載的這段話中,曰:「**為天地立志,為生民立道,為去聖繼絕學,為萬世開太平**」[28](《張載語錄·語錄中》),張載承襲孟子盡心知性以知天的形上進路,認爲仁心(道德本心)之感通無礙有明見價值理序的能力,此一能力不僅在於明照人倫社會秩序,同時也洞悉萬有在存在界各自的價值。通過仁心的發用,不僅能揭露人對剛健不息之天道生生(誠)

---

25 黃麗香先生即指出,「禮」在張載思想中的作用有四:(1)改陋習,(2)持善性,(3)使人可以立,(4)厚風俗、固國本。黃麗香,〈張載之禮學〉,《孔孟月刊》25 卷第 7 期,1987 年 3 月,頁 27。

26 《經學理窟·禮樂》曰:「**禮者聖人之成法也,除了禮天下更無道矣。欲養民當自井田始,治民則教化刑罰俱不出於禮外**」,張載認爲「禮」是聖人安立天下之治道,因此,「禮」不只是個人修養道德行爲的儀則,「禮」也是教化刑罰、經濟制度等等國家制度的重要典範。

27 《宋元學案·橫渠學案下》曰:「**管攝天下人心,收宗族,厚風俗,使人不忘本,須是明譜系世族與立宗子法**」,《宋元學案補遺》卷十七〈周禮說〉記載:「**宗法立,則人知所自來,而恩義立,國家之本豈得不固?**」,可知張載將「禮」視爲敦厚風俗、鞏固國本的基石。

28 《宋元學案·橫渠學案上》另記爲:「**為天地立心,為生民立命,為往聖繼**

的先行領會，並且人也應以此作爲成己成物的典範。這正是〈西銘〉所謂：「**民，吾同胞；物，吾與也**」的仁者胸懷。[29]

結　論

張載以理爲禮之形上根源，而將禮視爲理的具體展現。安立天下的事功當從「禮」之奠定始，而「禮」之足以安立天下又是基於形上之「理」。張載論「禮」的獨到之處，就在於他從「理」的層次，重探鞏固人間秩序之禮的形上根源。他從「天人不二」的基本立場出發，由氣化說明具體個物的生滅變化並且肯定人間的真實性，再從氣化生生之順而不妄呈顯天理流行的生物之德與井然有序，最後則由變化氣質而言人如何貫通天道性命爲一，以及人何以能取法天理以成禮。然而，當他以「氣」之聚散攻取說明萬物之生滅變化時，並不是從「氣」作爲形構萬物之物質元素這一點上，證成「天人合一」的主張。張載是由仁心性體的豁醒遍潤（大其心能體天下萬物），在道德生命的具體實踐中，參天地、體萬物，而與天地合德，由此彰顯「天人之本無二」。所以張載認爲，儘管人與自然萬物在身體形貌上的千差萬別，但在仁心發用的感通無礙中，亦能得到同體肯定。換言之，在張載思想中，人與天地萬物的關係並不是單純物理化的、機械化的同時共存，而是通過人之「德」積極參與天地人神的造化，方能證成萬有爲一體。正是基於此，張載並不將「禮」視爲死板的外在行爲規範，當他面對「禮何以會不合時宜？」的質疑時，他指出：在取法天

絕學，為萬世開太平」。

29 蔡仁厚先生即指出，横渠所謂「民胞物與」，亦即是孟子「親親而仁民，仁民而愛物」的另一種表示。共同顯示：仁愛之理，周遍無遺，而仁愛之施，則有差等之序。蔡仁厚，《宋明理學・北宋篇》（台北：台灣學生書局，1995年），頁 87。

理以爲人間之禮的活動中，必須有賴於人能「窮變化之神以時措之宜」。亦即是說，若人不再以體貼天理之心制禮、守禮、行禮，則禮就僅僅是刻板的教條規範，既不能彰顯天理流行之變化，也無法反應時代民心的趨向，禮也逐漸走入不合時宜的窘境。因此，禮節儀文可能會因時代變遷而不合時宜；但是「禮」，作爲天理在宇宙間所具體展現的秩序性，卻不會爲時代所淘汰。若是人能通過窮神知化的工夫而制禮、守禮、行禮，則禮節儀文將切實反應時代而調整，禮也能發揮規範人間秩序的功能。由此可知，若論及禮與理之關係，實可說：張載爲規範人間秩序之「禮」找到根源天地的形上根據（理），並且從形上學與人性論的層次，重新探討知禮、守禮和行禮的修養工夫。

第六章　由張載生死觀反思當代生命教育議題

對於生命意義與價值的探尋，是一個歷史悠久的哲學課題。[1]近年來，更由於政府的大力推動，[2]使得生命教育儼然成為學界另

1 誠如黎建球先生所指出，儘管在哲學史上，對於生命課題的討論有許多不同的標題，例如：人生哲學（ The Philosophy of Life）、生命哲學（Life Philosophy or Philosophy of Life）價值哲學（The Philosophy of value）、道德教育（Moral Education or The Education of Moral）、生死教育（Life Education or The Education About Life and Death）、終極關懷（Ultimate Concern）等等；但是在這些不同的標題下，所關懷的核心都是以人的生命為主。黎建球，〈生命教育的哲學基礎〉，《教育資料集刊》第 26 輯，2001 年 12 月，頁 2。

2 自 1997 年底，前台灣省教育廳開始於全台推動「中等學校生命教育實施計劃」起，生命教育已成為近年來我國教育改革中的重大教育政策之一。1998 年，前省政府教育廳委託台中市曉明女中為總推動學校，正式在中等學校逐步推動生命教育（林思伶，〈生命教育的理念與做法〉，《台灣地區國中生生死教育教學研討會論文資料暨大會手冊》，彰化：彰化師範大學通識教育中心，2001 年，頁 198-214），至今全省不但已有超過四十所以上的國中成為推動生命教育的中心學校，在 2001 年起開始實施的國中小學九年一貫課程中，也將許多「生命教育」的議題納入實施綱要。此外，部分大學已經開始將生命教育融入通識教育中（例如，輔仁大學和中原大學以全人教育為理念的通識課程）；有些大學則設置「生命教育學程」（例如，東海大學）；而有些大學則是成立生命教育碩士班（例如，高雄師範大學成立「生命教育碩士在職專班」，台北師範學院成立「生命教育與健康促進研究所」）。前教育部長曾志朗亦曾撰文表示，生命教育是「教改不能遺漏的一環」。2000 年 7 月，教育部編列近兩億元預算作為推動生命教育之用，並正式對外公佈「推動生命教育中程計劃」（90-93 年）。2000 年 8 月，教育部宣佈設立生命教育諮詢委員會，期將「生命教育」納入小學至大學的學校教育體系中。其後，教育部更宣佈 2001 年為「生命教育年」。由此可見，政府對於生命教育的大力推動。儘管近幾年歷經部長更替，以及部分關鍵性計畫遭到擱置等困境。但是，誠

一個廣受討論的焦點。自 1998 年迄今，台灣地區以「生命教育」爲主題的期刊就超過 233 筆。[3]雖然目前學者間對於「生命教育」的實際內容還欠缺整合一致的共識；[4]但是，學者們多半認同：對「死之必然的認識」[5]與對「生命意義的探尋」[6]是生命教育的兩項重要課題。基於此，本文亦以張載生死觀爲基礎，針對這兩項重要的課題，提出儒學的思辨與關懷。[7]

如陳立言先生所指出，教育部仍在 2004 年通過並且實施新的生命教育年度工作計劃，至少顯示出教育部在方向上仍然保持鼓勵及開放的政策。曾志朗，〈生命教育－教改不能遺漏的一環〉，《聯合報》，1999 年 1 月 3 日，第四版；陳立言，〈生命教育在台灣之發展概況〉，《哲學與文化》364 期，2004 年 9 月，頁 21-45。

3 檢索資料是根據國家圖書館所提供「中華民國期刊論文索引系統」查詢的結果。「中華民國期刊論文索引系統 WWW 版」-1991.01~2005.02：（http://www2.read.com.tw/cgi/ncl3/m_ncl3）。

4 黃德祥先生即指出，由於推動生命教育之人士，往往以自身的價值觀或宗教立場，形成個人對生命之理解，當他們依此詮釋生命教育的內涵時，自然出現各說各話的現象。孫效智先生也表示，推動生命教育的困境之一，即在於人們對於生命教育雖然都有相當的肯定，然而，對其內涵卻缺乏具體的共識，而且缺乏建立共識之機制。黃德祥，〈生命教育的本質與實施〉，《台灣省中等學校輔導通訊》第 55 期，1998 年 10 月，頁 6-10；孫效智，〈生命教育之推動困境與內涵建構策略〉，《教育資料集刊》第 27 輯，2002 年 12 月，頁 283-301。

5 例如，張淑美先生即認爲，探討生命的大義，實在無法脫離在生命的「大限」中來建構與開創。他以國外的死亡學（death studies）與死亡教育（death education）爲例，認爲國外死亡教育在學校中由點到面推展的方式，可做爲有心推動生死教育取向的生命教育實施之參考。張淑美，〈國中生的生命教育－從死亡概念與態度論國中階段生死教育之實施〉，《教育資料集刊》第 26 輯，2001 年 12 月，頁 355-375；〈「生死教育」就是善生善終的「生命教育」〉，《輔導通訊》，2002 年 5 月，頁 8-13。

6 例如，陳福濱先生即表示，生命教育的探討，在於追求生命的意義，建立完整的價值體系，並尋求安身立命之道。陳福濱，〈從生命的意義與價值論生命教育〉，《輔仁學誌：人文藝術之部》28 期，2001 年 7 月，頁 161-170。

7 誠如前述，近年來有關生命教育的期刊論文不論是質或量都十分可觀。但是，本文並未在下述討論中廣泛徵引這些資料，主要是基於下述考慮：由於生命教育相關的期刊論文之所以在質量上均如此可觀，一個顯而易見的理由在中國哲學的發展歷史裡，儒學對生命意義的見解，總是能激勵鼓舞著不同時代的知識分子，使他們坦然看待「死之必然」，並在道德實踐活動中實現自己的存在意義。如果說，今日對於「生命教育」的提倡，是期待通過教育讓青年學子體認生命的珍貴，進而關懷生命、尊重生命。那麼，透過儒學對生命教育的反思，將指出生命的意義從不是只關懷個人的生命，而生命的價值也不取決於形軀生命的延續。在儒家的成德之教中，生命意義的實現總是與道德實踐活動密不可分，而個人生命價值的圓滿也總是在成己成物中圓現。換言之，生命教育的儒學關懷在於指出：(1)人的生命有限，但道德實踐可以使有限的人生賦有無限的價值；(2)自我生命意義的實現，應包含個人對家國天下的使命感。

本文選擇由張載思想闡述儒學對生命教育的關懷，其理由有三：首先，在儒學史上，張載勇於造道的使命感，以及他的「四

就在於關懷生命教育的論述並不出於一人、一家之言。不論是哲學、教育或是宗教等等領域的學者，均曾針對此議題提出深入的探討。因此，除非本文不顧各家論述可能有的爭議，以斷章取義的方式擷取對本文有利的論述融入文中。否則在面對相關資料時，本文就有義務採取下列的研究步驟，亦即先陳述當代期刊資料中的各家論點，並針對各家論述所可能產生的爭議（這種現象不僅出現於同一領域的不同學派的論間，更容易見於跨領域的學術研討中），提出本文的理解與反省，再在此一基礎上，回到張載思想中，檢討是否有相應的論述，以及探討這些論述對當代生命教育議題有何開創性的建議。然而，十分明顯的是，如果採取上述的研究步驟，則不僅容易模糊本文的論述焦點，並且在有限的篇幅內也不可能獲得圓滿的成果。所以，基於本文論述的集中性與篇幅的有限性而考量，本文採取如下的論述策略：首先，從手邊近千筆華語及英語的生命教育相關資料中，歸納出兩項生命教育研究中的重要議題，即對「死之必然的認識」與對「生命意義的探尋」。其次，本文試圖將論述焦點放在直接由張載哲學探討當代生命教育的兩大主要議題上。本文以為，如此既能在不背離當代生命教育討論的主要脈絡下展開論述，又能使全文論述集中於張載思想對生命教育議題的可能貢獻。且以公共議題而非少數結論的方式回顧生命教育的相關資料，也可以反映此一議題的開放性與公共性。此為本文論述策略的扼要說明。

爲」之說，已經成爲儒者實現自我生命價值的典型。其次，張載從理論的高度說明生死現象之必然，並且指出吾人何以應當更重視道德生命而非形軀生命。最後，如果「生命教育」旨在將重視生命意義的理想落實於教育活動中，則張載的「變化氣質」說不僅從理論上說明成德之教何以可行，更明確的提出實際可供依循的教育原則。基於此，本文的研究步驟將分爲以下四個次第：其一，本文將說明張載是如何通過氣化論闡述生死現象之必然，此即本文之第二節：「氣論與生死現象」。其二，本文將指出張載如何將他對死亡的態度收攝爲「死之事只生是也，更無別理」，此即本文的第三節：「張載對死亡的態度」。其三，本文將透過張載的「四爲」之說闡述他對生命意義之主張，此即本文第四節：「張載對生命意義之探尋」。其四，本文將指出張載如何通過「變化氣質」說明「成德之教」之可能性，此即本文第五節：「變化氣質與生命教育」。

第一節　氣論與生死現象

張載是通過氣化論說明生死現象。據《正蒙．太和》所言，橫渠以「氣」之聚散攻取說明萬有之死生變化，其目的有三：一是駁斥「有生於無」之說，指出萬有並非來自於空無，而是源於凝氣成形的氣化過程；二是反對「以死亡爲寂滅」之論，說明萬物不會因爲形體的死亡而歸於「空無」，而是隨著形體腐朽，凝聚成形之氣再度散歸氣化流行之中；三是彰明天人一本之論，肯定人生在世的存在價值。爲了達到上述目的，張載分別由以下三方面闡述萬物的生死現象僅是一氣之所化：

一、由氣之聚散說明萬物之生死現象

張載認爲，老子「有生於無」之說並不可信。因爲萬物若源自於絕對的空無，則意謂著生化萬物之本體（無）與萬物（有）之間在本質上是相異爲二。如此一來，則勢必造成「體用殊絕」的困境。因此，張載援引《周易》中「幽明」、「顯隱」之論駁斥老子「有無」之說。張載指出，天道始終真實存在於天地之中，只是當天道由明轉幽、由顯轉隱時，人們會以爲天道由有轉爲無。張載曰：「**大易不言有無，言有無，諸子之陋也**」（《正蒙・大易》），他主張世間不存在著絕對的空無，並認爲那些持「以無爲本」之論的人是由於尚未得見天道之真。然而，張載雖能以天道之幽明解釋「有」的持續存在；但是對以下兩項問題卻仍難以說明：其一，吾人所覺知的「虛空」究竟爲何？其二，萬物生從何處來？死往何去？爲了說明上述問題，張載提出「知虛空即氣」之說。張載曰：「**知虛空即氣，則有無、隱顯、神化、性命通一無二**」（《正蒙・太和》），在這段話中，他提出了幾項重要的看法：首先，他認爲「虛空」是「有」而非「無」，這種有即是「氣」；其次，正因爲「虛空」是有，所以並不存在著絕對的空無，「有」與「無」並非本質相異的兩種存在（「有無」通一無二），而是同一種存在的不同顯現方式（隱顯）；再者，由於張載主張「虛空」即是「氣」，所以他是以氣化流行之形（顯）與未形（隱），說明人所無法用感官知覺所察覺處並非空無，而僅是氣之未形而已。當張載以「氣」說明了「虛空」究竟爲何物後，他緊接著指出萬物之成毀皆造端於氣之聚散，曰：

> 天地之氣，雖聚散、攻取百塗，然其為理也順而不妄。氣之為物，散入無形，適得吾體；聚為有象，不失吾常。太

虛不能無氣，氣不能不聚而為萬物，萬物不能不散而為太虛。循是出入，是皆不得已而然也。(《正蒙．太和》)

我們可以從五方面討論本段引文：(1) 由「**其為理也順而不妄**」可知，張載認爲天道是透過氣化展現生物之妙用，由於氣化生物是依乎天理而有之活動，故雖然氣之聚散生物是以多樣性的方式呈現，卻能符合「**順而不妄**」的太和之道。(2) 張載是以氣之凝聚說明萬物何以生成，而將萬物之死亡視爲氣之消散回歸太虛。然而，這裡的「太虛」並非指相對於「實有」而言之「虛無」，根據〈太和〉曰：「**太虛無形，氣之本體**」，以及《張子語錄．語錄中》曰：「**太虛者自然之道**」[8]，可知張載是將「太虛」與「造化生生之道」同視爲一。一切具體存在於天地之間的有形個物，皆是經由氣化流行之聚散歷程，所凝聚成暫時性的「客形」而已。[9] (3) 張載雖以聚散、攻取說明天地之氣的活動情狀。但是，天

---

8 《張子語錄．語錄中》又言：「**萬物取足於太虛，人亦出於太虛**」，可知張載認爲，包含人在內的天地萬物皆出於太虛，太虛是使萬物能如其所如而存在之所以然。

9 值得注意的是，張載對「形」概念的使用是十分深刻的。張載並不僅從物體的「可見」或「不可見」而言「有形」或「無形」，他是從天理流行之清通無礙或窒礙凝聚而言「形」或「無形」。換言之，張載是由「窒礙」而言「質礙」，由「形質」而言「形體」，並且是由氣之流行遭遇窒礙而言：天理流行如何通過氣聚而生化萬物。當張載曰：「太虛無形，氣之本體」，並不只是表示「太虛」是無形體可把捉者。更重要的是，張載指出：「太虛」乃是氣化活動中沒有遭遇窒礙而剛建不息之氣，由於此氣未曾遭受窒礙而凝聚成質（物），故是「湛然爲一」、「純一無雜」之氣，也就是清通無礙之「氣」。由於以「降、屈、沉」之方式活動而凝聚爲物之氣，已經在形質中產生混雜。因此，在天理流行活動中未遇窒礙之太虛（無形）是氣之本然。基於此，〈太和〉將氣化生物的歷程作如下的描述，曰：「**太虛為清，清則無礙，無礙故神；反清為濁，濁則礙，礙則形**」，張載認爲天道生生是以一種相反相成的方式化生萬物（由氣之浮沈、升降、往來、屈伸，絪縕而生萬物），當氣伸展（神）時，是清虛無礙的「太虛」；但是，純一無雜的太虛不足以展現生物之德，而由自身將活動的方式從伸轉爲屈，由屈則氣不再清通無礙（故「濁」），由氣之窒礙而言氣之凝聚成有形個物。因此，造化生物是以氣之一

地之氣所指的並非物質意義的「氣」[10]，而是天理流行之剛健不息的展現。(4) 由「氣不能不聚而為萬物」可知，張載以氣化生物爲必然。但是，清通無礙之太虛又何須由清反濁、凝氣生成具體個物呢？本文以爲，這是由於張載將氣化生物視爲天道展現其生生之德，基於天道生生乃一無止息的活動，故氣化生物亦是不間斷的活動。(5) 由「萬物不能不散而為太虛」可知，天地之間無一物能恆存的持有具體形貌而不毀朽，因此「有生必有死」乃有形之物的必經歷程。此外，必須注意的是，太虛與氣並非空間包含實有的關係：張載以氣論駁斥老子「有生於無」之說，並且指出，若將太虛視爲空間義的虛空，而誤以爲萬象僅是太虛中所見之物，則是將太虛與萬物視爲分割不相連的二物，割斷了太虛與萬物之間的綿延關係。如此一來，天人關係將析判爲二，而無法說明天道如何下貫於性命，不但使世間萬有皆失去存在依據，也截斷人之道德活動的形上根源。[11]

二、由「原始反終」說明生死之必然

所謂「原始反終，故知死生之說」，本出於《周易·繫辭上》。

屈一伸化生萬有。又由於有形個物總有毀朽之日（皆只是氣暫時性的凝聚成形），而終將重歸太虛。所以，將有形個物之形體視爲「客形」（以其暫留之義而言「客」）。

10 關於張載所言之「氣」是否爲「物質」的問題，前輩學者已經有不少討論，例如，孫振青先生即表示，若將「氣」視爲物質，則在張載哲學中，將無法說明物質何以能化生萬物，並使萬物有秩序、目的、心靈和知識。孫振青，《宋明理學》（台北：千華出版公司，1986 年），頁 71-72。

11 《正蒙·太和》曰：「若謂萬象為太虛中所見之物，則物與虛不相資，形自形，性自性，形性、天人不相待而有，陷於浮屠以山河大地為見病之說」張載認爲，形性天人本是通一無二，萬物皆有得自於天之本性，若將萬有與太虛之間的關聯打斷，則將使萬有之存在根源落空。如此一來，將陷入以山河大地爲虛幻的謬誤。

張載藉此說明萬有之生死皆屬必然不可違背者。張載曰：

> 易謂「原始反終故知死生之說」者，謂原始而知生，則求其終而知死必矣。(《正蒙・乾稱》)

張載指出，天道以氣化活動展現其無限妙用，氣化活動又是以一屈一伸、一沉一浮的方式進行，當氣由伸反屈、由清轉濁時，具體個物亦由氣之凝聚而生。若是推知萬物之生源於氣化，則當知世間一切具體個物皆只是暫留的客形。正因爲具體個物皆只是暫留之客形，故可知凡有形貌者皆有毀朽之日。人作爲存在於世間的具體存在者之一，亦當知必有死亡之日。基於此，張載認爲有生必有死，乃天地不變之理。人之生死亦只是一氣所化而已，人是無力也無須干預此氣化流行。由張載對氣之聚散的描述是「循是出入，是皆不得已而然也」，當可知，他認爲萬物之生滅變化是「不得已而然」之歷程，他以「海水和冰」的關係舉例，曰：

> 海水凝則冰，浮則漚，然冰之才，漚之性，其存其亡，海不得而與焉。推是足以究死生之說。(《正蒙・動物》)

在這段引文中，張載指出，氣凝聚生物就如同海水凝結成冰一般，雖然海水與所凝結之冰在本質上皆是海水，但是海水是否要凝結成冰，卻並非海水所能決定。同樣的，具體個物源自於氣之凝聚成形，但是氣之聚散活動卻並非氣所能任意改變。由此可知，人之生死不僅人力不可干預，就連氣化活動本身亦是無法任意變更。對於氣化活動這種「不得不然」的必然性，又可以從兩方面思考：一者，張載指出萬物生死現象的必然性，並指出這種萬物生滅乃是周行不殆、循環往復的歷程；[12]再者，他指出造化之天亦以「生物」爲一無止盡之歷程，天即在此「生生」中展現

12 在《朱子語類・張子之書二》中，朱子正因此認爲，張載以氣之聚散說明萬物生化，乃是箇大輪迴。

天之所以爲天之大德。由此可知，張載認爲，生死存亡雖是有形之物的必經過程；然而，若將目光提至永恆之天理流行處，當可知天之道是以「生生」彰顯其德。換言之，天展現其價值之處並不落在生死現象之兩端（亦即不強調追求形軀之永恆不朽，或畏懼死亡使生命幻化），而在於無限「生生」之德。

三、指出「鬼神」僅是「二氣之良能」

張載不僅以氣化說明生死現象，而且將死後的「鬼神」之說也收攝在氣化論中說明。他反對世人將「鬼神」視爲能影響人間吉凶的神秘力量，並試圖透過氣化論破除這種民間的信仰。張載曰：

> 今言鬼者，不可見其形，或云有見者，且不定，一難信；又以無形而移變有形之物，此不可以理推，二難信。又嘗推天地之雷霆草木，人莫能為之，人之陶冶舟車，天地亦莫能為之。今之言鬼神，以其無形則如天地，言其動作則不異於人，豈謂人死之鬼反能兼天人之能乎？今更就世俗之言評之：如人死皆有知，則慈母有深愛其子者，一旦化去，獨不日日憑人言語，托人夢寐存恤之耶？言能福善禍淫，則或小惡反遭重罰而大憝反享厚福，不可勝數。又謂人之精明者能為厲一，秦皇獨不罪趙高，唐太宗獨不罰武後耶？（《性理拾遺》）

張載在此處對世人所謂的「鬼神」之說，提出多項質疑：（1）世人對「鬼」之描述雖多似親眼所見，但是一旦讓說「鬼」者詳細描述鬼之樣貌，則說者要不是以「鬼」乃無形之物逃避探問，要不就是每一個說鬼之人對鬼的描述都不同。顯然「鬼」只是人云亦云下的產物，而非真實的存在。（2）無形之物與有形之物可施力作爲的範圍和對象並不相同，例如，無形之天可以產生雷霆卻不能製造舟車，而有形之人可以製造舟車卻不能產生雷霆一般，天與人各有其施力作爲的範圍和對象。如果說人和天都不能兼有對方之所長，但是人死之後所變成的鬼反而能同具「天人之能」(鬼神之無形如天，其動作如人，故說鬼神兼天人之能)，則顯然難以讓人信服。因此，張載否認有所謂能影響人間吉凶的鬼神存在。(3) 如果真有世人所說的鬼神存在，而且死後之鬼仍保有生前之知；那麼慈母死後必不捨仍活在世間的子女，理當日夜和人間的親人聯繫。但是實際的情形並非如此，因此鬼神之說並不可信。(4) 如果說鬼神能作用吉凶於人間，使善有善報、惡有惡報，那麼又何以解釋世間所發生者往往是小惡遭受重罰，或是德福並不一致的問題呢？由此可知，鬼神能賞善罰惡之說並不可信。

張載通過以上的質疑，駁斥世人將「鬼神」擬人化的說明。並且以氣化論說明所謂「鬼神」只是「二氣之良能」，張載曰：

> 鬼神者，二氣之良能也。(《正蒙．太和》)
>
> 至之謂神，以其伸也；反之為鬼，以其歸也。(《正蒙．動物》)
>
> 鬼神，往來、屈伸之義，故天曰神，地曰示，人曰鬼。神示者歸之始，歸往者來之終。(《正蒙．神化》)

張載認爲，鬼神只是陰陽二氣在氣化活動中所展現的兩種活動方式而已。他指出所謂的「鬼」，乃是氣之「歸」；而「神」，乃是氣之「伸」。所謂「鬼神」，亦即指氣化活動是以往來、屈伸的方式不斷流行。由於氣化流行是一循環往復的活動，當一氣由歸而屈時，亦即意味著一氣當由屈而伸。氣化活動以一屈一伸往來不息，因此說：「神示者歸之始，歸往者來之終」。張載以氣化說明「鬼神」，試圖掃除民間將鬼神視爲某種神秘力量的看法。並且進一步解釋何謂世人所說的「魂魄」，他說：

> 氣於人，生而不離、死而游散者謂魂；聚成形質，雖死而不散者謂魄。（《正蒙・動物》）

張載指出，世間的具體個物皆是由氣凝聚成形，人自也不例外。當人死而形體腐朽後，所謂「魂」，乃是「生而不離、死而游散者」；所謂「魄」，則是「聚成形質，雖死而不散者謂魄」。雖然張載並不沒有明確說明死而不散的魄究竟屬於人體的哪個部分，不過可能即是指死者的「屍骨」[13]。通過氣化之說，張載試圖掃除鬼神、魂魄能決定人間禍福的看法，並且將人間的「吉凶」從結果論的禍福轉向德性生命的關懷。在《正蒙・誠明》中，他說：

> 天所性者通極於道，氣之昏明不足以蔽之；天所命者通極於性，遇之吉凶不足以戕之。
>
> 知性知天，則陰陽、鬼神皆吾分內爾。

張載指出，世人多從名利富貴的得與不得而言生命的吉凶禍福。然而，人生真正重要者，並不在於求之而非必得的外在富貴，而是在於能成就人之所以為人之性分。因此，人生之遭逢偶遇或有吉凶禍福，但是志士仁人重視的卻是自身天地之性（義理之性）能否充分朗現。易言之，「吉凶」並不在於身外之物的得與不得，而是在於人能否實現自身的存在價值。正基於此，張載認為鬼神並非能加諸吉凶禍福予人的神秘力量，而是天道通過氣化流行所展現的自然和諧，人若能順天知性，則在道德實踐活動中即已然與鬼神合其吉凶。

由上述討論可知，張載透過氣化論說明世人所謂的鬼神、魂魄，其目的有三：其一，他試圖證明氣化論足以解釋世間一切可

---

13 孫振青先生即持此說。孫振青，《宋明理學》（台北：千華出版公司，1986年），頁99。

見與不可見的事物，由此彰顯理論的解釋效力；其二，他希望通過氣化論的說明，掃除世人對神秘力量的盲目崇拜，而能將目光重新放在人可以實際努力的人間事務上；其三，張載指出了鬼神、魂魄並非決定人間禍福的神秘力量，因此所謂「與鬼神合其吉凶」（《周易・乾》），所指的當非教人祈求鬼神的神秘力量。由此讓人將目光從富貴名利的追求，轉向德性事業的成就。

第二節　張載對死亡的態度

張載對於死亡的態度可從形軀生命與德性生命兩方面論說。關於前者，張載由氣化論說人應當坦然接受死生的必然，並且批判道家追求形軀長保之論與反對佛家輪迴之說。至於後者，張載則認為是人真正應當重視的部分，因為唯有德性生命可以超越死生氣化之必然，成為即有限而可無限之存在。現分述如下：

一、由形軀生命論張載對死亡的態度

就形軀生命而論，張載認為死生壽夭並不是人力所能全然掌握，因此對於死亡一事，他主張是「當生則生，當死則死」（《經學理窟・自道》）。他認為人因為畏懼死亡，而固執於形軀生命的永恆持存，是妄想要以人力背離天道的行為。張載由氣化之聚散說明人之生死，並且從三方面反對道家追求形軀生命不朽之論。首先，張載指出，天地間一切有形之具體個物，其生皆來自於氣化流行之凝聚成形；其死乃是凝聚成形之氣散殊重歸於氣化流行。其次，由於具體個物皆只是氣化流行之暫時凝聚成形，所以人與物之形軀皆僅是暫時性的持存（是故張載稱物體之形色聲貌

爲「客感客形」)，唯有氣化流行是循環不已。最後，既然萬有之形軀皆僅是氣化聚散中暫時性的客形（亦即萬有之死生皆屬一氣之所化)，而這種氣化流行的歷程又是「不得已而然」，則不僅人力無法抗拒死生之必然，就連氣化流行自身亦無法違反此聚散出入之規律（〈太和〉所謂：「氣不能不聚而為萬物，萬物不能不散而為太虛」)。[14]由此可說，人若是固執於肉身的永恆存在，不啻是期待形軀能背離氣化聚散之理，而不悟大易生生之道。基於上述，張載批評道家追求「久生不死」乃是「徇生執有者物而不化」(《正蒙·太和》)。對於張載所說「物而不化」，可從兩方面理解：一者如前述，張載以萬物皆是氣化流行中之客形，氣化既然有聚必有散，拘泥於持存形軀生命則是使生命背離天理而成死物；二者，「物」，指滯於物，由於有形體的物都只是氣化流行濁礙凝聚的結果，因此當人有心執著於形軀生命，便是自限於小物之中，而不足以得見大道。此兩者皆顯示，道家雖以「久生不死」作爲得道之象徵，但由張載看來，死生有命，是無法強求，若人以久生不死爲得見大道的結果，是很荒謬的。[15]

14　一個可能的質疑是，張載既然主張「變化氣質」，那麼豈不是意味著人確實能改變氣化所成的形軀生命？如此一來，又怎能排除人有超越壽限而獲得無限生命的可能呢？關於這一點，可從三方面回應：(1) 在張載思想中，雖強調人可以通過變化氣質的工夫，超越形軀生命的限制而成聖成賢。但是，他卻說：「氣之不可變者，獨死生修夭而已」(《正蒙·誠明》)，由此可知，張載認爲人是無法改變壽限。(2)「變化氣質說」乃是指人的德性生命並不全然受到形軀侷限，人實可以違抗感官欲求的吸引，而依照道德良知選擇合宜的行爲。因此，「變化氣質說」本來就不需預設人可以超越自身的壽限。(3) 就張載思想而言，儘管人真的通過某些方式獲得永恆的形軀生命，但這也意味著人已經背離了天道生生之理。張載並不認爲追求這種生命是一項有價值的行爲。

15　值得注意的是，張載此處批評的應是道教的主張，而非老莊一系道家的學說。朱建民先生即指出：「『徇生執有者』，指的應當是道教，若指老、莊則不妥」(《張載思想研究》，台北：文津出版社，1989年，頁77)。實則老莊張載不僅反對道家「久生不死」之說，也批評佛教以輪迴說面對死亡問題的態度。他認爲佛教既將天人二判，又視人生爲虛幻，是以其輪迴說旨在追求滅盡無餘的涅盤境界，張載批評說：「**彼語寂滅者往而不反**」（《正蒙・太和》），認爲這是不識大道之要的緣故。張載曰：

> **浮屠明鬼，謂有識之死受生循環，遂厭苦求免，可謂知鬼乎？以人生為妄〔見〕，可謂知人乎？天人一物，輒生取捨，可謂知天乎？孔孟所謂天，彼所謂道。惑者指遊魂為變為輪迴，未之思也。大學當先知天德，知天德則知聖人，知鬼神。今浮屠極論要歸，必謂死生轉流，非得道不免，謂之悟道可乎？**（《正蒙・乾稱》）

由引文可知，張載是從三方面批判輪迴說：（1）就「**浮屠明鬼**」而言，由於輪迴說所謂之「鬼」，乃是預設人死之後仍是以有識主體的方式存在，而這種看法在張載看來是不知「鬼」爲何物所產生的謬見。張載曰：「**鬼神者，二氣之良能也**」（《正蒙・太和》），

雖教人「長生久視」之道，卻並未強求形軀生命的永恆。相對的，老子有以人之形軀生命爲患之言（《老子・13 章》曰：「**吾所以有大患者，為吾有身，及吾無身，吾有何患？**」），而《莊子・齊物論》曰：「**方生方死，方死方生**」，顯見莊生更將生死視爲一循環，直指有德者當超脫眷生畏死之情，洞悉「**死生存亡之一體**」（〈大宗師〉）的道理，而視「**死生為一條**」（〈德充符〉）。由此可見，追求形軀生命之永恆，並非老莊一系道家的思想目標。故張載以老子爲「**徇生執有者**」，或認爲莊子「**實是畏死**」（《經學理窟・周禮》），都是不正確的指責。由張載的批評而觀之，實應當更接近於援引老子思想而加以改造的道教學說。例如，《抱朴子內篇・黃白篇》即主張：「**我命在我不在天，還丹成金億萬年**」，認爲人的壽命並非必然決定於天意，而實可以由人自己掌握。胡孚琛先生也指出，周秦仙學對死亡的熱烈抵抗與老子對生之有患的理性把握在道教中獲得整合，對於道教思想家而言，老莊對於長生久視之道的提問，已經轉爲如何將人的生命在物理時間中延恆。因此胡先生，又稱道教爲「拜生之教」。關於胡先生之言，可參見牟鍾鑒、胡孚琛、王葆玹，《道教通論－兼論道家學說》（山東：齊魯書社，1991 年），頁 739-755。

「**至之謂神，以其伸也；反之為鬼，以其歸也**」(《正蒙·動物》)，可知張載認為「鬼神」，乃是指氣化流行之兩種活動方式（往來、屈伸）。「鬼」即是氣之歸，「神」即氣之伸。人之軀體既然是氣化活動凝聚以成形，則人死後當重歸於氣化活動中與天理流行冥合為一，而非以有識主體的狀態存在。因此，張載以輪迴說不明鬼而反對之。[16]（2）由「**天人一物**」而言，張載指出佛教以山河大地為虛幻，輪迴說造成人對現實人生的否定，也使人逃避上承於天的道德責任。張載認為，這是不知道天與人本是通一不二之故。因此，基於輪迴說不知天、不知人，故反對輪迴說。（3）針對「**死生轉流，非得道不免**」而言，張載認為，天理流行（道）乃是一周行不殆的活動。但是，佛教以涅盤解脫輪迴，則是將道視為死寂的境地，這是不明道的見識，又怎能稱為悟道呢？因此張載以輪迴說不明道，而反對之。

二、由德性生命論張載對死亡的態度

就德性生命而論，張載認為雖然人無法（也無須）強求肉身的永恆，卻能追求德性生命的不朽。他承襲孔子「**未知生，焉知死**」(《論語·先進》）的觀點，甚至主張說：「**死之事只生是也，更無別理**」(《經學理窟·學大原上》)，認為人面對生死問題的態度應該是將目光放在「生」這回事上，而非著力於探究死後的世界為何。[17]這裡所說的「生」，當然不是教人從生之實然的一面專

16 同理，張載也反對「**遊魂為變為輪迴**」的說法。《正蒙·動物》曰：「**氣於人，生而不離、死而游散者謂魂**」可知張載認為，遊魂只是死而離散的氣，而非死而不散的有識主體。因此，張載反對以遊魂佐證輪迴說的觀點。

17 當子路向孔子請教關於「死」的問題時，孔子並沒有說不可以「問死」。孔子此處所著重的是，相較於對鬼神的祭祀或對死後世界的興趣，人應該更關注於人生在世的道德責任。蔡仁厚先生即指出，孔子在這段問答中所闡

注於形軀生命的增長，而是教人重視人之所以生之道。對於張載而言，人之所以生之道即是人之所以爲人之道。換言之，對於生死問題的態度，張載是將關懷的重心從形軀生命的長保上提至德性生命之不朽。關於這一點，我們又可以由以下三方面分別討論：

首先，論說德性生命何以不朽。張載說：「**道德性命是長在不死之物也，己身則死，此則常在。**」(《經學理窟・義理》)，此處不僅是承襲前賢以立德方爲死而不朽的主張，將道德視爲足以流芳萬世的志業，而且他從氣化論說明道德生命何以不朽。[18]張載

述的是「義之所在，生死以之」的精神。蔡仁厚，《孔孟荀哲學》(台北：台灣學生書局，1994 年)，頁 135。

18 由氣化論展開張載對道德思想的論述，一個可能的質疑是：這樣的論述是否會使「天地之性」欠缺本體論的根基，或在此論述中使人的德性生命修養缺乏本體論基礎呢？本文以爲不然，其理由如下：(1) 從思想傳統而言，在張載以前的思想家，並不將「氣化」必然等同於「實然平鋪的氣化」。例如，鄭玄在釋「**故易有太極**」時，即表示「太極」乃「**淳和未分之氣也**」(《周易鄭注》)。由此可知，若是不先行的將「氣」視爲「質料」或「物質」，而是將「氣」視爲造化流行，則將太虛理解爲清通之氣並不會使張載哲學喪失本體論的根據。(2) 從文獻根據而言，張載是相對於佛老之「空無」說而將「氣」視爲「實有」。依據唐君毅先生的詮釋，張載所言「氣」之義涵原可只是一「**真實存在之義**」。在此意義下，太虛與氣並非異質的二者，而氣化乃是張載藉氣論爲模型以闡述儒家天道生物不息之義理。關於這一點，可由張載區分形上與形下的討論中得知。《橫渠易說・繫辭上》曰：「**形而上〔者〕是無形體者(也)，故形(以)〔而〕上者謂之道也；形而下〔者〕是有形體者，故形(以)〔而〕下者謂之器。無形跡者即道也，如大德敦化是也；有形跡者即器也，見於事實(如)〔即〕禮義是也。**」由引文可知，張載是以有無形體(形跡)區分形上之道和形下之器。又〈太和〉曰：「**太虛為清，清則無礙，無礙故神**」，可知當張載援引氣論詮釋〈繫辭〉所說的「形上之道」時，是從太虛本身乃是清通、不受形象所侷限之氣，而言太虛之無限性(**清則無礙**)；而由太虛在氣化活動中自我轉化爲具體個物(氣化絪縕、凝聚成物)，而言太虛之生物不測(**無礙故神**)。又基於〈乾稱〉曰：「**語其推行故曰『道』，語其不測故曰『神』，語其生生故曰『易』，其實一物，指事〔而〕異名爾**」，故可知，張載乃是將「氣之清通無礙」與「易之生物不測」視爲道體的不同面向。基於上述可知，實可透過「氣」詮釋張載所言之「太虛」，而不會使張載所言之道體失去根源義、宗主義與創生

的推論可以分爲以下三個步驟：（1）人之道德活動源自於內在的道德根源，即「天地之性」；（2）天地之性與天道是同質的存在真實；（3）由於天道必是不朽之存在，則與天道同質的天地之性也是不朽的存在。[19]因此，既然道德生命之實現即是天地之性的全幅展現，則道德生命亦當同爲不朽。基於上述，張載一方面指出形軀生命的有限和道德生命的不朽，另一方面則由此彰顯出道德志業才是人真能永傳於世者，所以道德性命方是人生在世應該注重的部分。通過氣化論，張載進一步闡述儒家以道德實踐爲主的人生觀。他說：「**德不勝氣，性命於氣；德勝其氣，性命於德**」（《正

義。如此一來，太虛並非在本質上相異於氣的本體，太虛即是氣之本然，是以張載提出「**太虛即氣**」的論斷。換言之，在張載思想中，氣是天地萬有之所以真實無妄的保障，太虛是氣之本然；在此意義下，太虛與氣是一。然而，張載所言之氣並非靜止不動的實體，而是存在之流行。因此，在氣化歷程中，清虛無限之氣（太虛）會自我轉化爲有限的具體個物或現象，此時的物象雖仍是氣（因物象爲氣之「客形」），但已非氣之本然；在此意義下，太虛與氣是一而有分。依此而言，由於氣化並非平舖實然的氣化活動，而是張載對天道生物之創化活動（神化）的氣論陳述；所以，本文以爲，由氣化展開張載對道德思想的論述，並不會使其德性生命之論述失去本體論之依據。

19 《正蒙．誠明》曰：「**形而後有氣質之性，善反之則天地之性存焉。故氣質之性，君子有弗性者焉**」，即表示天道以氣化流行之姿態全幅展現時，本是清通無礙；當其反清爲濁、凝聚成形時，方得以形成有形的具體個物；由於「形」是清通之氣的阻礙（或限制），因此清通之氣在有形之物中是無法全幅展現；人作爲有形之具體存在者，一方面稟受清通之氣而有「天地之性」，一方面則當清通之氣在遭受窒礙而凝聚成形軀時所產生的「氣質之性」（因此，天地之性與氣質之性並非指人存在著兩種異質的本性，而是從人稟受於天的清通之氣是否受到限制而言人之道德性何以當顯而未顯）；由於天道本身即是參和不偏的價值根源，天道以氣化之姿所全幅展現的清通之氣亦即屬於參和不偏者；所以人稟受於天之清通之氣所成的「天地之性」，亦即是與天道同質的存在，同爲價值創化根源。基於上述，張載以人之道德活動乃是根源於人是否能超越氣質之性的限制（亦即讓清通之氣不再受到凝聚之「形」的阻礙），而使生命重返與天道同質的清通無礙狀態（亦即讓天地之性全幅展現）。也因此，張載認爲氣質之性既然是天道在人生命中實現的阻礙，當然不爲有德之君子視爲「人之所以爲人之存在價值根據」。

蒙・誠明》)，這裡的「氣」並不是指氣化流行整體，而是指人在氣化凝聚成形時所稟賦的氣質之性；由於人之形軀本就是氣化流行遭遇窒礙的結果（這一點可由《正蒙・太和》說：「太虛為清，清則無礙，無礙故神；反清為濁，濁則礙，礙則形」得知)，所以人若無法自覺的通過道德實踐活動超越感官形軀的驅使，則人之性命將自陷於氣質之性中，此所謂：「性命於氣」；反之，若人能自覺的由道德實踐超越氣質之性的限制，則人即能彰顯人的天地之性，成就道德生命，此所謂：「性命於德」。也因此，張載說：「聚亦吾體，散亦吾體，知死之不亡者，可與言性矣」(《正蒙・太和》)，他由氣化論論說了孟子「人禽之辨」的義理，指出何以人之道德性是人之所以爲人的價值根源，並且闡述唯有人之道德性命才是與天道同爲不朽之真實存在。

其次，從道德生命的實現說明人何以能坦然面對生死問題。張載指出：「盡性，然後知生無所得，則死無所喪。」(《正蒙・誠明》)，他認爲世人眷生懼死之情乃源於誤將形軀的死亡視爲歸諸空無；因此他由兩方面回應這種見解：(1) 張載援引《易經》思想，指出天地之間並不存在著絕對的空無，並以氣化論說明個體形軀的腐朽不是走向空無一物的境地，而是由曾經凝聚成形之氣散殊回歸氣化流行中。所以，死亡是從有形狀態之實有過渡至另一種無形狀態之實有，人並不會因爲死亡而歸於空無。然而，此說還不足以使人破除對此生所擁有之物的依戀，以及因死亡所造成的永久性喪失之不捨。所以，張載又進一步指出：(2) 人生之真實價值並不在於對富貴名利等外物的短暫持留，而在於實現道德生命之不朽。他表示：「天下之富貴，假外者皆有窮已，蓋人欲無饜而外物有限，惟道義則無爵而貴，取之無窮矣」(《經學理窟・學大原下》)，若人生以競逐於富貴名利等外物爲目的，則人一方面求之未必得，另一方面人也永遠無法滿足於所得（因爲「**人欲無饜而外物有限**」），而且這些好不容易獲得的東西又會隨著死亡而失去，由此可知這種外物的競逐並不足以開顯人生的真實意義。張載指出，由於道德性命方是與天道同質的長在不死之物，因此當人充盡人之所以爲人之性分時，其個體生命之全幅意涵亦轉爲與天道合德之真實存在。基於此，張載對生死問題的態度，已然由人對形軀生命的關注上提至人對盡性成德的努力。因此，人生意義之開顯應是一純然的成德歷程，其富貴榮華並不能增添富麗其德性生命的價值，故曰：「生無所得」；而此身之壽夭也無法傷害減損其德性生命的真實，故曰：「死無所喪」。換言之，人在道德生命的實踐歷程中，當無生死之懼，僅有成德與否之憂。

最後，批判學者若不重視道德生命之實現則與死無異。張載認爲：「**學者本以道為生，道息則死也**」（《經學理窟・氣質》），此處的「學者」，當指有志於學習聖人之道的知識分子；[20]張載指出，學者當以「弘道」爲己任，若是人生在世卻無心於盡性成德，則雖生猶死，他直接批判這種人如「木偶人」。他說：「**學者有息時，亦與死無異，是心死也身雖生，身亦物也**」（《經學理窟・氣質》），張載之所以認爲學者若「心死」，即便行動自如，卻與死無異，乃是由於當此人放棄開顯此身之生命意義，則成爲與「物」一般的存在。由於張載認爲，人、物之別，正在於萬物在氣化凝聚成形之後，皆僅能依據自身的形軀生命而生存，唯有人能超越氣質之性的限制，探尋並開顯自身的價值意義。因此，一旦人放棄實現自身的生命意義，則人就如同放棄自身生爲人的意義。如此一來，

20 《宋史・張載傳》記載：「（張載）**與諸生講學，每告以知禮成性、變化氣質之道，學必如聖人而後已。**」由此可知，張載認爲「學者」當是以學聖人之道爲己任。

人亦不過是物而已。而學者又不似一般人，學者既然志在學習聖人之道，當效法先聖，通過道德實踐之活動，實現安立天下之志業。所以，張載批判無心於道德生命的學者，認爲他們是雖生猶死。

第三節 張載對生命意義之探尋

張載作爲北宋理學的先驅之一，其畢生以顯揚儒學義理、安立天下萬民爲己任。他對於生命意義之探尋可歸結爲四句話：「為天地立志，為生民立道，為去聖繼絕學，為萬世開太平。」[21]（《張子語錄‧語錄中》），本文以下亦依此分說：

一、為天地立志：在現存張載文獻中，吾人可見到張載反覆論說「立志」的重要。他說：「有志於學者，都更不論氣之美惡，只看志如何」（《張子語錄‧語錄中》），認爲人之爲學所首重者，並不在於個人的氣稟厚薄、資質優劣，而是在於一個人所立的志向爲何。他表示「學者大不宜志小氣輕。志小則易足，易足則無由進」（《經學理窟‧學大原下》），強調學者當以立大志作爲一生行爲活動的指引，若是志向太小而能輕易達成，則人生將很容易陷入怠惰而不知進取。所以他說：「凡學，官先事，士先志」，並認爲「志者，教之大倫而言也」（《正蒙‧中正》），主張教導以經世濟民爲己任之學者立定志向，是教育活動中最應當注重的事情

21 《近思錄拾遺》對此段話的記載爲：「為天地立心，為生民立道，為去聖繼絕學，為萬世開太平」，而《宋元學案‧橫渠學案上》則記爲：「為天地立心，為生民立命，為往聖繼絕學，為萬世開太平」，此三段紀錄，雖在文字上略有差異，但在義理上卻無分別，本文依據《張子語錄》記載之文句，歸結橫渠一生的學思用心。

之一。基於上述，張載認爲學者當效法天地生物之德以立定志向。他表示，天地雖以生生爲大德；[22]然而，天理流行並不以形象聲貌示人（《正蒙・作者》曰：「上天之載，無聲臭可像」），故人需冥契天德，方能體證天道如何範圍天地之化而不過、曲成萬物而不遺。因此，所謂「爲天地立志」，當是指以聖人之道自任之學者，當體證天地生物之德，以成己成物爲一生之志向。所以，張載說：「**大學當先知天德，知天德則知聖人**」（《正蒙・乾稱》），亦即以爲學之首要目標就在於立定志向，發揮人之所以爲人之天德良知，如此方知聖人之道無他，盡在「**成己成物，不失其道**」（《正蒙・誠明》）而已。

二、為生民立道：張載認爲學者除當效法天地生物之德以爲人生之大志，而且當爲萬民立下生民之達道，實現敦厚世風、化

22 《正蒙・天道》曰：「**有天德，然後天地之道可一言而盡**」，故可知天地之德，亦即天道生生之德。關於這一點，亦可由其他文獻中得證，《橫渠易說・復卦》論及「天地之心」時，有言曰：「**天地之大德曰生，則以生物為本者，乃天地之心也。地雷見天地之心者，天地之心惟是生物，天地之大德曰生也**」，張載發揮復卦之義，以爲「復」並非復歸於靜止，而是天地之道在往復不息之歷程中展現生物不窮之大德。換言之，大道以「生生」之方式推行（流行、過程），而此生生之歷程正是使天地萬有能如其所如而存在之所以然，故此歷程本身即是一最高價值之活動，而稱之「大德」。誠如方東美先生所言：「**中國哲學家處處要以價值的根原來說明宇宙秩序，本質上，中國的宇宙觀乃是一種以價值為中心的哲學**」（《中國人的人生觀》）。大道流行不當僅只是對宇宙生化過程的描述，而當是指在道之暢達無礙之流行中，正所以展現生化萬物之大德。此即表示，道作爲一切存有與價值之基礎，乃是指其生化萬物之活動本身即是價值活動之展現。更進一步說，體道之聖人當取法天道生物之德，以作爲建立人間價值秩序的基礎。基於此，當《周易・繫辭下》曰：「**天地之大德曰生**」，指出道在天地間造化萬物之活動並不只是一種實然的描述，而同時也表示：道作爲使萬物得以生生不息之所以然，其使萬物得以生生的活動歷程即是天地之大德。張載則承此而言，天地生物與人間理財養物實應秉持一貫之道。方東美，馮滬祥譯，《中國人的人生觀》收入《中國人生哲學》（台北：黎明文化事業股份有限公司，1983 年），頁 126。

民成俗之功。他說：「**天下達道五，其生民之大經乎！**」(《正蒙・至當》)，張載發揮《中庸》思想，以君臣、父子、夫婦、昆弟和朋友，爲天下之五達道。由於張載倡言「天人不二」之旨；換言之，他不是將倫理視爲約定俗成的人間規範，而是以人倫秩序的建立作爲天地之道的具體實現。[23]這種觀點又表現在張載對禮教的重視上，[24]他說：「**禮即天地之德**」(《經學理窟・禮樂》)，他認爲「禮」不僅是一種秩序或規範，同時亦是最高價值的展現（天地之德），而天地又以生化萬物爲大德。因此，他認爲以「禮」安立人倫秩序，亦即是立生民之達道。張載不僅是在學理上做出如此主張，他並且將這種想法具體落實在人生中。據《宋史・張載傳》記載，張載曾先後爲祁州司法參軍，雲巖令，其任內「政事以敦本善俗爲先」，旨在通過教導百姓明親親、尊尊之人倫大義，讓人民安和樂利的生活。張載在退居橫渠後，又以其微薄的積蓄，親自於民間推行禮教。據其弟子呂大臨所言：「(張載)**退以其私正經界，分宅裡，立斂法，廣儲蓄，興學校，成禮俗，救菑恤患，**

---

23 由高柏園先生所指出，《中庸》的形上思想，即是將道德秩序視爲宇宙秩序的「天人合一之道」，可知張載此說當不背離《中庸》本義。高柏園，《中庸形上思想》(台北：東大圖書股份有限公司，1991年)，頁140-142。

24 在張載思想中，「禮」並不是某種基於約定俗成而有的外在規範，而是人對天道的體現與取法。基於此，張載認爲，禮不是僅關涉人間的事務，而是天地秩序的展現。張載甚至指稱，若將禮之根源僅歸屬於人爲者，乃是不知禮之本。《經學理窟・禮樂》曰：「**禮不必皆出於人，至如無人，天地之禮自然而有，何假於人？天之生物便有尊卑大小之象，人順之而已，此所以為禮也。學者有專以禮出於人，而不知禮本天之自然，告子專以義為外，而不知所以行義由內也，皆非也，當合內外之道。**」由此段引文可以分析出以下幾個重要的觀點：首先，禮不依於人而有，即使無人存在於世，天地之間所展現的秩序性，即是「禮」之展現。其次，人是通過順承取法天地所展現的整體秩序性，而建立安立人間秩序之禮。最後，禮雖爲形上之理於存在界所展現之整體秩序，但禮之實踐卻是基於人之內在道德心性，方能體證取法天地大化所展現的秩序性。

敦本抑末，足以推先王之遺法，明當今之可行」(〈呂大臨橫渠先生行狀〉)，張載以私有積蓄購買土地，並效法《周禮》推行井田制，將土地劃分給農民，一方面對國家按時納稅，一方面則請農民遵守他所提的繳租方式，並且由此積累積蓄以興辦學校、救助災患。除此之外，由於張載對於喪葬家祭之禮的提倡，使得關中「喪祭無法」的現象大爲改觀，風俗爲之一變(《張子語錄‧語錄中》記載，張載曾說：「關中學者用禮漸成俗」)。由此可知，所謂「爲生民立道」不僅是志向的確立，而且是需要通過生命的具體實踐，才稱得上是貫徹儒者仁民愛物的精神。

三、為去聖繼絕學：張載表示聖人之學的宗旨不僅在於增進個人知識，而且更要求學者以聖賢之道敦化社會風氣。張載終身以發揚先秦儒學義理自任，程頤曾稱讚張載〈西銘〉對於孟子義理之顯揚是前聖所未見，[25]朱子則認爲《正蒙》一書發揮《論語》、《孟子》及六經之義理，可說是「規模廣大」[26]。由此可知，張載所說「爲去聖繼絕學」，所承繼的正是六經與孔孟之學。然而，張載何以要一再強調復興先秦儒學呢？關於這一點，可以從〈正蒙序〉中找到線索，據張載弟子范育的陳述，當時的學術環境是「**自孔孟沒，學絕道喪千有餘年，處士橫議，異端間作**」，而張載之功正在於著書立說向異端之說「**較是非曲直**」[27]。對於所謂「異

---

25 據《宋史‧張載傳》記載，程頤嘗言：「**西銘明理一而分殊，擴前聖所未發，與孟子性善養氣之論同功，自孟子後蓋未之見**」，儘管二者學思理路並不相同，但伊川稱張載之說是「前聖所未發」，可以說是十分推崇張載對孟子性善養氣說的發揚之功。

26 〈劉璣正蒙會稿序〉，收入《張載集》。

27 丁爲祥先生即指出，張載是通過對六經、《論》、《孟》的重新詮釋以與佛老「較是非，計得失」，堪稱北宋五子中最具有理論意識且自覺地以理論爲儒學「造道」的理學家。丁爲祥，《虛氣相即－張載哲學體系及其定位》(北京：人民出版社，2000年)，頁46。

端之說」，張載並非基於獨尊儒學的自我膨脹心態，而指責其他不同於儒學的學問。他是基於重整倫常綱紀的目標，而試圖復興儒學義理，並與其他學說比較理論得失。在《正蒙・乾稱》中，張載指出由於學者未識聖人之心、君子之志，因此形成「上無禮以防其偽，下無學以稽其弊」的混亂局面。所以，張載以建世教、闢異端爲明道之要務，反覆伸張儒家天人一本的思想。並批評老氏「有生於無」[28]之論，與佛家「以山河大地爲見病」[29]之說，均會造成「天人二本」、「體用殊絕」的弊端。因此可以說，所謂「爲去聖繼絕學」即是從思想教育上立根，闡發儒者天道性命通一無二之學，以作爲匡正社會風氣、奠定倫常價值的基礎。

四、為萬世開太平：北宋名臣范仲淹曾以「先天下之憂而憂，後天下之樂而樂」（《宋元學案・高平學案》）自誦其志。范文正公曾贈《中庸》一書給年少的張載，啓迪他對儒學的興趣。[30]而范

28 《正蒙・大易》曰：「大易不言有無，言有無，諸子之陋也」張載認爲，大易生生之理只言隱顯、幽明，而不言有無。老子持「有生於無」之說，在「有」之外另立一個無對的「無」，實是不知有無實虛生滅只是通一無二之理。

29 《正蒙・乾稱》曰：「浮屠明鬼，謂有識之死受生循環，遂厭苦求免，可謂知鬼乎？以人生為妄（見），可謂知人乎？天人一物，輒生取捨，可謂知天乎？」張載認爲，佛家將人生視爲妄見，而以輪迴之說解釋人生所遭逢的苦惡困頓，遂有解脫輪迴之心法。然而，若是將天地變化之理收攝於個人之識心中（「以心法起滅天地」），則只是以一己之見度量天地之大；若以萬物爲幻象，則墮入永恆輪迴中之人與轉瞬消亡的萬物間，乃各有其生生之理，如此則分天人爲二。因此，張載認爲佛家之說是不明人鬼，將天人分判爲二。

30 據〈呂大臨橫渠先生行狀〉所載，范仲淹出任陝西招討副使兼知州時，年少的張載性喜談兵，曾上書要求參與保家衛國之事。范文正公見其有遠器，遂說：「儒者自有名教，何事於兵！」，並贈《中庸》一書給張載。儘管張載在勤讀《中庸》後，又經歷「未以為足也，於是又訪諸釋老之書，累年盡究其說，知無所得，反而求之六經。」的學習轉折。但是，《中庸》對張載的儒學思想卻始終發揮著深刻的影響。《宋元學案・高平學案》亦將范仲淹贈書給張載的事蹟，視爲「導橫渠以入聖人之室」。由此可知，儘管橫渠

氏無一念不在天下家國的胸襟，亦正是張載一生學思歷程的最佳寫照。張載以爲，儒家的學問宗旨並非只重視個人的德性修養，而是以安立天下萬民爲本懷。關於這一點，可以從兩方面得見：其一，在〈答范巽之書〉中，張載指出：「**朝廷以道學、政術為二事，此正自古之可憂者**」，他以孔孟之道立基，指出儒者之學問正是爲了促使爲政者推仁政王道於天下。[31]若是將道學與政術截斷爲兩端，則一方面使學者失去對天下國家之事的關懷，另一方面容易使國家走向崇尚功利的「霸道」立場。因此，儘管個人是否能見用於朝廷並非學者自身所能決定；但是，張載卻主張學者不當忘懷「以天下國家爲己任」的使命感。其二，由〈西銘〉所彰顯的「民胞物與」精神可知，張載實發揮《禮記．禮運》的救世理念，認爲「**凡天下疲癃殘疾、惸獨鰥寡，皆吾兄弟之顛連而無告者也**」，主張學者當具備超越個人利害而視天下無一物非我的胸襟，體證天道生生之德，進而成就「周乎萬物而道濟天下」的大同世界。由於張載是以「性與天道爲一」之理爲出發點，勾勒出儒者「曲成萬物而不遺」的理想境界。因此，當楊時質疑張載「**愛必兼愛**」(《正蒙．誠明》) 之言類同於墨子兼愛之說時，伊川先生明確指出：「**〈西銘〉明理一而分殊，墨氏則二本而無分，子比而同之，過矣！**」(《張子語錄．後錄上》)。由此可知，儘管以「理一分殊」定位〈西銘〉是否恰當仍有待討論，[32]但是張載所謂「爲

之學雖非出於高平門下，但范仲淹贈書之事，確實爲從學兵事的張載開啓了一條通往儒學的道路。

31 先秦儒學始終保持著「學、政不二」的救世理念，例如，孔子有「**為政以德，譬如北辰，居其所而眾星共之**」(《論語．爲政》) 的政治主張，而孟子則有「**以不忍人之心，行不忍人之政**」(《孟子．公孫丑上》) 的德治思想。

32 陳俊民先生即認爲，〈西銘〉之本旨當是「民胞物與的大同理想」，而非伊川所言的「理一分殊」。陳俊民，《張載哲學與關學學派》(台北：台灣學生書局，1990 年)，頁 85-89。

萬世開太平」的理想，卻無疑的是發揮了儒學成己成物的道德理想。

張載對於儒學的承繼與發揚並不是從考據訓詁上發揚經學，也不在於以儒學賦麗文章之華美，而是著重於儒學明體達用、經世濟民的實踐價值。[33]對於生命意義的探尋，張載秉持著孟學「先立乎大」的宗旨，鼓勵人拉高生命的視野，以有限的生命成就無限的道德事業。由此使個人生命成爲即有限而可無限的存在。這種精神最能從「橫渠四句」中得見。誠如馮友蘭先生所言：「吾先哲之思想，有不必無錯誤者，然『為天地立心，為生民立命，為往聖繼絕學，為萬世開太平』，乃吾一切先哲著書立說之宗旨」[34]，而陳來先生也指出張載所提的「四爲」對中國知識分子產生重要的影響，激勵著歷史上許多志士仁人以救邦國於危難、拯生民於塗炭爲終生志向。[35]由此可知，張載認爲生命的意義不當只侷限在一己之利害得失，而更應該從人之所以爲人所當盡之性分，考量人在天地之間的存在價值。

第四節　變化氣質與生命教育

在本文一開始曾提及，對「死之必然的認識」與對「生命意

33 二程曾將宋代學者的學問傾向歸爲三類而說：「今之學者，歧而為三：能文者謂之文士，談經者泥為講師，惟知道者乃儒學也」由此可知，二程子認爲文士與講師都非真正傳揚儒學義理者，唯有知儒家先聖所傳的經世濟民之道者，方可謂之儒者。張載以儒學當是經世濟民，其學問傾向自然不同於當時的文士。程顥、程頤，《二程集》第二冊（北京：中華書局，1981 年），頁 451。

34 馮友蘭，自序（二），《中國哲學史（增訂本）》（台北：台灣商務印書館，1999 年），頁 2。

35 陳　來，《宋明理學（第二版）》（上海：華東師範大學出版社，2003 年），頁 58。

義的探尋」是生命教育的兩項重要課題。在儒家教育思想中，是將這兩項課題立基在「成德之教」上思考。所謂「成德之教」，在於肯定生命的真實意義必須通過人的道德實踐才能圓現，因此教育的目標並不止於知識的累積，更強調個人德性的自我實現與成就物我皆榮的道德理想。當然，儒者對於道德生命的最終實現，總是以「天人合德」爲歸趨。[36]若是僅以人際間的倫常活動爲道德理想的實現，而忽略了道德活動的形上根源，正是張載所批評的不悟「天人一本」之大道。因此，當儒者從天之所以爲天，而論人之所以爲人時，即是由無限的道德生命之圓現證成個人的生命意義。此時，儒者便不將個體生命的存續視爲人生最重要的事情。相對的，不論是「殺生成仁」或「捨生取義」，均指出，儒者認爲個體生命的終結並不意味著生命價值的消亡。若是人生在世能克盡人之所以爲人之所當爲，則個體生命的終結亦只是此生道德實踐的最終休息。在此意義下，人自然無須因生而樂、因死而悲。由前述的討論可知，張載正是在此意義下，承繼孔孟儒學對「生命意義」的看法。張載由氣之聚散說明生死現象之必然，而且表示唯有人之德性生命可以超越生死氣化之必然，成爲即有限而可無限之存在，故人生的意義應當在於追求德性生命的不朽，而非形軀生命的永恆持存。基於此，我們可以說，張載「成德之教」的目標：是通過教育使人超越形軀生命的限制（此即變化氣

36 荀子雖是先秦儒學的重要傳承者之一，但是僅主張「天生人成」，而不同於孔孟所言「天人合德」之說。這是由於荀子僅將天視爲「自然之天」，而非形上之天、德化之天的緣故。牟宗三先生曾指出，正由於荀子將天視爲如此，故禮義法度無處安頓，而僅能歸諸人爲；但是荀子又將人性視爲氣質欲望之性（只認識人之動物性），故禮義之於人又無內在動力使之必行。因此，荀子「天生人成」之說顯見其無根而難爲。宋明儒者有鑑於此，多半取孔孟「天人合德」之論以說明人間道德的形上根源，張載亦持此看法。牟宗三，《名家與荀子》（台北：台灣學生書局，1994 年），頁 213-228。

質之工夫），並在道德主體的精思力踐中，證成人在天地間的存在意義。換言之，張載所謂「盡性，然後知生無所得，則死無所喪」（《正蒙・誠明》），正是將個人的生命視野拉高，在天道性命通貫為一的道德實踐歷程中，使人不再侷限於從生命的有限探究生命的價值，而是在無限的道德生命中證成生命的意義。

教育在儒學的傳統中，本就是相當重要的一環。孔、孟皆曾通過教育志業的開展，以傳遞希聖希賢的德治理想。張載作為北宋儒學復興運動的先驅之一，尤其重視儒家成德之教的傳遞與發揚。[37]然而，宋明儒學之所以稱為「新儒學」，自有其不同於先秦儒學之處。張載雖得孔門心傳，強調由德性生命之修養以成就大同世界之理想；但是，張載有別於孔孟者，則在於他通過「變化氣質」說明「成德之教」如何可能。基於此，本文以下將分為兩部分展開討論：

一、氣質何以可變

若論及張載的變化氣質思想，[38]我們所首需思考的問題當是「人之氣質何以可變？」（亦即「人如何可以通過教育完善自

---

37 根據《宋史・張載傳》記載，張載的教學情形是「敝衣蔬食，與諸生講學，每告以知禮成性、變化氣質之道，學必如聖人而後已。……故其學尊禮貴德，樂天安命，以易為宗，以中庸為體，以孔孟為法。」由此可見，張載的教育思想實是對孔孟儒學的傳承與發揚。

38 張載所謂「氣質」，並非將「氣」視為一種質料或物質。所謂「氣質」，乃是指氣化成物時，氣凝聚成物之具體形質。張載以太虛之清通無礙描述天理流行之剛健不息，並且以氣之濁、礙、凝、聚說物之所以具體成形。《正蒙・太和》曰：「游氣紛擾，合而成質者，生人物之萬殊」，「游氣」，王夫之注曰：「氣之游行，即所謂升降飛揚[38]」，可知具體之物是由氣化凝聚所成，且在此合而成質的活動中，萬物也產生分殊。由此可知，「氣質」乃是指：清虛之氣處於窒礙中。亦即是清虛之氣在氣化活動中，經過由清反濁、由濁而礙的歷程，轉化為具體有限之物。

身？」)。首先，若根據前述張載之氣論所言，則氣不得不凝聚爲萬物，而萬物亦不得不散殊爲氣以重歸太虛，那麼天地萬物的生成消亡皆只是一氣之化。如此一來，作爲天地萬物之一，人與鳥獸草木之生既然同出一源，那將如何說明人可以通過教育完善自身而草木鳥獸不能呢？再者，人具備何種能力能通過教育完善自身？亦即是人何以能實現人之所以爲人之性分？換言之，關於「變化氣質何以可變？」，在張載哲學中，可以從兩個部分回答這個問題：一是人與物何以不同？二是人何以能通過教育完善自身？關於前者，張載認爲由於性之通閉開塞所致，而有人物之別。關於後者，張載認爲由於人有善反的能力，是以能通過教育完善自身。

首先，就性之通閉開塞而言，張載雖認爲天地萬有同出一源，但由於所受先天限制的不同，而有人、物之別。張載以太虛爲萬物之本源，而說：「**性者萬物之一源，非有我之得私也。**」(《正蒙．太和》) 朱子對此段的註解爲「所謂性者，人物之所同得；非惟己有是，人亦有是；非爲人亦有是，物亦有是。」[39]這即是說，在氣化流行中，人與物皆稟氣而生，其差別並不在於二者之性的根源不同。這一方面意味著張載在天地萬物一體同源的思路下，說明人何以能體物不遺；另一方面，也意味著張載必須另尋出路說明人物之別。張載曰：

> **凡物莫不有是性，由通閉開塞，所以有人物之別，由蔽有厚薄，故有智愚之別。塞者牢不可開，厚者可以開而開之也難，薄者開之也易，開則達於天道，與聖人一。**(《張子語錄．後錄下》)

從根源上說，人與人、人與物之性並無差別。然而，由人、

39 《正蒙．誠明》，朱熹註語。《張子全書》(台北：台灣中華書局，1976 年)，頁 18。

物所稟受之「性」的限制上而論，則有人、物之別，智愚之分。張載以清、虛、一、大描述太虛，並且以氣之濁、礙、凝、聚說物。具體之物是由氣凝聚所化，並且也是陽健清通之氣轉爲陰靜濁礙之氣所成。換言之，物之形，雖是使一物之所以爲一物者，但也是指清通之氣墮入窒礙之形質中。正由於天地萬物各具其形，因此儘管萬物都共同稟受天地之氣，但是基於所受到的形質窒礙（通閉開塞）不同，而超越此本然限制以實踐天理的能力就有所不同。就張載而言，由於人比物所受到的形質限制少，因此人比物更有實踐天理的能力，由此而有人、物之別。張載不僅以此解釋人物之別，也由此說明人何以有智愚之分。

其次，就人有善反的能力而言，人能通過教育完善自身。「善反」，即是人能超越生命中的種種限制，而返回純然至善的本性，與天道契合，張載認爲這是人人都有完善自我之能力。張載曰：「**性於人無不善，繫其善反不善反而已**」（《正蒙・誠明》），這一方面意味著人稟受於天之性純然至善（換言之，人之性並不具備獨立自存的惡之意義）；另外一方面，也意味著人是實踐「善」或流於「惡」，端在於是否能「充盡」善反之能力。如果人不具備善反的能力以完善自身，那麼人就僅只是實然的存在，就只能關注個人已然如此的生理欲望。如此一來，人就與動物相同，此正是孟子人禽之辨所反對者，也是張載以爲告子論證之盲點所在。[40]張載認爲教育就是啓迪人通過善反的能力，使造化生生之理在人之生命歷程中彰顯。因此他說：「**天道四時行，百物生，無非至教**」（《正

40 《正蒙・誠明》曰：「**以生為性，既不通晝夜之道，且人與物等，故告子之妄不可不詆**」，張載認爲性命天道本通而無礙，人之性亦正是天理流行之彰顯。告子將人之生理欲望視爲人性（生之謂性），那是誤將限制人能得以盡其性分的形質窒礙視爲人性，所以有人與物等之論。

蒙・天道》)，又說：「**君子教人，舉天理以示之而已**」(《正蒙・誠明》)，張載法天道以明人事，以爲太和之道既在氣化流行中呈顯其理序，人爲一氣之所化，理當取法天道作爲人間價值之依據。如果說教育的目的不僅在於知識的傳授，而更在於希聖希賢。那麼成聖成賢的途徑就在於人能實現人之所以爲人所當盡之性分。因此，張載曰：「**人之剛柔、緩急、有才與不才，氣之偏也。天本參和不偏，養其氣，反之本而不偏，則盡性而天矣。**」(《正蒙・誠明》)這即是說，人能通過善反之工夫超越墮入形質中之氣的限制，而實踐人之所以爲人之性分（盡性），正是人窮理盡性以與天合一之歷程。換言之，張載是將致學的歷程視爲個人德性生命之實踐歷程，並且由此重申儒家天人合一之思想，以破除佛、老天人二本之誤。

由前述兩點可知，教育之所以可行，一方面是因爲人在氣化流行之中，本然的比鳥獸草木受到較少的限制，所以人更易於上契天道。另一方面，張載認爲教育不僅是知識的傳授，更應該視爲成德之教，而人之成德成聖即是能在人之生命歷程中彰顯天理。由於人人皆有善反之能力，因此人不僅是一個實然的、生理的存在，更是能在實現人之所以爲人之性分時，返其性分之源，而與天道相契之道德生命。所以，基於人這種自我完善的能力，人可以接受教育而實現自我的生命價值。此爲教育之何以可行。

二、變化氣質的方法

「變化氣質」是張載最重要的修養論主張。[41]若說張載是以

41 從《正蒙》與《經學理窟》的論述中可知，「變化氣質」並非張載所列舉的眾多德性修養工夫之一；而毋寧說，「變化氣質」乃是張載德性修養工夫之總綱。在張載的天道觀中，他以清通無礙之氣（太虛）爲氣之本然，亦即

氣化說破除「天人二本」之謬見，變化氣質說則在於闡發先秦儒學希聖希賢的成德之教。然而，人應當如何變化氣質呢？關於這個問題，我們可以由下述張載的文句中得知，曰：

> **性於人無不善，繫其善反不善反而已。**(《正蒙·誠明》)
>
> **變化氣質。孟子曰：「居移氣，養移體」，況居天下之廣居者乎！居仁由義，自然心和而體正。更要約時，但拂去舊日所為，使動作皆中禮，則氣質自然全好。**(《經學理窟·氣質》)
>
> **氣質惡者學即能移，今人所以多為氣所使而不得為賢者，**

無限存有自身。無限之太虛透過由清反濁，由濁而礙，由礙而形的自我轉化活動，化生有限的具體個物與散殊現象。故太虛是萬有之形上本根。又由於氣化生物乃順而不妄之活動（太和所謂「道」），故太虛自我轉化以產生有限存有的活動自身（以其推移曰：「道」），亦即是一切價值之理序。在此基礎上，張載的人性論指出，具體個別的人乃氣化所成（如同所有具體個物一般，是以〈誠明〉曰：「**性者，萬物之一源**」）。換言之，人是無限之存有（太虛）透過自我轉化活動所成的有限存有者。在此氣化生物的歷程中，具體個物的產生，是基於清通無礙之氣由礙而形所成。亦即太虛在生物的歷程中需要透過窒礙（有限化）的活動以產生具體個物。本文以爲，此即是張載所言之「氣質」。「氣質」並不是指「氣之性質」，而是指清通無礙之氣所受的窒礙（限制）。所以，張載以「天地之性」與「氣質之性」而言人性，並不是說一個人身上具有兩種本質相異的人性。張載所表示的是：在太虛生物的歷程中，人得之於太虛者，乃是無限的清通無礙之氣，以其爲一切價值之理序，故亦爲人之內在無限道德性，而名之爲「天地之性」。至於「氣質之性」，乃是指清通無礙之氣在具體有限的個人形軀中所遭受的限制。故氣質之性是人之天地之性的消極限定項。由於張載認爲，在太虛生物的活動中，由礙而形是產生萬物殊類，以及人有智愚之別的關鍵。所以，張載又以稟氣厚薄，說明人由於萬物中受到限制最少者，故人是萬有中唯一能自我超越氣質的限制，重新朗現內在的天地之性，並由此成爲即有限而可無限的存有者，達到與天（太虛）合一的境界。正由於張載的工夫論之主旨，即在使人能超越自身的限制（氣質），朗現內在道德性（天地知之性）。此即是說，超越氣質限制的種種工夫，皆是爲了「變化氣質」。因此，本文以爲，「變化氣質」並非張載眾多道德修養工夫之一，而是其工夫論之總綱。也因此，本文以「變化氣質」闡明張載「成德之教」的要旨。

蓋為不知學。（《經學理窟．氣質》）

為學大益，在自（能）〔求〕變化氣質，不爾〔皆為人之弊〕，卒無所發明，不得見聖人之奧。故學者先須變化氣質，變化氣質與虛心相表裡。（《經學理窟．義理》）

禮所以持性，蓋本出於性，持性，反本也。凡未成性，須禮以持之，能守禮已不畔道矣。（《經學理窟．禮樂》）

由上述引文可知，張載認爲變化氣質之修養工夫可由幾方面實踐：

1. **善反**：張載認爲人人皆具備天地之性，因此皆能超越形質之限制，變化氣質成爲聖人。其中關鍵在於人是否自覺的「反身而誠」。若是人能立志持存善反之工夫，則作爲道德實踐之內在根源的天地之性，就會如如朗現。
2. **學**：張載指出，人無不善，人人皆可通過後天的學習轉變個人的氣質。若是以爲個人的習氣嗜欲較重而不能成聖成賢，則只是畫地自限。張載認爲讀書與博學都是人進德修業的重要途徑。《經學理窟．義理》曰：「讀書則此心常在，不讀書則終看義理不見」，張載將四書及六經都列爲學者應該時常閱讀的經典。並且將書籍的閱讀由知識的積累提昇至德性的轉化。不過，張載並未教人死讀書，而是認爲明察人倫庶物，廣博的學習，都同是窮理盡性的方式。
3. **以禮持性，知禮成性**：張載認爲，「禮」乃是出於人性而制定。因此，若是人還身受個人習氣或外在環境的影響，而未能復見天地之性，則日常生活依據禮節儀文而行爲舉止，將有助於人持守本性。由《正蒙．至當》曰：「知禮成性而道義出」可知張載認爲，禮不僅是人之行爲活動合宜與否的準則，而且也是人透過人間事務而展現天理之秩序。

4.**虛心**：張載認爲「變化氣質」與「虛心」相表裡。但是，張載所謂「虛心」不同於老莊所言。《張子語錄．語錄下》曰：「**毋四者則心虛，虛者，止善之本也，若實則無由納善矣。**」可知張載所謂「心虛」，乃是孔子所言之「毋意，毋必，毋固，毋我」(《論語．子罕》)。張載指出，若是人心全被偏見與獨斷充滿，那麼就無法廣納善言，也無法打開人我之隔，成就感通無礙的仁者之境。換言之，張載論及虛心，乃是爲了朗現人之所以爲人的道德本心，由體物不遺的仁心，而成就興滅繼絕的志業。所以，《張子語錄．語錄中》曰：「**虛心然後能盡心**」。

5.**大心**：張載將人所擁有的知識區分爲二，一爲「見聞之知」，指以感官知覺接觸外物而獲得的經驗知識；另一則爲「德性之知」[42]，指人基於良知良能而對天理的領會。張載認爲，由於「德性之知」是以天理爲認識對象，因此在價值上優先於「見聞之知」。然而，人何以能獲得「德性之知」呢？張載發展孟子的「盡心」說，認爲人本然的即具備天德良知，但是人往往習慣於由見聞之知掌握世界，而陷溺於日常生活的物欲競逐中，以致於使良知良能隱而不顯。所以張載主張透過「大其心」的實踐工夫，使人能超越見聞之狹，而對天道生物之理能有全然的領會，進而實現成己成物的道德志業。[43]因此張載說：「**大其心則能體天下之物**」

42 在〈誠明〉中，張載又將「德性之知」稱爲之「天德良知」。

43 張載承襲孟子盡心知性以知天的形上進路，認爲仁心（道德本心）之感通無礙有明見價值理序的能力，此一能力不僅在於明照人倫社會秩序，同時也洞悉萬有在存在界各自的價值。通過仁心的發用，不僅能揭露人對剛健不息之天道生生（誠）的先行領會，並且人也應以此作爲成己成物的典範。這正是〈西銘〉所謂：「**民，吾同胞；物，吾與也**」的仁者胸懷。

(《正蒙・大心》)，認爲所謂的聖人即是能大其心而效法天地之體物不遺，故能在道德生命的具體實踐中，參天地、體萬物，而與天地合德，由此彰顯「天人之本無二」的哲學思維。

張載提出變化氣質說以承繼先秦儒學的成德之教。由超越氣質之性而論及成聖如何可能的問題。並且指出，人能通過變化氣質的修養工夫，實現人之所以爲人之性分。張載指出，「氣質」既然是指氣之由清反濁，因濁則礙，由礙而形；那麼，人往往也因爲此氣質之礙，而尚未全然朗現天理流行，未能使天道性命相通貫。《正蒙・誠明》曰：「**形而後有氣質之性，善反之則天地之性存焉。故氣質之性，君子有弗性者焉。**」可知張載認爲，有德之君子所追求的目標並非由「形」而有的氣質之性，而是追求與天理流行清通無礙的天地之性。所以，既然張載認爲「學不求爲聖人」是秦漢以來一大障蔽，[44]而聖人當是盡心知性而知天者。如此一來，則消融天人之隔就是希聖希賢之教所必須論及的修養工夫。換言之，變化氣質之目的在於打通天人之隔，使人能通過修養工夫，而在吾人之道德實踐活動中如如朗現天理流行。

結　論

對「死之必然的認識」與對「生命意義的探尋」是生命教育的兩項重要課題。然而，生命教育作爲一項落實於學校教學的教育理念，所傳達的理當不僅是相關知識的灌輸，而更應該致力於生命精神的激發。基於此，本文試圖從一個儒學的反思出發，指

44 《宋史・張載傳》曰：「**知人而不知天，求為賢人而不求為聖人，此秦漢以來學者之大蔽也**」，可知張載認爲，「天人二本」之說與「學不求爲聖人」的態度，乃當時學界的積弊。

出張載如何通過道德實踐的精思力行，而激勵著歷代讀書人的時代使命感，使他們以天下興亡爲己任，終身奉行道德理想。全文共分成四部份陳述：首先，本文指出，張載以氣聚散說明生死之必然，並且由此反駁道教追求形軀生命不朽之言論。其次，由於死之必然是無可逃脫，因此張載進一步表示，道德生命的不朽才是人生真正值得追求的志業。再者，張載指出，自我價值的實現必不僅於個人生命的圓滿，知識份子尤其應當重視自身對社會國家的責任感。因此，他將生命的意義更歸結爲：「爲天地立志，爲生民立道，爲去聖繼絕學，爲萬世開太平」，指出人生之意義乃在於盡人之所以爲人之性分，以興亡繼絕爲己任，由道德生命之實踐以朗現大化生生之理。最後，本文指出張載不僅從學理上提出理想的願景，並且在其變化氣質說中，更提出實際的修養工夫，可以作爲落實於生命教育的參考。當然，由道德實踐探討人的生命意義，並非意味著將人生中的生、老、病、死等課題都簡化爲「做好人、做善事」。張載哲學指出的是，當吾人將生命的視野侷限在有限的形軀生命時，則人生的遭逢偶遇都成爲必然而無法超越者；但是，若吾人能將生命的視野拉高至不朽的道德生命時，則生命中的種種不圓滿，將不會成爲吾人實現生命意義的限制。因此可以說，張載哲學能夠替生命教育提供一種激勵昂揚的精神，鼓舞著莘莘學子在成己成物中實現自我的生命價值。

第七章　結　論

本書嘗試透過不同的研究視角，探究張載以氣論爲基礎的儒學架構。通過前述五章，本書不僅依序探討了當代張載研究中十分重要且具爭議的議題，而且也處理了張載思想中相當關鍵卻較少受到注意的題材。更重要的是，這幾篇乍看各自獨立的篇章，其實都延續著一個核心的論述主軸，亦即是：張載如何透過氣論闡述孔孟儒學的義理精神，並依此統攝其思想的各部分（包含人性論、生死觀、教育觀，以及禮學等）。基於此，在全書正文之末，讓我們透過下述的問答方式，再次回顧張載是如何以氣論承繼與開展先秦儒學思想。

首先，若吾人探究：張載爲何透過氣概念以詮釋先秦儒學？則經由本書二、三章的討論可知，張載乃是以「氣」爲實有，一方面用以駁斥佛家「以世間爲幻化」之說與老氏「有生於無」之言；另一方面，在於證成儒家「天人合一」的義理架構。由於張載認爲，佛家以心法起滅天地，不僅否定了萬有的實有性，而且也否定了天道生生的真實性，由此從根本上取消了一切價值的存有論基礎。如此一來，人之道德實踐也失去根源天地的形上基礎。再者，對於老子提出「有生於無」的主張，張載認爲這將從理論上形成「天人二判」的困境，使天人之間形成一種割裂，而非連續性的關係。因此，張載必須提出一個概念，一方面可用以肯認萬有之真實性（否認虛空存在的可能），另一方面能說明天人之間的連續性關係（由此駁斥「無中生有」說所產生的天人割裂）。然而，當張載面對佛老形上思維的挑戰，而企圖回顧先秦儒學經典找尋適切的回應理論時，卻發現孔、孟雖蘊藏天人一本的精神，但缺乏理論上的論述。至於《易》經傳（尤其是〈繫辭傳〉）雖提供張載論述天人一本的理論模型，但在論述天人之間的連續性關係，以及對於「虛無」（或「無終生有」說）的否定上，卻尚缺乏一個足以使論述聚焦的概念語詞。從《橫渠易說》至《正蒙》的發展可知，張載從儒家經典之外，援引了一個足以詮釋《易》經傳的形上思維，又能闡述孔、孟人文精神的概念：「氣」。透過「氣」概念，他更進一步融攝〈繫辭〉陰陽二氣之說，以發揮大易生生之理，並且由此論述孔孟之學乃是「天道性命通貫爲一」之道。基於此，張載以「氣」爲「實有」以駁斥「空無」之可能，證成萬有之存在與價値的真實性。由「太虛」說明「氣」之本然乃是「清通無礙」的無限存有，故能爲生化一切有限存有的本體（本根）。又由「太虛」與「氣」乃「一而有分」的關係，駁斥「無中生有」說，以及此說可能產生的「天人二判」、「天人異用」的困境。

至此，讀者諸君當可發現，若不先釐清「太虛」與「氣」之關係，將無法精確的掌握張載氣論的核心。此所以在本書第二章，即首先透過當代張載學研究中的關鍵性爭議，探討張載「太虛即氣」的主張。再者，儘管多數學者都認同氣論是張載思想中最爲重要的部分之一。但是，對於張載何以採取孔孟儒學較少論及的「氣」概念，作爲承繼先秦儒學的核心概念，卻較少著墨。在本書第三章，試圖透過莊子與張載氣論的比較，一方面探討張載如何在儒家經典之外，援引氣概念闡述儒學義理精微；另一方面也指出，儘管張載在氣概念的使用上，與莊子有不少相似之處，但是二者間仍存有義理脈絡上的根本差異，而張載的氣論也並未有「援莊入儒」的問題。

其次，若吾人探究：張載是如何透過氣論闡述儒家天人一貫之學？則經由本書第四章的討論可知，張載以氣論爲基礎，不僅承繼了孟子性善論的觀點，更從理論上論證人之道德性何以具有根源天地的形上基礎。正由於人性論直接觸及人之性是否具有形上根源，故爲說明天人關係的關鍵。因此，張載此處的論述具有說明天人如何貫通爲一的關鍵意義。從〈太和〉中的論述可知，張載是由「太虛」與「氣」（氣化）兩概念之結合，推導出「性」概念。他認爲一切具體存在於天地之間的有形個物，皆是透過清通無礙之太虛由清轉濁，由濁而礙，由礙而形的自我轉化歷程（氣化流行之聚散歷程），所凝聚成暫時性的「客形」。具體個物稟受太虛而有者，即是「天地之性」；而在氣化生物的歷程中，使個體凝聚成形，以有別於太虛及其他個體的特殊性，即是「氣質之性」。基於此，張載不僅在萬有皆氣的基礎上，肯定萬物的真實性，也藉由氣化生物的活動歷程，以萬物皆稟受天地之性，而進一步的論述萬物一體、天人合一的理論基礎。由此亦可得知，張載與孟子在討論人性時的差異之處。當孟子提出「人禽之辨」時，所彰顯的是將人之所以爲人的本性即視爲人的道德性。但是，當張載以一氣之化說明萬有之實存，並依此闡述天人之間的連續性關係時，他所推導出的結論，即是「**性者萬物之一源，非有我之得私也**」。換言之，當張載以氣論爲基礎，承繼孟子的人性論時，他不僅爲人之道德性提出清楚的形上學論據，而且進一步證成：天地萬有皆是稟受「天地之性」而蘊含價值的存有。此亦即是說，在儒家天人合一的義理架構中，存有與價值理當同一。

再者，若吾人探究：張載是如何在氣論的基礎上，闡述人間之禮實具有貫穿天地的形上根據？則經由本書第五章的討論可知，張載是以氣化流行表述天理流行，又以天理流行為人間禮教之形上根源，並將禮節儀文視為天理流行的具體展現。在儒家哲學中，「禮」向來不僅僅只是一種規範行為的形式教條。孔子透過「攝禮歸義，攝義歸仁」的哲學反省，其目的正在於重新探究「禮之本」。孟子則是十字打開，直接就「心」、「性」、「天」、「命」探究禮樂儀文在道德實踐中的形上基礎與內在實踐根源。張載之學既然是以「孔孟為法」（《宋史・張載傳》），並由「尊禮貴德」以合「外內之道」，則張載對於禮學的探討顯然不當僅止於外在行為的約束，更當探究禮之本源的議題。基於此，張載從「天人不二」的基本立場出發，由氣化說明具體個物的生滅變化並且肯定人間的真實性，再從氣化生生之順而不妄，呈顯天理流行的生物之德與井然有序，最後則由變化氣質而言人如何貫通天道性命為一，以及人何以能取法天理以成禮。值得注意的是，探究張載禮學之形上根據，將有助於吾人避免對張載哲學產生片面性的理解。若是吾人不試圖澄清張載是如何將氣論作為禮學之實踐基礎，則將使張載氣論之實踐意義隱而不顯。更有甚者，若是吾人對張載氣論之研究重心僅側重於其形上論述的層面，則張載之氣論恐使人誤以為是空泛而缺乏社會意義的言語。這無疑是背離向來以實踐為目的之儒者精神。

最後，若吾人探究：張載是如何在氣論的基礎上，闡述其生死觀與教育觀呢？則經由本書第六章的討論可知，張載不僅由氣化聚散說明生死存亡的必然性，也由此破除世人對形軀生命的執迷，闡述儒家以德性生命不朽為目標的成德之教。張載指出，天地間一切有形之具體個物，其生皆來自於氣化流行之凝聚成形；其死乃是凝聚成形之氣散殊重歸於氣化流行。具體個物皆只是氣化流行之暫時凝聚成形，所以人與物之形軀皆僅是暫時性的持存（客形）。唯有氣化流行是循環不已。因此，在《經學理窟》中，張載就曾表示對於生死的態度是「**當生則生，當死則死**」。他認爲，人若是固執於肉身的永恆存在，不啻是期待形軀能背離氣化聚散之理，而不悟大易生生之道。基於此，張載將生死問題的關懷焦點由形軀的長保轉向成就德性生命的不朽。亦即是由破除世人悅生惡死的執迷，進一步發揮儒家成德之教的義理精微。然而，若要論及成德之教，首先必須探討：「人如何可以通過教育完善自身？」。這就涉及張載的教育觀。張載指出，萬物都是共同稟受天地之氣，而化生成不同的具體存在。但是，基於稟受之氣的厚薄清濁之不同，所受到的形質窒礙（通閉開塞）不同，而超越此本然限制以實踐天理的能力就有所不同。由於人比物所受到的形質限制少，因此人比物更有實踐天理的能力，由此而有人、物之別。人若能自覺的超越氣質之所限，通過變化氣質之工夫，則人即能完善自身，成就其德性生命。也正由於吾人能將生命的視野拉高至不朽的道德生命。因此，生命中的種種不圓滿，將不會成爲吾人實現生命意義的限制。對於死生之事，亦正如《正蒙・乾稱》所言：「**存，吾順事，沒，吾寧也**」之精神所在。必須說明的是，本章嘗試透過近年來廣泛爲學界所討論的生死學與生命教育相關議題，一方面勾勒出張載的生死觀與教育觀，另一方面也試圖彰顯張載哲學的實踐智慧不僅並不隨時光而褪色，反而更顯跨越時空的洞見。

參考書目

一、古典文獻

《孟子注疏》,(漢)趙岐注,(宋)孫奭疏,台北:藝文印書館,2001 年。
《周易鄭注》,(漢)鄭玄注,台北:藝文印書館,1967 年。
《老子王弼注》,(晉)王弼注,台北:文史哲出版社,1990 年。
《抱朴子》,(晉)葛洪,台北:世界出版社,1955 年。
《荀子注》,(唐)楊倞注,台北:成文出版社,1977 年。
《二程全書》,(宋)程顥、程頤,台北:台灣中華書局,1978 年。
《張載集》,(宋)張載,台北:漢京文化事業股份有限公司,1983 年。
《張子全書》,(宋)張載,台北:台灣中華書局,1988 年。
《伊洛淵源錄》,(宋)朱熹,台北:藝文印書館,1968 年。
《近思錄》,(宋)朱熹,台北:台灣商務印書館,1966 年。
《朱子全書》,(宋)朱熹,上海:上海古籍出版社,2002 年。
《新校本宋史》,(元)脫脫等撰,台北:鼎文書局,1993 年。
《張子正蒙注》,(明)王夫之注,上海:上海古籍出版社,2000 年。
《正蒙會稿》,(明)劉璣,台北:藝文印書館,1966 年。
《增補宋元學案》,(明)黃宗羲,台北:台灣中華書局,1984 年。

《四庫全書總目》,（清）紀昀等纂，台北：藝文印書館，1974 年。
《張子年譜》,（清）武澄，北京：北京圖書館出版社，2005 年。
《濂洛關閩書》,（清）張伯行，台北：台灣商務印書館，1968 年。
《莊子集釋》,（清）郭慶藩集釋，台北：河洛出版社，1971 年。
《十三經注疏附校勘記》,（清）阮元校勘，台北：藝文印書館，2001 年。

二、當代專書

丁為祥，《虛氣相即：張載哲學體系及其定位》，北京：北京人民出版社，2000 年。
丁原明，《《橫渠易說》導讀》，濟南：齊魯書社，2004 年。
方立天，《中國古代哲學問題發展史，上》，北京：中華書局，1990 年。
方東美著，馮滬祥譯，《中國人的人生觀》收入《中國人生哲學》（台北：黎明文化事業股份有限公司，1983 年。
朱建民，《張載思想研究》，台北：文津出版社，1989 年。
牟宗三，《心體與性體》第一冊，台北：正中書局，1990 年。
牟宗三，《心體與性體》第二冊，台北：正中書局，1968 年。
牟宗三，《名家與荀子》，台北：台灣學生書局，1994 年。
牟宗三，《圓善論》，台北：台灣學生書局，1996 年。
牟宗三，《道德的理想主義》，台北：台灣學生書局，1992 年。
牟鍾鑒、胡孚琛、王葆玹，《道教通論－兼論道家學說》，山東：齊魯書社，1991 年。
吳　怡，《新譯莊子內篇解義》，台北：三民書局，2000 年。
杜保瑞，《北宋儒學》，台北：台灣商務印書館，2005 年。
林　尹，《中國學術思想大綱》，台北：台灣商務印書館，1979 年。

侯外盧，《宋明理學史》，北京：人民出版社，1984 年。
姜國柱，《張載的哲學思想》，遼寧：遼寧人民出版社，1982 年。
姜國柱，《張載關學》，陝西：陝西人民出版社，2001 年。
胡元玲，《張載易學與道學：以《橫渠易說》及《正蒙》為主之探討》，台北：台灣學生書局，2004 年。
胡楚生，《老莊研究》，台北：台灣學生，1992 年。
唐君毅，《中國哲學原論・原性篇》，台北：台灣學生書局，1991 年。
唐君毅，《中國哲學原論・原教篇》，台北：台灣學生書局，2004 年。
唐君毅，《中國哲學原論・原道篇》卷一，台北：台灣學生書局，1992 年。
唐君毅，《中國哲學原論・原道篇》卷三，台北：台灣學生書局，2000 年。
唐君毅，《中國哲學原論・導論篇》，台北：台灣學生書局，1993 年。
唐君毅，《哲學論集》，台北：台灣學生書局，1990 年。
孫振青，《宋明道學》，台北：千華出版公司，1986 年。
徐復觀，《中國人性論史・先秦篇》，台北：台灣商務印書館，1999 年。
袁保新 著，李明輝 主編，〈盡心與立命〉，《孟子思想的哲學探討》，臺北：中研院文哲所，1995 年。
袁保新，《老子哲學之詮釋與重建》，台北：文津出版社，1997 年。
袁保新，《孟子三辨之學的歷史省察與現代詮釋》，台北：文津出版社，1992 年。
高柏園，《中庸形上思想》，台北：東大圖書公司，1991 年。

高柏園，《莊子內七篇思想研究》，台北：文津出版社，1992 年。
張永儁，《二程學管見》，台北：東大圖書公司，1988 年。
張岱年，〈關於張載的思想和著作〉，《張載集·序》，北京：中華書局，1977 年。
張岱年，《中國哲學大綱》，台北：藍燈文化事業股份有限公司，1992 年
張岱年，《張載：十一世紀中國唯物主義哲學家》，現收入《張岱年全集》第 3 卷，河北：河北人民出版社，1996 年。
梁韋弦，《孟子研究》，台北：文津出版社，1993 年。
陳　來，《宋明理學》（第二版），上海：華東師範大學出版社，2003 年。
陳　來，《宋明理學》，台北：洪葉文化事業有限公司，1994 年。
陳大齊，《孟子待解錄》，台北：台灣商務印書館，1991 年 9 月。
陳俊民，《張載哲學與關學學派》，台北：台灣學生書局，1990 年。
陳鼓應，《老莊新論》，台北：五南圖書出版公司，1993 年。
陳德和，《淮南子的哲學》，嘉義：南華管理學院，1999 年。
陳德和，《儒家思想的哲學詮釋》，台北：洪葉文化事業有限公司，2003 年。
陳德和，《道家思想的哲學詮釋》，台北：里仁書局，2005 年。
陳德和，《從老莊思想詮詁莊書外雜篇的生命哲學》，台北：文史哲出版社，1993 年。
陳麗桂，《戰國時期的黃老思想》，台北：聯經出版事業公司，1991 年。
傅佩榮，《儒家哲學新論》，台北：業強出版社，1993 年。
勞思光，《新編中國哲學史》（一），台北：三民書局，1984 年。
勞思光，《新編中國哲學史》（三上），台北：三民書局，1997 年。

湯勤福，〈張子正蒙導讀〉，《張子正蒙》，上海：上海古籍出版社，2000 年。

程宜山，《張載哲學的系統分析》，上海：學林出版社，1989 年。

馮友蘭，《中國哲學史》下冊（增訂版），台北：台灣商務印書館，1999 年。

馮友蘭，《中國哲學史新編》第五冊，台北：藍燈文化事業股份有限公司，1991 年。

馮耀明，《中國哲學的方法論問題》，台北：允晨出版社，1989 年。

黃秀璣，《張載》，台北：東大圖書公司，1987 年。

葉海煙，《莊子的生命哲學》，台北：東大圖書公司，1999 年。

葛榮晉，《中國哲學範疇導論》，台北：萬卷樓圖書有限公司，1993 年。

蒙培元，《理學的演變》，台北：文津出版社，1990 年。

趙吉惠、劉學智主編，《張載關學與南冥學研究》，北京：社會科學文獻出版社，2004 年。

蔡仁厚，《孔孟荀哲學》，台北：台灣學生書局，1994 年。

蔡仁厚，《宋明理學．北宋篇》，台北：台灣學生書局，1995 年。

鄭世根，《莊子氣化論》，台北：台灣學生，1993 年。

盧雪崑，《儒家的心性學與道德形上學》，台北：文津出版社，1991 年。

謝仲明，《儒學與現代世界》（增修再版），台北：台灣學生書局，1991 年。

龔　杰，《張載評傳》，南京：南京大學出版社，1996 年。

三、期刊論文

呂光華，〈張載之禮學〉，《孔孟月刊》第 22 卷第 2 期，1983 年。

岑溢成，〈孟子告子篇之「情」與「才」論釋〉，《鵝湖月刊》第 58、59 期，1989 年。

李　增，〈張載「氣」之研究〉，《輔仁大學哲學論集》第 16 期，1983 年。

李瑞全，〈孟子哲學中「性」一詞的意義分析〉，《鵝湖學誌》第 4 期，1990 年。

柳秀英，〈張載「太虛即氣」詮釋異說研究〉，《美和技術學院學報》第 21 期，2002 年。

孫效智，〈生命教育之推動困境與內涵建構策略〉，《教育資料集刊》第 27 輯，2002 年。

張永儁，〈莊子泛神論的自然觀對張橫渠氣論哲學的影響〉，《哲學與文化》第 33 卷第 8 期，2006 年。

張淑美，〈「生死教育」就是善生善終的「生命教育」〉，《輔導通訊》，2002 年。

張淑美，〈國中生的生命教育－從死亡概念與態度論國中階段生死教育之實施〉，《教育資料集刊》第 26 輯，2001 年。

陳立言，〈生命教育在台灣之發展概況〉，《哲學與文化》第 364 期，2004 年。

陳立驤，〈張載天道論性格之衡定〉，《鵝湖月刊》第 311 期，2001 年。

陳政揚，〈生命教育的儒學關懷：以張載生死觀爲中心〉，《揭諦》第 10 期，2006 年。

陳政揚，〈張載「天人合一」說的氣論基礎〉，「嘉義大學中文系第一屆宋代學術會議」，2006 年。

陳政揚，〈張載「太虛即氣」說辨析〉，《東吳哲學哲報》第 14 期，2006 年。

陳政揚，〈張載哲學中的「理」與「禮」〉，《高雄師大學報》第 18 期，2005 年。

陳政揚，〈張載對孟子人性論的承繼與開展〉，《揭諦》第 10 期，2007 年。

陳政揚，〈論莊子與張載的「氣」概念〉，《東吳哲學哲報》第 12 期，2005 年。

陳振崑，〈從整體性的觀點與「一體兩用」的思惟理路，重建張橫渠的天人合一論〉，《華梵人文學報》第 6 期，2006 年。

陳福濱，〈從生命的意義與價值論生命教育〉，《輔仁學誌：人文藝術之部》第 28 期，2001 年。

陳德和，〈論莊子哲學的道心理境〉，《鵝湖學誌》第 24 期，2000 年。

彭文林，〈張衡渠闢佛的氣化論〉，《文史哲學報》第 45 期，1996 年。

曾春海，〈先秦儒家正義觀及現代省思〉，《哲學與文化》第 18 卷第 4 期，1991 年。

黃德祥，〈生命教育的本質與實施〉，《台灣省中等學校輔導通訊》第 55 期，1998 年。

黃麗香，〈張載之禮學〉，《孔孟月刊》25 卷第 7 期，1987 年。

劉原池，〈張載「心能盡性」說對胡宏「盡心成性」說的影響〉，《哲學與文化》第 348 期，2003 年

黎建球，〈生命教育的哲學基礎〉，《教育資料集刊》第 26 輯，2001 年。

顏淑君，〈論張載之理學思想〉，《孔孟學報》第 72 期，1996 年。

四、西文期刊專書

Kasoff, Ira Ethan. *The Thought of Chang Tsai（1020-1077）*. Cambridge：Cambridge University Press, 1984.

Huang, Siu-Chi, 'The moral point of view of Chang Tsai'., *Philosophy East and Wes*t, Vol.21, no.2, 1971.

Huang, Siu-Chi, 'Chang Tsai's conception of chi', *Philosophy East and West,* Vol.18, no.4, 1968.

附錄：當代張載研究專書要述

儘管學界多將張載視爲北宋理學先驅之一，並認同其思想具備豐富的開創性及對宋明儒者產生深遠影響。但是，相較於學界對同爲北宋五子的二程思想之關注，現今對於張載思想的研究著述卻並不豐富。由 1950 年至 2006 年間，有關張載研究的專著共計有 11 部，分別是：

張岱年先生所著《張載：十一世紀中國唯物主義哲學家》[1]；

姜國柱先生所著《張載的哲學思想》[2]與《張載關學》[3]；

陳俊民先生所著《張載哲學思想及關學學派》[4]；

黃秀磯先生所著《張載》[5]；

程宜山先生所著《張載哲學的系統分析》[6]；

朱建民先生所著《張載思想研究》[7]；

龔杰先生所著《張載評傳》[8]；

---

1 張岱年，《張載：十一世紀中國唯物主義哲學家》（湖北：湖北人民出版社，1956 年）；現收入《張岱年全集》第 3 卷（河北：河北人民出版社，1996 年），頁 231-278。

2 姜國柱，《張載的哲學思想》（遼寧：遼寧人民出版社，1982 年）。

3 姜國柱，《張載關學》（陝西：陝西人民出版社，2001 年）。

4 陳俊民，《張載哲學思想及關學學派》（北京：北京人民出版社，1986 年），本書於 1990 年由台灣學生書局另出版繁體增訂本。

5 黃秀磯，《張載》（台北：東大圖書股份有限公司，1987 年）。

6 程宜山先生所著《張載哲學的系統分析》（上海：學林出版社，1989 年）。

7 朱建民，《張載思想研究》（台北：文津出版社，1989 年）。

8 龔杰，《張載評傳》（南京：南京大學出版社，1996 年）。

丁爲祥先生所著《虛氣相即：張載哲學體系及其定位》[9]；胡元玲先生所著《張載易學與道學：以《橫渠易說》及《正蒙》爲主之探討》[10]；以及卡索夫（Kasoff, Ira Ethan）以英文寫作的《張載思想（1020-1077）》[11]。此外，趙吉惠與劉學智先生所主編的《張載關學與南冥學研究》[12]，則是將 2003 年於西安交通大學所召開的「張載與曹南冥學術思想國際研討會」中所發表的多篇論文集結印行。下文將分別對這 11 本專書提出扼要的介紹。

一、

在《張載：十一世紀中國唯物主義哲學家》一書中，張岱年先生認爲張載是理學開創時期的唯物主義代表，其自然觀是氣一元論，而氣一元論又是中國古代形下論的重要形式，故張載哲學是形下唯物主義的氣一元論。全書共分爲八個部分：在〈一、張載的生平和他的時代〉中，張岱年先生除了扼要的介紹張載的生平事蹟及主要著作外，他還推崇張載是宋代偉大的唯物論哲學家，以及是北宋時代中小地主階級的進步思想家。[13]在〈二、張載反對佛教唯心論的鬥爭〉中，張文斷定張載的唯物論哲學體系是在與佛教唯心論鬥中中建立起來的。並表示張載思想的特點，即是明確的肯定物質世界的獨立存在，主張物質的第一性與精神

9 丁爲祥，《虛氣相即：張載哲學體系及其定位》（北京：北京人民出版社，2000 年）。

10 胡元玲，《張載易學與道學：以《橫渠易說》及《正蒙》爲主之探討》（台北：台灣學生書局，2004 年）。

11 Kasoff, Ira Ethan. *The Thought of Chang Tsai （1020-1077）*. Cambridge：Cambridge University Press, 1984.

12 趙吉惠、劉學智主編，《張載關學與南冥學研究》（北京：社會科學文獻出版社，2004 年）。

13 張岱年，《張載：十一世紀中國唯物主義哲學家》，頁 231-240。

的第二性，並藉此駁斥佛家以「一切唯心」、「萬法唯識」的唯心主義立場[14]。在〈三、張載唯物論宇宙觀的主要內容〉中，則認爲張載唯物論有三大要點，即是：1.「關於世界的物質性的論證」，張文以爲張載將一切現象與存在皆視爲「氣」，而氣是流動、非定型，且最細微的物質實體，故由此證成世界是物質性的。2.「關於物質的自己運動的學說」，張文認爲張載是將運動變化視爲氣的本性，並且透過「性」、「能」、「機」和「神」等觀念，闡述運動變化是物質的內在本性。3.「關於物質運動變化的規律性的學說」，張文指出張載將「理」視爲氣之運動變化的必然規律，但是張載將氣視爲第一性，主張「理在氣中」，是不同於同時代的程顥、程頤，主張理是第一性而氣爲第二性者。此外，張文並歸結張載唯物思想不徹底的原因，在於張載所採用的名詞中，有一些是容易引起誤會者，例如「神」與「本體」二詞，故容易使一部分人將其解釋爲唯心論者。[15]在〈四、張載的辨正觀念〉中，則指出張載的辨正觀念建立在對事物變化及其規律的研究上，而這又可歸納爲四項結論：1.「事物沒有孤立的」，2.「變化有兩種形式：『(顯）著』與『漸（變)』」，3.「變化的根源是對立」，以及 4.「對立的東西必然相互鬥爭，但終歸於『和解』」。[16]在〈五、張載的認識論〉中，張文探討了張載的「見聞之知」與「德性之知」，並且表示張載所言的「知合內外」之說，乃是接近於反映論的唯物論見解。[17]在〈六、張載的倫理學說〉中，分別探討張載的人性論、民胞物與，以及天理人欲之辨。張文雖認爲張載的人性論

---

14 同上書，頁 241-243。
15 同上書，頁 244-253。
16 同上書，頁 254-258。
17 同上書，頁 259-262。

是一種神秘的唯心論主張。但值得注意的是，張文指出張載「天地之性」與「氣質之性」的區別並不是理氣的區別（故不同於二程），而是氣之普遍的性與人因特殊形體而有的特殊之性間的區別。[18]在〈七、張載的政治思想〉中，探討張載如何透過「井田制」，試圖解決當時「貧富不均」的社會基本問題。張文雖認爲張載所提的政治措施多是不可能實施的「空想」，但卻肯定張載解決社會問題的真誠與調和階級矛盾的意願。[19]在〈八、張載哲學對于後來思想的影響〉中，張文指出張載哲學的歷史意義，是中國哲學史上第一位提出以「氣」爲基本範疇的唯物論思想家，其思想廣泛影響明代的王廷相、明清之際的王夫之，以及清代的戴震等人。[20]張岱年先生此書主旨，在於由唯物主義論述張載氣化宇宙論。其主要研究特色，在於以「唯心/唯物」的架構，解析張載哲學。此研究觀點雖已較少爲近幾年張載研究學者所取，但卻廣泛影響 1980 年代以前，大陸地區的張載研究學者。

二、

在《張載的哲學思想》一書中，姜國柱先生分別從宇宙觀、認識論、辯證法、人性論、政治思想等層面，論述張載哲學思想體系。全書共分爲十個章次：在〈一、張載的生平〉及〈二、張載的時代〉中，姜文不僅扼要的介紹張載的生平事蹟及其哲學思想的產生背景，更針對大陸學界探討張載哲學是屬於「唯物論/唯心論」或「一元論/二元論」的爭議中，申論張載哲學思想的實質，是一個二元論的哲學家，但其哲學體系經過一系列矛盾演

18 同上書，頁 263-269。
19 同上書，頁 274-277。
20 同上書，頁 241-253。

變後，最終歸宿於唯心主義。[21]在〈三、張載的宇宙觀〉中，姜文一方面探討「太虛」、「虛空」等概念在張載哲學中的涵義及由來；另一方面，也留意張載對當時自然科學的關注與探討。值得注意的是，姜先生認爲張載主張「太虛即氣」乃是以元氣爲萬物本原的唯物主義思想，而「天人合一」則是強調「大其心」即能使「天下無一物非我」的唯心主義思想，故他表示張載是承認兩個平行本原（「心」與「物質」）同時存在的二元論者。[22]在〈四、張載的認識論〉中，姜文先將人的認識活動粗分爲「唯心主義」和「唯物主義」兩條路線，而且表示這兩條路線的根本差異，在於主張「認識活動」是「從物到感覺、思想」或者是「從思想和感覺到物」。再者，他又主張「有什麼樣的宇宙觀就有什麼樣的認識論」，依此判定張載在二元論的宇宙觀下，對認識論問題形成了「極其矛盾」的回答，亦即是以「唯物主義」出發，而以「唯心主義」爲歸宿的將人之認識活動區分爲：「聞見之知」與「德性之知」。[23]在〈五、張載的辨正法〉中，姜文從張載哲學對於天地萬物之運動變化的討論，分析張載的辨正法。但是他表示，由於張載哲學具有二元論的特色。因此，由唯物辨正法的基本觀點分析張載哲學時，便發現張載對事物運動變化的分析，產生十分矛盾的狀況。姜文認爲，張載一方面提出「一物兩體」、「動非自外」的主張，顯示出主張「事物自己運動」的素樸辨正法思想；另一方面，又提出「仇必和而解」、「神鼓萬物」而動的形上學調和論、外因論。由此顯出張載的發展觀是兼含兩種矛盾的思想體系。[24]在

21 姜國柱，《張載的哲學思想》，頁 1-23。
22 同上書，頁 24-58。
23 同上書，頁 58-81。
24 同上書，頁 82-107。

〈六、張載的人性論〉中，姜文則認爲，張載受其「氣心二元論」的影響，而提出「天地之性」與「氣質之性」的區別。但是，儘管張載以「氣」爲人與萬物之性的本原，卻由於張載承襲孟子唯心主義的性善理論，並加以發揮、建立起大心、養氣以變化氣質的人性論與道德修養論。因此，張載唯心主義的思想，又在人性論問題上，完全暴露出來。[25]在〈七、張載對佛道的批判〉中，姜文認爲，張載從唯物主義宇宙觀出發，分別從本體論、生死輪迴說，及認識論上，對佛教與道教理論提出批判。但是，張載一方面由於曾「訪諸釋老之書，累年盡究其說」，而或多或少受其影響；另一方面，又因其二元論宇宙觀的矛盾動搖。所以，張載對於佛、道的批判是不夠徹底的。[26]在〈八、張載的政治思想〉中，姜文分別從「恢復井田制的政治主張」、「建立宗法制的封建統治」，以及「主張建變的改良主義思想」等三面，探討張載的政治思想。然而，他仍將張載的政治思想視爲「站在中小地主階級的立場」，處於既不想推翻地主階級的統治政權，又不主張大地主階級對農民殘酷剝削的搖擺中。由此證成張載在政治思想中，也存在著矛盾的兩重性。[27]在〈九、「關學」與「洛學」〉及〈十、張載哲學思想的影響中〉，姜文不僅交代張載與二程的種種關聯，並且也扼要的陳述張載過世後，其弟子呂大均、呂大臨如何從學於二程，而關學與洛學趨於合流，關學最終走向式微的情況。此外，姜文也分別從張載思想對朱熹、羅欽順、王廷相、王夫之，以及戴震等人的啓發，說明張載哲學對後世思想的廣泛影響。[28]姜國

25　同上書，頁 108-135。
26　同上書，頁 136-151。
27　同上書，頁 152-168。
28　同上書，頁 169-268。

柱先生全書的主旨，在於透過西方哲學的分類方式，全面的探討張載的思想體系。並且吸收、批判將張載思想定位為「唯心主義」與「唯物主義」者的論點，試圖澄清張載哲學的優點與缺陷。其主要研究特色，在於全書反覆論述張載思想的兩重性，並由此將張載定位為由唯物主義出發，而歸諸唯心主義的二元論者。雖然說，究竟是張載思想原具備此兩重性？又或者是，作者已先將張載思想視為具有兩重性，以致於在解讀張載文獻時，屢屢發現張載出現具有兩重性的文句？是值得讀者深思的問題。但是，站在一種嘗試總結前人研究爭論（亦即「張載思想是屬於唯心主義？或唯物主義之爭論？」）的立場，全書的研究成果，仍有許多其後研究者值得參考之處。

由於姜先生其後的著作《張載關學》，亦是在此基礎上增加新的研究心得，並且把張載的教育思想與關學的發展背景納入全書中。本文就不再贅述。

三、

在卡索夫（Ira Kasoff）以英文撰寫的《張載的思想（1020-1077）》一書中，[29]共分為五個章次討論張載的思想。在第一個章次中，卡索夫試圖以導論式的說明，勾勒出十一世紀的宋代學術徵候，並且試圖突顯出宋代道學家所關懷的課題。他不僅指出，宋代儒家學者廣泛存在著承繼與發揚儒學道統的使命感，也指出道學家面對儒家經典的態度。他表示，此時的儒家學者多半認同儒家經典中存在著貫穿天地人的一貫之道，而對於經典內部的矛盾，這些學者也認為這並非是儒家經典的道理出現問題，

29 Kasoff, Ira Ethan. *The Thought of Chang Tsai （1020-1077）*. Cambridge：Cambridge University Press, 1984.

而是在傳抄的過程中出現錯誤。其次，卡索夫也陳述出當時儒家學者面對佛教思想的態度，以及對於宇宙論與聖人典型[30]的探討。最後，卡索夫指出，「人性」（Human nature）與「心」（The mind），是十一世紀的儒家學者所關懷的主題。[31]由於張載哲學在許多部分都與當時儒學的一般見解緊密相關。因此，卡索夫試圖將張載思想置於十一世紀的儒學背景中分析，並進而突顯出張載的哲學體系。在第二個章次中，卡索夫透過檢証張載「氣」、「陰陽」、「天」，和「神」等四個重要概念，探討對「天地」（Heaven-and Earth）的觀點。[32]卡索夫認爲，張載對於天地的討論，呈現出十一世紀儒家學者所關懷的兩個主題：其一，在理論上，儒家思想應當如何回應、反駁佛教理論。其二，儒家學者又應當如何從理論上強化「天人一貫之道」。卡索夫表示，正是在對這兩個問題的反思上，張載發展出他以《易經》爲基礎的宇宙論。[33]在第三個章次中，卡索夫探討張載的「人論」（Man）。他延續前一章的討論指出，張載將天地間一切萬有之構成都歸結於氣之凝聚，而凝

30 例如，從儒家學者對顏淵人格典型的討論，勾勒出理學家所探討的「孔顏樂處」之議題。同上書，頁 26-28。

31 就「人性」的問題而言，包含「爲什麼孔子在其著作中並未討論人性？」、「若人性爲善，惡又從何而生？」，以及「人性是否爲善惡混呢？」等。就「心」的問題而言，卡索夫認爲，儘管孟子就已經提出「盡心」與「知天」的關聯，但是真正將此顯題化者，乃是十一世紀的儒家學者。換言之，此時儒家學者對於「心」的關懷，亦即是對於「天人問題」的關懷。同上書，頁 28-33。

32 在“*Heaven and Earth*”這個主題中，卡索夫試圖透過「天地」這組概念，探討張載的天道觀。他甚至認爲，張載對於「天地」的看法，構成其學說的基石。然而，儘管卡索夫表示，「Heaven-and Earth」是在物理宇宙觀（physical cosmos）的意義下，討論天地的生成；而不是在基督教傳統底下，認爲天地是由上帝所創造（all of creation）。但是，這樣的觀點是否能完整的呈現張載天道觀，甚至將其表述爲張載思想的基石，則仍有許多可以討論的空間。同上書，頁 34，28，163。

33 同上書，頁 34-65。

聚成形之氣則是來自於無形的太虛之氣。基於這種氣論，張載回應了十一世紀多數學者所關懷的兩個人性論問題：其一，「人性是由何所構成？」以及「如果人性是善，則世上的惡又是從何而來？」。卡索夫不僅探討了張載人性論中的「天地之性」與「氣質之性」，並且也對張載「致學成聖」的理論提出說明。他認爲，張載將成聖視爲儒者爲學的最高理想，並且表示人可以透過「學」而變化氣質，實踐人內在固有的善性。因此，「學」在張載的人論中，具有十分重要的地位。[34]在第四個章次中，卡索夫探討張載的「聖賢」觀（Sagehood）。他指出，希聖希賢是儒家思想，甚至是中華文化中一個長久爲人所關懷的傳統。但是，十一世紀的道學觀卻爲傳統儒家聖賢觀注入一種新的觀點，亦即是學者不僅應當追隨聖賢之道，而且當以自身即可成爲聖人自許。卡索夫認爲，張載的聖賢觀亦是在此氣氛下，將成聖的目標視爲學者爲學的奮勉歷程。依此，他分別從三方面討論張載的聖賢觀。首先，對於「何謂聖人」，卡索夫認爲，所謂的聖人即是能全然實現「人之所以爲人的潛能（human potential）。或是以張載的話而言，即在於變化氣質以圓現天地之性。其次，對於「聖人所當盡之事」，他表示，張載思想中的聖人應當以朗現天道爲己任，並且依此引領世人明白自己稟天而有的善性，以及自身在天地間的意義。換言之，在張載思想中，聖人所當盡之事，亦即是《易傳》所言之「參贊天地之化育」。最後，卡索夫引用孔子「十五而志於學」的自述，探討張載致學成聖之道的自我反思與實踐歷程。[35]在第五個章次，亦即是〈結論〉中，卡索夫不僅總結了全書對張載哲學的看法，並且比較張載與二程兄弟的哲學觀點，由此嘗試說明張載哲

34 同上書，頁 66-103。
35 同上書，頁 104-124。

學之光彩逐漸爲洛學所遮掩的理由。[36]

《張載的思想（1020-1077）》一書，是卡索夫先生在其博士論文的基礎上寫成。全書的主旨，在於透過清晰扼要的陳述，向西方世界介紹張載的思想。根據卡索夫在〈序言〉中的說明，這是由於張載儘管在中國哲學史上十分重要，而且至今仍爲海峽兩岸的華人所熟知、研究，卻較少爲西方世界所留意。因此，他透過英語介紹張載思想體系，以期許能使西方世界更能了解張載這樣一位重要的中國哲學家。

四、

在《張載哲學思想及關學學派》一書中，陳俊民先生重新整理、集結近十年（自 1981 年至 1989 年間）在「關學」研究上的成果。[37]全書共分爲總論、本論及附論三部分。在〈總論〉中，陳文分別從「關學的學術淵源」、「張載之後的關學發展」、「明代關學的思想流變」，以及「關學思想的終結」等篇章，詳細的闡述、分析關學思想的源流及其歷史文化背景。陳先生不僅指出，辨明「關學」並非一般意義上的「關中之學」，而是指宋元明清時代關中的理學，是研究關學思想的重要前提。並且從文獻證據上，反駁「橫渠之學源出於二程」及「張載乃高平門人」的說法。陳文指出，前者是楊時、游酢及呂大臨在高抬師學地位的情況下提出，而其後程朱之學又日漸爲學術主流的趨勢下，順勢發展所成；而後者更是全祖望、王梓材等人臆想、「追溯」而出的結論，故均難成立。其次，陳文依序交代關學在張載過世後的「洛學化」，關學「正傳」的發展，以及明代關學的「中興」與「學統」。最後，他

---

36 同上書，頁 125-147。

37 陳俊民，《張載哲學思想及關學學派》，頁 329-334。

並透過李二曲對於關學的承繼與修正，指出關學在二曲先生的手上已經轉變爲清代「儒學」的關學，而非宋明「理學」的關學，而這也表明關學思想開始走向終結。[38]在〈本論〉部分，又分爲五個章次：在〈一、張載關學主題論〉中，陳文分析張載思想的邏輯進程，並依次指出張載思想是以破「天人二本」的「破論」爲邏輯出發點，而以《易說》立「性與天道合一」的「立論」主軸，最後則從究「天人相與之際」發展出「天人一氣」的宇宙本體論。[39]在〈張載《西銘》理想論〉中，陳文則依序討論《西銘》的理學地位、旨趣，以及理想境界。並指出，《西銘》乃專爲「開示學者」而作，其本旨在於闡述「民胞物與」的大同理想，而非程朱所主張的「理一而分殊」。[40]在〈三、張載《正蒙》邏輯範疇結構論〉中，陳文一方面從《正蒙》的編定及系統，陳述《正蒙》的外在形式。另一方面，則從張載邏輯範疇體系的自我表述與構成原則，探討《正蒙》的範疇系列。[41]在〈四、張載哲學邏輯範疇體系論〉中，陳文則是接續前章的分析，進一步指出張載哲學是從「天人一氣」的世界統一性出發，展開宇宙自然史與人類社會史同一「氣化」的辯證過程，並由氣化論證氣本，在「道－性－心－誠」的範疇系列中，確立了「天人合一」於「一氣」的中心思想。[42]在〈張載關學「洛學化」論〉中，則從張載弟子呂大臨對關洛二學的承繼與簡擇中，探討關學的新轉向。[43]在〈附論〉部分，陳文考察張載之後的關學發展，並且透過探討全真教在關中地區的發展，襯托出宋元時期中國傳統思想逐漸走向「三教歸

38 同上書，頁 1-36。
39 同上書，頁 69-100。
40 同上書，頁 101-124。
41 同上書，頁 125-134。
42 同上書，頁 139-174。
43 同上書，頁 175-242。

一」的趨勢。此部份共分為〈全真道思想源流論〉、〈理學家「天人合一」的理想人格論〉，以及〈宋明「三教合一」思潮中的「心性」旨趣論〉等三項主題。根據全書〈後記〉所載，陳先生認為，對〈全真道思想源流論〉的探討，是有助於釐清北宋以後「關學」之所以「百年不聞學統」的重要關節。而〈理學家「天人合一」的理想人格論〉中所探討的「天人合一」，乃是由張載所確立，而成為其後的各派理學家所共同探討的主題。至於〈宋明「三教合一」思潮中的「心性」旨趣論〉一文，則是從探問宋明儒道釋三家所言之「心性」是否有共同的終極關懷出發，重新檢視宋明理學的發展。[44]

陳俊民先生全書的主旨，不僅在於陳述張載哲學提出新的詮釋，更在於傳承張載「為天地立心，為生民立命，為往聖繼絕學，為萬世開太平」的儒者精神。全書的特色在於運用史學與邏輯相統一的分析方法，嘗試揭示理學思想的辯證法。他依序探討了宋明理學中的關學學派之主旨、形成、發展及其終結的歷程，並且剖析關學思想領袖張載的哲學思想內容，為當代宋明理學研究填補了有關關學學派的空白。可以說是研究張載後學發展的一部重要參考文獻。

五、

黃秀璣先生所作之《張載》，是一本在嘗試會通中西哲學的基礎上，而寫成的著作。黃先生曾發表過兩篇探討張載倫理學[45]與

44 同上書，頁 245-317。

45 Huang, Siu-Chi, 'The moral point of view of Chang Tsai'., *Philosophy East and West* 21, no.2, April 1971.

氣論[46]的英文著作，本書即是在這兩篇文章的基礎上寫成。全書共分爲五章：在〈第一章：歷史背景〉中，黃文扼要的交代張載的生平、著作和生活背景，並且探討宋代新儒學逐漸發展成爲學術正統的原因，以及比較先秦儒學和新儒學的不同。[47]在〈第二章：張載的宇宙論〉中，黃文先分析「氣」概念在張載哲學中的意義；其次，討論張載關於「太虛即氣」與「虛空即氣」的主張，並認爲這是張載分別針對道家和佛家宇宙觀的批判而發；最後，則試圖釐清「氣化」與「神化」這兩個分不開卻並不相同的概念。值得注意的是，在本章中，黃文嘗試澄清當代研究者對張載宇宙觀的定位問題。黃文認爲，若由於張載的宇宙觀偏重於氣概念，而將其稱爲「唯氣論」，雖說並非不恰當。但是，他更寧願接受牟宗三先生對張載思想的看法，認爲這是張載哲學「著於氣之意味太重」的緣故，並非表示張載哲學僅停留於氣化論的層次，而忽略形上學的論述。再者，他也不認爲張載哲學應當定位成「唯心論」，因爲張載並不認爲心靈是自然界的最基本實體，並且強調客觀宇宙並不依靠人的心靈意識而存在，這是與主觀唯心論的根本不同。至於將張載宇宙論視爲「唯物主義」的觀點，黃文也提出兩點反證：其一，唯物主義者主張「物質」是宇宙的唯一實體，而「物質」具有機械性和不可象的意思；但是，張載以爲宇宙實體是「氣」或「太虛」，而且此基本實體並非機械性的存在，也不是不可象的抽象概念而已。其二，按照唯物論的含意，宇宙界並沒有價值或倫理道德的涵義；但是，張載認爲宇宙充滿倫理道德的價值。基於這兩點可見，張載的氣論與西方的唯物論或自然主

---

46 Huang, Siu-Chi, 'Chang Tsai's conception of chi', *Philosophy East and West* 18, no.4, October 1968.

47 黃秀璣，《張載》，頁 1-25。

義，大不相同。最後，針對張載哲學是屬於一元論或二元論的問題，黃文則表示，基於張載以太虛或氣為宇宙的唯一實體，張載哲學不是站在二元論立場。但是，張載也不會同意於斯賓諾莎（Baruch de Spinoza，1632-1677 AD）似的一元論主張。[48]

在〈第三章：張載的倫理學〉中，黃文認為張載承襲傳統儒家倫理學的實在主義思想，一方面批判佛教的虛無主義；另一方面，也反對道教信徒對於長生不死的追求。並表示張載關於「天地之性」的主張，是在闡述人之性善的形上根源，而透過「氣質之性」則是探討人何以為惡的問題。本章最後，黃文依據西方倫理學兩項基本問題：「人生的理想或至善是什麼」與「道德義務以及判斷行為善惡的標準為何」，解析張載的倫理學特色。他認為，從人生理想而論，張載的倫理觀是站在道德絕對主義的立場，強調人人都可以（並應當）追求最高的道德理想，以聖人為人生的目標。而從道德義務方面而言，張載則屬於義務論者，主張人人都應當為義務而義務，而非為任何報應而盡義務。他反對以「結果」作為道德判斷的標準，而強調人的仁心才是判斷是非的原則。此外，黃文更將〈西銘〉視為張載倫理學的代表性著作，指出其中所主張以仁孝為道德生活之本的思想，亦充分表現在基督耶穌在〈登山寶訓〉中所闡揚的博愛利他主義。[49]

在〈第四章：張載的知識論〉中，黃文比較張載知識論學說與西方哲學傳統中的三種真理觀，指出：其一，張載的「見聞之知」與西方的「符合主義」（correspondence theory）相同之處，在於二者都主張外界事物是獨立存在於人的心靈之外，作為人的認知對象。但是，張載認為耳目聞見的知識，並非知識的最終目

48 同上書，頁 27-71。
49 同上書，頁 73-112。

標，這便與經驗主義者分道揚鑣。其二，張載的「德性之知」與西方的「連貫理論」（coherence theory）相通之處，在於張載亦同意人作爲能思者，也贊同思維活動中的各種觀念應有其合理性。但是，張載既不會站在理性主義的立場，強調理性可以使人獲知天道，而他所說的「德性之知」也不僅超越感官之知的侷限，而且亦超越理智所能認知的最高層次。其三，張載與西方的「實用理論」（pragmatic theory）真理觀相同之處，在於他也以效用爲辨別真假是非的準則。但是，張載會批評實用主義，尤其是詹姆士（William James，1842-1910 AD）的實用主義觀點，僅是一種個人主義和相對主義。此外，黃文還指出，張載對於辨別真假、是非的看法可概括爲四點：其一，他確信，在宇宙間存在著某種普遍的絕對真理，稱爲「道」、「誠」或「天德之知」，其可知性非人的理性能證明的。其二，此所謂「天德之知」或真理，是以人爲中心，並存在於人心，故真理是人向上所追求者，而非真理向下啓示眾人。其三，以人爲中心的真理觀，並不與知識的客觀性相互矛盾。其四，人在天地間的最高目標是追求做一個協調者，而表現於三方面：對於自身的協調，對於自己與自然界（即天道境界）的協調，還有對於其他同類（即人與他人）的協調。[50]

在〈第五章：評價、影響及現代意義〉中，黃文先從「張載對自己的評價」、「張載與二程」、「張載的門人」、「張載與朱熹」，以及「張載與王夫之」等五部分，闡述張載哲學的評價與影響。最後並總結式的從宇宙論、倫理學以及知識論等三方面，指出張載哲學思想的現代意義。[51]

黃秀璣先生全書的主旨，在於探討張載思想體系中所具有持

50 同上書，頁 113-154。
51 同上書，頁 155-188。

久性的哲學問題，並透過宇宙論、倫理學以及知識論的章次安排，展開論述。全書的特色在於採用中西哲學比較的方式，將中西思想的同異及長短提出。因此，全書在討論張載所重視的哲學概念時，均一併交代它們在中國與外國哲學史上的意義與發展。黃文論述層層遞進，且分析詳密，儘管對張載哲學的詮釋不同於前輩學者。可是更彰顯出開展張載研究新議題的企圖。

六、

在《張載哲學的系統分析》一書中，程宜山先生認爲若要精確的研究張載哲學，則需要探究張載哲學系統的內在邏輯結構。他以《正蒙》作爲研究張載哲學系統的文獻依據，並根據蘇昞在整理《正蒙》篇次時所使用的「以類相從」原則，以及王夫之在《張子正蒙注》中用以貫穿全書義理的提綱式說明，劃分《正蒙》十七篇爲五大部分：其一，〈太和〉、〈參兩〉、〈天道〉、〈神化〉及〈動物〉五篇，其主要內容在於探討「天道」，可視爲張載的自然哲學或本體論。其二，〈誠明〉篇乃是論人的「性命」，作爲聯結前五篇討論天道論及後三篇討論人生哲學的過度性文章，由此構成「天人神化性命」的完整學說體系。其三，〈大心〉、〈中正〉及〈至當〉等篇，乃是討論對天道性命的認識過程和道德修養的實踐工夫。其四，〈作者〉、〈三十〉、〈有德〉、〈有司〉、〈大易〉、〈樂器〉和〈王禘〉等篇，則是張載對儒家經典的詮釋，例如，〈王禘〉討論「三禮」，而〈作者〉在於詮釋《論語》、《孟子》。其五，〈乾稱〉篇乃是全書的總結，主要在天道論的基礎上，闡述人生天地間所負有的道德義務，由此總結式的彰顯出張載的「宇宙－人生」哲學之基本精神。程宜山先生又認爲，《正蒙》基本的展開順序是由「天道」、「人道」而認識修養之道，故張載的哲學系統又是由天道觀、人道觀及認識修養學說三部分組成。基於此，程文將前述《正蒙》十七篇的五大部分，又整合爲「自然哲學」、「人生哲學」、「認識論和修養方法」等三部分研究。[52]

在〈第一章：張載的自然哲學〉中，程文承襲張岱年先生的看法，認爲張載的自然觀是唯物主義的氣一元論。但是，他更進一步指出，由於張載的氣一元論是建立在爲人性論與倫理道德學說作論證的基礎上，因此不可避免的受到「性二元論」和「爲道德而道德的倫理學說」所制約，故往往不能堅持氣一元論的立場，而在一系列觀點上陷入二重化的錯誤。[53]其次，張文認爲張載所言的「太和」、「太虛」乃是同一概念，均是指天地萬物之本原。他並且指出，以太和爲天地萬物之本原，也就是以陰陽統一爲分的氣爲本原，而這樣的氣亦即是「道」，「道」就是陰陽未分之氣運行不息的過程。[54]再者，程文依據張載對「參天兩地」的詮釋，表示在張載的自然觀中，是將宇宙視爲一個包含內部矛盾的整體，而且宇宙就是一個自然無爲、變化不已的過程。[55]在〈第二章：張載的人生哲學〉中，他總結張載的人生理想即是「與天爲一」四個字，並且分別從人性論、天人關係、歷史觀，以及政治思想等部分，歸結張載的人道觀乃是由敦行仁義而「存神順化」的過程。程文認爲，張載所言之人道強調「變化氣質」，亦即是透過「成性成身」以實踐存神順化。換言之，人透過成就人性與成就其身，而且基於成己成物的盡道精神，乃能與天地參，而成爲「與天爲一」的聖人。此即是張載人生哲學的理想目標。[56]在〈第

52 程宜山，《張載哲學的系統分析》，頁 1-13。
53 同上書，頁 11。
54 同上書，頁 15-16。
55 同上書，頁 15-52。
56 同上書，頁 53-108。

三章：張載的認識論和修養方法〉中，程文依序討論張載「因明致誠，因誠致明」的致知修養統一學說，知先行難的知行學說，「虛心」與重禮相結合的「修持之道」，以及「學貴心悟，守舊無功」的治經方法等部分。並且扼要的總結張載認識修養學說在中國哲學史上的地位。[57]

程宜山先生全書的主旨，在於透過對張載哲學的系統分析，試圖使張載哲學在中國哲學史上的艱澀面貌得以澄清。程文的主要特色在於強調從研究方法著手，主張範疇分析法與系統分析法並用，藉此澄清張載哲學系統。透過此研究方法，程文一方面重新探討張載思想中的重要概念與邏輯結構，另一方面則將張載的自然觀定位爲「一元二重化的唯物主義自然觀」。並且將張載的認識論視爲某種神秘色彩與道德修養論結合的產物。全書儘管在結論上有許多值得商議之處，不過在方法論的操作上，卻仍有不少可以供研究者參考的價值。

七、

在《張載思想研究》一書中，朱建民先生分別從「天道觀」與「心性論」兩部分探討張載思想。全書章次共分爲四章，在〈第一章　導論〉中，朱文依序介紹張載的生平、著作，以及其時代背景與學思用心。在〈第二章　張載的天道論〉中，朱文指出，在張載哲學思想中，天道論佔有很高的地位。這是由於天道論是以宇宙的生成變化之道理爲討論核心，而張載認爲不能正確的了解宇宙生成變化之道，就不能稱爲「知道」、「見易」。因此，張載掘發《周易》思想以爲基礎，闡發其以「氣」爲中心概念的天道論。對於張載的天道論，朱建民先生共分爲五部分展開討論：其

57 同上書，頁 110-159。

一，在「氣化的天道論」中，朱文表示，天道論在於說明天地萬物之生成變化，而面對天地萬物之紛紜殊異、變化不居，張載天道論主要在萬殊中探求同一，又由此同一而解釋萬殊。因爲張載所提出的「異中之同」即是「氣」，且以「氣化」說明天地萬物之生成變化。故朱文認爲，張載的天道論乃是氣化的天道論。其二，在「氣的存在狀態」中，朱文表示，依照張載的用法，是以「無形跡」說明「形而上之道」，而以「有行跡」說明「形而下的物體」。因此，「氣」可通有形與無形，形而上與形而下。但是，依照西方哲學的說法，則張載所說的氣當屬於形下界。其三，在「氣化之實然與所以然」中，朱建民先生表示，氣之活動方式，亦可名之爲「氣化之實然」；氣之活動之所以可能的根據，則可名之爲「氣化之所以然」。他並指出，張載常以「聚散」、「浮沉」、「攻取」、「絪縕」等詞語描述氣化活動之實然表現，而且由「陰陽二氣」說明氣化活動中之共同法則。由於「陰陽二氣」並非本質相異的兩種氣，而只是由「氣」上顯出陰陽相對的分別。所以，從探究「氣何以能有此二種活動之性質？」，則帶出氣化之所以然的問題。朱文由此指出，「太虛神體」乃是氣化活動之所以然的根源。其四，在「太虛與氣的關係」中，朱文指出，太虛乃是氣之本體，而太虛與氣乃是體用不二之圓融關係。其五，在「張載天道論對易學的批判」中，則指出張載是以神化之體用不二義作爲究極綱領，依此批判佛家以「天地爲幻化」與「輪迴」之說，以及老氏「徇生執有」、「物而不化」之言。[58]

在〈第三章　張載的心性論〉中，朱建民先生指出，張載對天道的研究並不是出於純粹理論的興趣，其最終的目的仍是在於

58 朱建民，《張載思想研究》，頁 20-94。

對人的心性有更深刻的認識，並藉此進一步確定道的實踐的方向。至於張載所說的「性」之所以如此重要，乃是因爲它是天道論與心性論溝通的樞紐，亦即是天人合一的關鍵。基於此，朱文從三方面討論張載的心性論。其一，在「性體義」中，朱文指出，由「性者，感之體」可知，張載是由「感通無礙」說明「性」的內容意義；而由「在天在人，其究一也」，即是肯定天性與人性在本質上是同樣的。他並且依據張載對「天地之性」與「氣質之性」的區分，指出：天地之性，是人人皆同，在此「性於人無不善」；但是，氣質之性，則人各有異。當氣質之性有偏離於天地之性者，則爲惡之產生。由於「天地之性」是性體之本義，故人可透過「盡性」的工夫，使人之性體不在氣質的限制中，爲氣質所蔽。朱文並表示，在張載思想中，「盡性」與「成性」同屬一事。但是，「盡性」一詞似較重步步彰顯吾人本然天性之工夫過程，於此過程中，猶有氣質之善惡混雜的情狀。「成性」乃是指「性之成」，此一名詞著重於「盡性」工夫之極至。亦即是步步彰顯至極，則人本然性體全部朗現。至此，以無善惡之相對，而全體是絕對之善的善名。其二，在「心體義」中，朱文指出，「知」是「心」之發用，故可由「知」識「心」。張載將「知」分爲「見聞之知」與「德性所知」。前者爲集合經驗知識之經驗心，並非張載所言「心」之本義。張載是以不蔽於見聞，而發用「德性之知」的道德心，爲人之本心。由於人之本心會陷溺於見聞之中而爲其所累，故張載又強調人當透過「大心」、「盡心」的工夫，由見聞之知中超拔而識人之道德本心。其三，在「張載心性論對異學之批判」中，朱文認爲，張載以「心能盡性」、「心性是一」爲總綱領，其對異學的批判，主要集中於對佛家理論的駁斥。因此，張載以道德本心之具體真實，對治佛家以天地爲幻化之說；而由「天心與人心同」

的天人合一思想，對治佛家的天人不相待之弊；並且由「盡性至命」對治佛家的「不知天命」。依此顯豁儒家思想的重要精神，乃是主張人生為一具體真實的成德歷程。

在〈第四章 結論〉中，朱建民先生以「分解而不懸隔，圓融而不浪漫」兩句話，代表張載思想的總性格。他認為，就天道論而言，氣化本身之現象的質性不足以保障天地生化之真實，而以神體之超越的體性為宇宙創造之源。就心性論而言，氣質之性不足保障道德行為之必然，而必以天地之性為道德創造之源。此皆屬於張載思想系統之分解、不浪漫之處。但是，張載主張天道性命相貫通，強調神體必即於氣化中顯，氣亦必待神而成其化，並且認為天地之性必落實於氣質上表現。這都屬於張載思想系統圓融、不懸隔的性格。

此外，朱先生在此書的附錄中，又分別收錄了〈太虛與氣之關係之衡定〉、〈張載的外王思想〉，以及〈先秦儒家的外王之道〉等三篇文章。其中第一篇文章，是朱先生早年在論文中，探討「張載思想中的太虛與氣之關係」的著作。雖然，此文觀點已經與本書有所不同，但是全文針對「太虛即氣」之詮釋，詳細的辨明學界對張載氣論的三種主要詮釋理路。仍是十分值得參考的資量。

朱建民先生全書的主旨，在於試圖以現代的語言，重新架構張載思想系統。全書之特點在於以嚴謹的哲學推論與流暢的陳述方式，將張載思想中糾葛纏繞之處一一釐析清楚。全書以牟宗三先生對張載思想的詮釋為基礎，先闡明張載之天道論，乃是以「太虛即氣」之體用不二的圓融義為中心觀念，並疏解後人對太虛與氣之關係的誤解。朱文認為，太虛實乃指一動態的即活動即存有的實理。其次，朱文闡明張載心性論的中心觀念是「心能是性」，由此肯定心性是一。並且指出，客觀地所說之太虛、性，與主觀地所說之道德本心實是同一實理之兩方面。由於此文論理清楚明確，條理清晰。因此，能在前輩學者的成果上，更進一步的辨明張載哲學的理論性徵。

八、

在《張載評傳》一書中，龔杰先生將全書分爲十個章次，討論張載的哲學思想及其影響。在〈第一章　張載的生平與著作〉中，分別介紹了張載的生平事蹟與重要著作。在〈第二章　張載「四書學」的文化背景〉中，則分別從北宋前後儒佛道三家思想發展的趨勢，以及張載對《四書》的評論等兩方面，探討張載「四書學」的立論背景。關於前者，龔文一方面陳述北宋時期，佛道二教在保持自身宗教性的前提下，逐漸向儒學靠攏，而走向三教合流的趨勢；另一方面，則指出在北宋初期所發生的貶孟與尊孟的論爭中，張載站在尊孟的立場，無疑的爲其「四書學」的形成，做了資料上的準備。至於後者，龔杰先生認爲，張載是以《論語》、《孟子》、《大學》及《中庸》四書，皆爲儒家創始人的真傳，均是學者爲人、爲學、爲政的根本。龔文並指出，學術界存在著一種見解，認爲「張載之學是易學，而不是四書學」，而這種看法的來源是出自於王夫之的《張子正蒙注・序論》。龔杰先生認爲，由於王夫之對張載之學的認識，只是基於自己成立一家之言的學術需要，故不能做爲評論張載之學的基調。他並表示，從張載著作所引用的儒家經典而言，張載對《四書》的引用在數量上遠比《周易》多。所以，龔文表示，張載之學不是易學，而是以發揮《四書》義理爲主的「四書學」。[59]

---

59 龔杰，《張載評傳》，頁 12-30。

又由於龔文表示，張載「四書學」主要討論的是「性與天道」的問題，而這又可由「爲天地立心，爲生民立命，爲往聖繼絕學，爲萬世開太平」四句箴言概括與說明。因此，龔杰先生，亦依此展開對張載思想的討論。在〈第三章　張載「爲天地立心」的天道觀〉中，龔文分別探討了張載哲學中的幾項重要主張：例如，「太虛即氣」、「一物兩體」、「大其心」，以及「見聞之知與德性之知」等。他並表示，氣是物質性的存在，「太虛即氣」是指氣的原始狀態，而與氣的形化狀態相區別。這即是說，氣的原始狀態是無形可見，其外延無限大，內涵無限小，從而構成氣的至虛本性，故稱爲太虛。此即是氣之本體，亦即是世界的本源。[60]在〈第四章　張載「爲生民立道」的人學思想〉中，龔文表示，「爲生民立道」就是界定人應走的路與應循的理，也就是指「什麼是人」，做人的標準是什麼，並在此基礎上深化《四書》的人學思想。依此，他分別就「仁人的標準」、「天地之性與氣質之性」，以及「天理與人欲」等主題，闡述張載的人學。他表示張載的人學，就在於「窮人倫之理，盡無私之心」。他並指出《正蒙》一書，就其內容而言，是張載「窮理盡心」所得的結果；就其形式而言，則是張載「窮理盡心」的方法。[61]在〈第五章　張載「爲往聖繼絕學」的道統論〉中，龔文表示，張載所繼承者，乃是孔孟之絕學。這是由於張載當時，儒學正受到內外兩方面的挑戰。就儒學內部而言，不少習儒學者受到佛、老之說的迷惑，而「使儒、佛、老之、莊混然一途」；而就儒學外部而言，則主要是針對佛教、道家及道教的異端思想。龔文一方面試圖勾勒出張載駁斥異端學說、顯發儒學道統的努力；另一方面，則嘗試澄清以下幾點批評：其一，南宋葉適

60 同上書，頁 31-82。
61 同上書，頁 83-121。

表示：「張、程攻斥佛、老至深，然盡用其學而不自知」，龔文認為，當張載使用佛、道的術語時，已經透過對《四書》、《易傳》的理解，而改造這些術語，使其內涵失去原有意義，並非「盡用佛老之學而不自知」。其二，有學者將張載的「變化氣質」視為「轉識成智」的儒家版。龔文認為，這是誇大了張載思想中的佛學因素。[62]在〈第六章　張載「為萬世開太平」的社會理想〉中，龔文分別從「恢復井田，以均貧富」、「重建封建，適當分權」，以及「推行禮治，變法求新」等三個主題，探討張載的社會理想。龔杰先生認為，張載的「井田」與「封建」的理想，雖是為了改革而發，但其理論是陳腐而行不通的。至於張載的「禮治」理想，龔文表示，張載是將「禮」上升到「理」的層次分析，而為後世許多思想家所因襲。[63]

如果說《張載評傳》一書的前六章是對張載個人思想的探討，那麼在全書七到十章的部分，龔杰先生則是將探討的視角拉高，以涵攝整個關學及其對洛學、閩學，以及明清兩代思想家的影響。龔文不僅依序交代關學的創立及其特點，而且針對關學的後繼者，以及關學與洛學的關係、異同，都有扼要的介紹。並透過朱熹對張載著作的選輯、注釋與增益，探討朱熹對張載思想的總結。最後，龔文也探討了羅欽順、王廷相，以及王夫之等人對張載思想的取捨、繼承，與發展。[64]

龔杰先生全書的主旨，在於全面的分析與總結張載的學術環境、成就、地位以及影響。全書的特色在於證成張載哲學體系是「四書學」，而非易學。龔文並且主張，張載是以《四書》的「性

---

62 同上書，頁 122-171。
63 同上書，頁 172-196。
64 同上書，頁 197-318。

與天道」爲綱領，而以「爲天地立心，爲生民立命，爲往聖繼絕學，爲萬世開太平」四句箴言爲框架，並以爲學、爲人、爲政的理論與方法爲內容。儘管龔杰先生的結論仍有不少可以討論的空間，但是他對張載研究所提出的視角，仍相當值得研究者參考。

九、

在《虛氣相即－張載哲學體系及其定位》一書中，丁爲祥先生將全書分爲上下兩篇，共十個章次：在〈上篇：張載天人哲學體系〉中，丁文從理學崛起的思潮背景與問題意識出發，分析張載哲學的時代使命與邏輯依據。並依此指出，張載哲學實是以「虛氣相即」爲架構，「天人合一」爲中心，貫穿其宇宙本體論與人生實踐論。在這個部分，丁文依序分爲五章次展開討論：在〈第一章　理學崛起的思潮背景〉中，丁文從「三教並行與儒學復興」，以及「理學崛起的問題意識」出發，指出北宋五子所奠基的理學規模，實是開啓了儒家「天人關係」的新視角。他們不僅拋開了漢人「災異譴告」式的天人觀，而且試圖通過體用的方法實踐天人合一的任務。使得儒學終於不再僅是以文行忠信著稱的人倫實踐型態，或是以天人相副爲特徵的宇宙論型態，而躍進了本體論的型態，此即是理學的新型態。張載「窮神化，一天人」的哲學體系，就是在此基礎上建立。[65]在〈第二章　太和肇基：宇宙本體論的展開〉中，丁文分別討論了張載天道觀中，十分重要的主張與概念：「太和所謂道」、「虛氣相即」、「乾坤與陰陽」，及「參兩與神化」等。並且依此指出，張載的〈參兩〉是立足於由陰陽二氣運旋，闡述天體演化的宇宙論，而〈神化〉則是天道氣化的

65 丁爲祥，《虛氣相即：張載哲學體系及其定位》，頁 13-44。

進一步開展，以表示太虛本體就在氣化流行中呈現。此二者從「氣」與「神」兩個向度構成一個回環，正是「太和所謂道」所揭示的宇宙論與本體論之統一，亦即是整個張載天人哲學的邏輯起點。[66]丁文認爲，太虛與氣正是張載本論及宇宙論各自的始發座標；而虛氣相即則是其本體論與宇宙論的並建及一併開展。在〈第三章 性與誠：天人合一的樞紐〉中，丁文指出，當張載從虛氣相即、天道演化的角度說明人的產生時，就已經爲其天人合一的哲學，奠立了天道論的基礎。因而，進一步探索「人道」，即是其天人合一哲學發展的必然走向。基於此，丁文先指出，張載所言之人性論比漢唐人性論更有進者，在於從天人本體合一的角度，爲人性論提供天道本體的依據。所以，張載所言的「性者萬物之一源」，亦即是「性者，天人之本體與同源」。其次，丁文表示，張載從《中庸》中掘發「性與天道合一存乎誠」的天人合一說。由此展開一條由天而人，又由人而天的天人合一路線。強調人在「誠」的過程中，達到性與天道的相互詮釋與相互印證，而人生理想也當通過「誠」以實現。[67]在〈第四章 民胞物與：人生實踐論的究極歸向〉中，丁文表示，「性」與「誠」雖是張載縱貫天人的重要範疇，但是尚僅涉及人道的鋪陳，而並非人生論的展開。這是由於人生論的展開是有待於對人的分析以實現。丁文依此探討張載所言的「天地之性與氣質之性」、「德性所知與見聞之知」、「立志與養氣」，及「窮理與盡性」。並且通過對〈西銘〉的探討，指出張載人生實踐論的究極歸向，就是「民胞物與」此一人生理想的實現。[68]在〈第五章 宇宙本體論與人生實踐論的統一〉中，丁文指出，

66 同上書，頁 45-86。
67 同上書，頁 87-120。
68 同上書，頁 121-174。

張載的「造道」活動主要受到兩方面的相激與推動：其一，對漢唐儒學的「天人二本」提出反省和批判；其二，對隋唐三教並行中興起的佛道二教，提出理論上的回應。如此一來，張載的造道活動又主要表現於兩方面：其一，對傳統的簡擇與詮釋；其二，通過對傳統的重新詮釋以推陳出新，以此形成新的理論創造。依此，丁文從三面總結張載的哲學體系：「六經與《論》、《孟》融爲一爐」、「宇宙論與本體論的並建」，以及「天人、體用與本然、實然和應然的統一」。丁文認爲，張載哲學實際上就是運用體用不二的動態結構推進，對天人合一這一中國哲學的基本問題，提出新的詮釋與回答。要言之，張載以本體論及宇宙論並建展開其體系，又以「民胞物與」歸結的哲學體系，爲理學開拓了一個輝煌的規模與遠景。[69]

在〈下篇　張載哲學與理學的流向〉中，丁文不僅從哲學史的發展上，探討張載哲學對理學學者的影響，也從理論體系上，比較張載與二程、朱子與陸象山、王陽明與王廷相，以及王夫之哲學間的異同。並且從以下三方面探討張載哲學對理學發展的影響：「從天人關係看理學的規模」，「從本然、實然與應然的動態統一看理學的流向與發展」，以及「從天人合一看內聖外王」。丁文認爲，張載哲學以天人體用交叉互滲的架構，表現爲本然、實然與應然的動態統一。這種觀點不僅決定著張載哲學的終始，也影響著理學的流向與發展。理學中的主要流派，都是從這種動態結構中生根發端，從而成就宋明數百年理學思潮的大勢。[70]

丁爲祥先生全書的主旨，是在實事求是的精神下，透過復歸張載探索的問題意識與理論建構的方法，澄清張載哲學的本真。

---

69 同上書，頁 175-200。
70 同上書，頁 203-366。

全書的特色在於透過紮實的文獻考究，重新探索張載哲學的體系與定位。基於此，針對大陸學界或將張載視爲唯物論，或將張載視爲唯心論的兩種主流看法，丁文提出詳盡的省思，指出這兩種主流意見，都無法正確的爲張載哲學定位。丁文認爲張載哲學既不是唯心論，也並非唯物論，而應是氣本論。由此開展出大陸學者研究張載哲學的第三種重要詮釋理論。

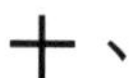

在《張載易學與道學－以《橫渠易說》及《正蒙》爲主之探討》一書中，胡元玲先生分別從六個章次闡述「張載的易學與道學」：首先，在〈第一章：張載概述〉中，胡文先扼要的介紹張載的生平事蹟、學術大要，並且交代全書的研究方法。[71]其次，在〈第二章：《橫渠易說》與《正蒙》的文獻考察〉中，則以文獻學的方法爲基礎，詳盡的考察張載的兩本代表著作：《橫渠易說》及《正蒙》。胡文不僅回顧、探索《橫渠易說》的卷數問題，並且依據大量引用《易說》的《大易粹言》和《周易繫辭精義》兩本宋代文獻，考訂《橫渠易說》當爲殘本。更重要的是胡文透過互相對照《易經》、《橫渠易說》與《正蒙》，試圖開創出有別於前賢研究《正蒙》的新途徑。[72]其三，在〈第三章：張載易學〉中，胡

71 胡元玲，《張載易學與道學：以《橫渠易說》及《正蒙》爲主之探討》，頁1-26。

72 胡元玲先生以爲，《正蒙》以難解著稱，又非張載所定稿，而是由弟子整理期篇次，若想從其篇目安排的順序探求張載思想的深意，是不夠可靠的做法。例如，程宜山先生在《張載哲學的系統分析》一書中，以《正蒙》的編次作爲分析張載思想內在邏輯的基礎，則爲胡文所不取。換言之，胡文認爲，透過所主張的新研究方式，不僅能跳脫出由《正蒙》篇章安排以闡發張載道學意蘊的限制，而且能佐證張載道學乃是建立在易學之上的論述。同上書，頁26-66。

文表示現今不少以「張載易學」爲名的研究成果，多半僅侷限於探討張載易學中的道學問題，而忽略「依經解義」的重要性。所以，此章特別強調從經學的立場，分析《橫渠易說》的解易方式與特點。[73]其四，在第四及第五章中，胡文分別由「道體」與「爲學」兩方面，探討張載道學。並且依序討論張載思想中的重要主張，例如：太虛即氣、心統性情，以及變化氣質等。[74]最後，在〈第六章：從易學至道學的義理脈絡〉中，則是從義理的角度，試圖證明張載道學乃是以《橫渠易說》爲基礎而建立。胡元玲先生此書的主旨，在於證明張載道學實出自其易學。全書的主要研究特色有二：首先，胡文從易學史上反省張載易學的歷史定位，並指出張載道學實深受其易學的影響，這個部分的研究可以說是在朱伯崑先生之《易學哲學史》的研究基礎上，更向前跨出一步的研究成果。其次，胡文有別於傳統思想史或哲學史的研究方法，採取結合經學與哲學的研究進路，針對現今可見之張載文獻資料，作一詳密的考察。基於此，胡文不僅從文獻上指出，張載從易學至道學的發展；也在義理上指出，張載道學出於其易學。正由於胡文在文獻考索上的著力，可爲研究者提供不少文獻溯源的重要資訊。

十一、

趙吉惠與劉學智先生所主編的《張載關學與南冥學研究》，是近年來中韓哲學交流的研究成果。全書收入「國際南冥學研究會」第二屆年會[75]的發表論文 30 篇，其中韓國學者的論文共 7 篇。論

73 同上書，頁 67-134。
74 同上書，頁 135-207。
75 2003 年 7 月 27-29 日於西安交通大學所召開的「張載與曹南冥學術思想國際研討會」。

文主題可約略歸爲三大類：一者，以「張載思想與關學」爲主題者。例如，在〈《西銘》：中國士大夫的精神家園〉一文中，張踐先生指出，儘管古今思想家對《西銘》的意義有不同看法。但是他卻認爲，馮友蘭先生將《西銘》視爲一種「精神境界」與「生活方式」（《中國哲學史新編》第五冊），最爲貼切。張文並分別從「天人一體：中國人的宇宙觀」、「宗法家國：中國人的社會觀」、「順逆兩境：中國人的命運觀」，以及「存順沒寧：中國人的生死觀」等四方面，論述之。文末，他總結性地表示，張載的《西銘》之所以被後學千古傳送，就因爲它爲中國士大夫提供了一個理想的精神家園。[76]在〈《橫渠易說》與乾坤兩卦精神〉中，張世敏先生則表示，張載的思想先是在《橫渠易說》中得以闡發，其後在《正蒙》中得到全面論證，從而形成他以氣爲本的哲學體系。張文並特別強調《橫渠易說》對張載天人合一思想的重要影響。[77]此外，韓國學者張閏洙先生，則在〈張載哲學的心論〉中表示，在張載的心論體系中，「心」是「體」與「用」的辯證統一體，而張載心論的真諦在於他的道德世界觀。全文依序從「心的涵義」、「張載論心的本質」，以及「心的知覺作用」等三方面，指出張載心性論的關鍵是立足於「不二論」的哲學立場，是將「合」（廣義的「心」）與「分」（狹義的「心」）結合起來領會「心」的道德本質。[78]

二者，以「南冥和南冥學」爲主題者。例如，在〈試論曹南冥的實心實學〉中，葛榮晉先生即指出，曹南冥針對當時以李退溪爲代表的性理學家空談性理、不務「踐履之工」的流弊，極力

76 張踐，〈《西銘》：中國士大夫的精神家園〉；收入趙吉惠、劉學智主編，《張載關學與南冥學研究》，頁 220-222。

77 同上書，張世敏，〈《橫渠易說》與乾坤兩卦精神〉，頁 322-327。

78 同上書，張閏洙，〈張載哲學的心論〉，頁 158-167。

主張從性理學轉向實學，在學術方向上，完成了兩個根本性的轉變：一是由「上學」向「下學」的轉變，二是由「內聖」向「外王」的轉變，從而爲朝鮮實學提供了豐富的文化資源。[79]在〈論曹南冥文化人格的主體性特徵〉中，趙馥洁先生則從以下五方面，論述南冥文化人格的主體性特徵：「遺世獨立的文化個性」、「批判反思的超越意識」、「以心守道的主體精神」、「踐實致用的學術取向」，以及「嚴篤克己的心性修養」。趙文並指出，曹南冥的文化人格具有強烈鮮明的主體性特徵，在其人格構成要素中，獨立性是前提條件，批判性是關鍵環節，主體性是本體根基，求實性是學術取向，而克己性是修養途徑。這種主體性人格統攝其價值取向與思維方式，也形成南冥獨特的文化人格典型。[80]在〈十六世紀朝鮮南冥學之形成〉中，韓國學者韓相奎先生則認爲，南冥學並不是被某一個人所創立，而是在當時政治文化背景中所孕育出的人文精神。他並且指出，曹南冥思想受到老子人生觀影響的一面。[81]

三者，以「張載與南冥思想比較」爲主題者。例如，在〈論張載《西銘》境界與南冥「敬義」理想〉一文中，趙吉惠先生認爲，《西銘》境界與南冥「敬義」理想，都是在特定歷史文化背景下，對孔子「仁學」境界的具體體現。他並表示，張載《西銘》對後世影響最爲深遠的命題：「民，吾胞；物，吾與也」，既是對孔子「泛愛眾」、孟子「仁民愛物」思想的進一步發揮和深化，也是儒家普遍倫理、生態倫理的一種新表述。而其對南冥「敬義」

79 同上書，葛榮晉，〈試論曹南冥的實心實學〉，頁 20-38。
80 同上書，趙馥洁，〈論曹南冥文化人格的主體性特徵〉，頁 60-66。
81 同上書，韓相奎，〈十六世紀朝鮮南冥學之形成〉，頁 154-157。

理想，產生深遠的影響。[82]在〈宋儒「心性說」與南冥「心統性情圖」〉中，劉學智先生表示，南冥雖不專事著述，但在筆錄心得時，於要害處，常能一語點破，其思想亦有發現之處。同時其學更在於系統組織的功力，常能將理學諸儒的重要概念與其複雜關係，沿著「體用一源，顯微無間」的天人一體理路，上下通貫地以圖解形式表示出來。劉文並從「宋儒『心統性情』思想之歷史考索」、「南冥《心統性情圖》簡考」，以及「南冥對宋儒『心統性情』思想的圖式整合」三方面，指出南冥接受了張載的說法以及朱熹的「中和新說」，將「心」從體與用、已發與未發兩方面加以闡發。認爲心未發爲性，已發爲情；性爲體，情爲用。故心統性情，及心兼體用、性情兩方面而言。[83]此外，在〈張橫渠「心統性情」說直解－兼介曹南冥「心統性情圖」及其要義〉一文中，韓國學者金忠烈先生，則分別從「朱熹『心統性情說』摘要」、「張子『心統性情』說之大義」，以及「曹南冥『心統性情』圖說及其要義」等三部分，指出南冥對天理、性情的觀點深受張載「心統性情」說的影響。[84]

由於《張載關學與南冥學研究》一書，是「張載與曹南冥學術思想國際研討會」的論文集結之作。全書特色即在於廣泛地收錄了中韓兩國學者對張載和南冥思想的研究成果。尤其透過比較張載和南冥思想的論述，使當代張載哲學研究又開闢了新的研究發展可能。

回顧前述 11 本張載研究專書，可以從兩方面歸納出當代張載

82 同上書，趙吉惠，〈論張載《西銘》境界與南冥「敬義」理想〉，頁 39-59。
83 同上書，劉學智，〈宋儒「心性說」與南冥「心統性情圖」〉中，頁 67-85。
84 同上書，金忠烈，〈張橫渠「心統性情」說直解－兼介曹南冥「心統性情圖」及其要義〉，頁 8-19。

學研究的發展要點：

其一，從研究方法而言，早期學者對於張載思想的研究，偏重於透過西方哲學的研究方法，將張載思想從博雜的文獻資料中，梳理出條理分明的思想體系。這樣的研究方式，一方面使得張載思想能在符合當代學術陳述的架構下，獲得理解與檢視；另一方面，藉由綱舉目張式的展示張載學說，也有益於使讀者貼近原本艱澀難懂的張載思想。然而，全盤接受西方哲學的研究方法，其研究成果是否能精準呈現張載思想的全貌？有沒有可能從中國文化的思想脈絡中，重新掘發出更適合理解張載思想的視角？從前述的專書介紹中，可以發現近年來的張載研究，已經由這個部分開啓新的論述可能。例如，丁爲祥先生就表示，1990 年以後，對於張載學的研究，已經開始在吸取西學、內化西學的基礎上，開始從傳統文化自身的歷史與邏輯來理解張載思想。[85]胡元玲先生也嘗試從道學本身的理論架構，而非西方哲學的架構來解析張載思想。[86]

其二，從研究主題而言，早期由於海峽兩岸在學術上的疏離，在研究的主題上也有不同的側重。在 1985 年以前，大陸地區多半在「唯心/唯物」的詮釋框架下，探討張載氣論的哲學意義與哲學史定位。例如，張岱年先生就透過張載的氣論，力證張載是十一世紀的唯物主義哲學家，而姜國柱先生則表示張載乃是二元論者。近年來，大陸地區的張載學研究已經走向多元，陳俊民先生嘗試從地方學派的角度切入研究張載哲學與關學學派，即是一例。相較於大陸地區的張載學研究，台灣地區的學者，則偏重於

85 丁爲祥，《虛氣相即：張載哲學體系及其定位》，頁 4-5。
86 胡元玲，《張載易學與道學：以《橫渠易說》及《正蒙》爲主之探討》，頁 26。

探討張載的形上思維以及天人合一之學。例如，朱建民先生即順著牟宗三先生的詮釋理路，先探討張載的天道論，次言及張載的心性論，最後綜論張載的學問主旨乃是「天道性命通貫爲一」之學。在 1990 年以後，隨著兩岸的交流日增，張載學的研究也由隔閡差異轉向交融多元，而整體的研究成果也更在深度與廣度上，與日俱進。

當然，除本文所述之外，尙有部分關於張載思想的研究成果，並不以專書的形式呈現，而是發表於學術期刊，或附於哲學史、[87]易學史、[88]宋明理（道）學研究，[89]以及中國哲學專題[90]的研究論

---

87 例如，勞思光先生在《新編中國哲學史（三上）》一書中，雖然不認同張載哲學爲孔門真傳，表示《正蒙》一書與孔孟心性之學相去甚遠，不得爲道傳所在。但是，他指出張載之形上學能擺脫道家之影響，自有其儒學建構的價值。勞先生一書論述精采，分析精闢入理。對於張載氣論有相當清楚的分析。勞先生認爲，張載所言之「太虛」與「氣」，乃是最高實有之兩義，而非在「氣」之上另立一個「太虛」。此說不同於當代張載詮釋中，將太虛與氣截爲異質之二者的學說。勞思光，《新編中國哲學史（三上）》（台北：三民書局，1984 年），頁 169-204。

88 例如，在《易學哲學史》中，朱伯崑先生是從易學史上，反省張載易學的歷史定位。朱先生認爲，張載易學與程氏易學雖同樣在易學史上具有劃時代的意義，但由於張載以氣化論發揮易學，只是對漢唐以來的宇宙論的承繼，並不能歸之於本體論的體系。由此可見，朱先生一方面以氣化論與本體論立場，區隔張載與程頤思想的差異；另一方面，也依此分判二者在易學史上的定位。朱伯崑，《易學哲學史》第二卷（北京：華夏出版社，1995 年），頁 256。

89 例如，在《宋明理學》中，陳來先生論及張載，不僅討論張載哲學本身，也旁論張載哲學對二程、朱子理學的影響。可以說是由宋代理學之先驅的角度，研究張載哲學在理學中的關鍵地位與重要性。蔡仁厚先生的《宋明理學》雖自謙爲「心體與性体義旨述引」。但是，其文論及張載處，先詳論〈西銘〉大旨，以顯明張載哲學的核心關懷，進而再針對《正蒙》一書的主要篇章，分篇闡述張載哲學的重要問題與概念。可說是研究張載哲學的精闢之作。杜保瑞先生在《北宋儒學》一書中的第二章〈張載體系完整的儒學建構中〉，即針對張載的宇宙論、本體論、功夫論和境界論，提出次第嚴謹的理論詮釋。全文共分三部分：首先，杜先生將《正蒙》視爲張載晚年定論著作，足以完全彰顯張載的理論全貌，故針對張載《正蒙》各篇章

述中。關於這個部分，由於篇幅所限，目前僅能留待將來有機會再作更為詳盡的討論。

主旨解析。其次，由於張載甚富哲學思辨能力，故往往自鑄新辭，使用若干獨特的哲學詞彙，例如，「太和」、「太虛」、「神化」、「天地之性」與「氣質之性」等等，故杜先生扼要提出張載重要概念術語之義理解析。最後，杜文以「基本哲學問題詮釋進路」的方式，建構張載的哲學體系，由此彰顯張載理論建構的全貌。上述這些研究成果，雖然並不以張載研究專書的形式發表，卻對張載學研究提出許多珍貴的貢獻。陳來，《宋明理學》（台北：洪葉文化，1994 年），頁 37-54；蔡仁厚，《宋明理學（北宋篇）》（台北：台灣學生書局，1977 年），頁 77-218；杜保瑞，《北宋儒學》（台北：台灣商務印書館，2005 年），頁 43-106。

90 例如，牟中三先生在《心體與性體》第一卷中，即對張載哲學提出精闢的分析。牟先生指出，張載言「氣」並非出自於宇宙論的興趣，而是由「氣」以言「理」。然而，張載言氣偶有滯辭，因此易造成混淆。基於此，牟先生解何謂「太虛即氣」時，將「太虛」與「氣」相區隔。他特別以清通無礙之「太虛神體」說明張載氣論闡述天理的部分，而將由濁而礙之「氣」，視為造化之行跡。換言之，牟先生以「太虛神體」為萬有存在之所以然之理，而將「氣」視為所以然之理。由此區別張載之氣概念混淆之處，避免一詞多義所產生的困境。唐君毅先生在《中國哲學原論．原教篇》中，則有別於牟先生的觀點，認為太虛與氣同為存在之流行，流行之存在。此外，在《中國哲學論集》中，唐先生有兩篇短文探討張載的思想體系。一篇為〈張橫渠之心性論及其形上學之根據〉，此文扼要的探討張載氣論乃在於闡發天理之流行，並說明張載如何通過其「大心」說論述「天道性命通貫為一」之理。唐先生的另一篇文章，〈張橫渠學述要〉，則是扼要的掌握張載《正蒙》中的思想關鍵，十分適合作為研究張載哲學的入門資料。牟宗三，《心體與性體》第一冊（台北：正中書局，1990 年），頁 417-570；唐君毅，《中國哲學原論．原教篇》（台北：台灣學生書局，1990 年），頁 72-120；唐君毅，《哲學論集》（台北：台灣學生書局，1990 年），頁 211-233，361-373。